U0663996

国家社科基金项目（13XMZ039）

大歌

贵州非物质文化遗产传承人的文学人类学

李钢音◎著

人民出版社

山外有山：李钢音新作《大歌》序

徐新建①

贵州是个多山的省份。古语称“地无三尺平”，与“人无三分银”连接，显出轻蔑和悲悯的味道。近代科学些了，改叫“八山一水一分田”，从农耕角度看，仍是指环境不佳。不过若换以成语“开门见山”来形容，在凸出地貌特征的同时，则能称赞本地文化的袒露率真。

钢音的新作聚焦黔省各地的民俗传承。从黔东傩戏、土家花灯到雅水蜡染、玉屏箫笛，实录采写，白描铺叙，看似不动声色，细读则耐人寻味。在我看来，此作不但为钢音既有的作品增添风采，且不妨看作为黔省本地献上的山水之歌，一部以山地民俗贯穿的新本“人物志”与“风物传”。

《大歌》从乡间个案的底层视角出发，书写非遗传承人的生命史，映现藏于深山丘陵的黔地民风，令读者于自然风土的闭塞之中，见到人与环境的关联互动，亦即文化创造的山外之山。

---

① 作者简介：徐新建，四川大学中国俗文化研究所教授，文学人类学专业博士生导师，兼任中国比较文学学会文学人类学研究分会会长。

翻开《大歌》，无论是守在的掌坛师、清水江边的芦笙匠还是世代传承的蜡染人，这些各具特色的传承人就像一座座默默相继的“文化之山”一样，身怀绝技，巍然屹立，与自然映照，与历史并存。在多元中国的交互格局中，这样的景象既朴实普通又堪称奇异。其中蕴含的重要价值，用经典的古语来说，叫作“礼失求诸野”，夸赞为中原礼乐提供原创及资源库藏，而用作比喻和映衬的山间之“野”，不但特指黔省各族的“蛮夷”古风，更指扎根于自然旷野的文明底蕴。

李钢音是在贵州坚持写作的双栖作家，调任高校任教后笔耕不辍，将自己对非遗课题的田野考察与娴熟的文学叙事结合，撰写出夹叙夹议、亦文亦诗的纪实之作。作品借助文学人类学的表述方式，把与之相关的学理思辨藏于人物和命运的述说之间。然而就在这种娓娓道来、亲切可感的叙说中，作者所要揭示的遗产逻辑及其生活底蕴得到了别具一格的呈现。

作为一门新兴的交叉学科，文学人类学在理论和方法上横跨了从文学到人类学的诸多门类，不但对文学和学术的界定不断拓展，在以“民族志”为底本的写作中也力求手法的突破和创新。与20世纪国际学界“写文化”浪潮的民族志反思遥相呼应，在当代中国也涌现了各式各样的文类与文体探索，从民族志小说到传承人自传，从图像叙事到实物影展直至由村民自拍自剪的族群或村志纪录片，人类学的写作被激励为“不浪费的人类学”（庄孔韶语），仿佛涌进了被格尔兹肯定的“fiction”时期。此中的fiction，译成汉语既指狭义的“小说”，亦指广义的“模拟”，或“虚构”、“制作”。

不过李钢音的写作还没奔跑得那么远。她的作品仍属纪实，所描绘的内容，都是有案可查的人物事件，也即都实存于真切可感的生活世界。在这意义上，由李钢音概说和刻写的这部《大歌》，仍可归入黔省“非物质文化遗产”的地方档案。但她不按惯常的笔法去刻板编目、汇总，而后再通过文献数据进行分析、阐发。与多年前笔者参与推出的“文学人类学笔记丛书”类似，也与李钢音自己另一部更偏于学术阐释的《贵州国家级非遗传承人口述史》形成呼应，《大歌》的写作选择了文学式的叙事方式，力图让生活自己说话，通过对人物、场景及事件的访谈追叙及在场式深描，呈现出“文化遗产”的日常本貌，也就是力图还原山民们在村寨生活中世代相沿的实践的人类学。以鲜活厚重的叙事为根基，《大歌》的记录又通过象征隐喻的方式，对故事后面的意义哲理做了最精简的揭示。如在对梁秀江的“八音坐唱”班历程做了细致描写之后，作者笔锋一转，在收尾处写道：“八音坐唱像他们的一个孩子，长大了，总有自己的路途。他们夫妻渐渐老了，可以一边种芒果一边回忆。”如果说此段文字所描绘的仍是乡土“非遗”传承人的日常生活与生命事象，接下来的概括则呈现出作者对此种生活与生命的价值感悟和认知。钢音既设身处境又若即若离地总结说：

在回忆里，他们在这大山大水间唱出的，就是一首恣意怒放的八音。

我想，作者在此暗示的是，被记录的“八音坐唱”之所以值得关注，其真正价值不在专业的调研报告或学者书卷里，而是在也只能在大山大水之间。

这样的道理可以说从《大歌》的开篇就做好了铺垫。通过对傩戏掌坛师历代传承的故事阅读，你不但能从中知晓主人公“依然是个骄傲倔强的傩法师”，并且能领悟作者首尾贯通的一种对话，即：

他的傩戏，是从开天辟地以来就相伴这片土地的，他一定要找到那个心心相印的徒弟，把一身的手艺都传给他。

由此看来，《大歌》展示的“文学人物志”堪称另一层意义上的山外有山。这山是外在的文学、历史和学术，更是内在的生活本相与生命本体。

2022 年 1 月 14 日写于贵阳

自序

李钢音

我的家族来到贵阳落地生根，是抗战时期的事情。祖父来自东北，他在白山黑水间长大，曾是张学良东北军中的学生兵；外祖父来自湖北，曾在长江边一个繁忙的集镇上做学徒，一边习读四书五经和《资治通鉴》。那一次涌入西南山地的战争难民，是贵州历史上规模最大的移民潮之一。

贵州千万座莽莽苍苍的群山中间，无数条或急或缓的河流之畔，从上古时期就有移民进入，带着他们的文化和记忆、艰辛与苦痛。在建省过程中，贵州历经了“调北征南”“卫所屯田”“改土归流”，此后还有抗日战争和三线建设。

历史和命运将华夏各地的人们带入了贵州，这个在零星的史籍中曾被称为“鬼方”“牂牁”“夜郎”的神秘山地。在数千年中国政治经济文化的版图里，贵州诚然是偏远而沉寂的，但是，生命在哪里都要茁壮，被史籍遗忘，并不影响这浩瀚群山中的人们，在天宽地阔适宜栖居的地方，自由地创造和传承他们的文化，并一代代地将自己的文化培植为独一无二的株蘖和花丛，立在世界的多样化文化之林中。

贵州是中国唯一没有平原的地域，依大山的屏障和阻隔，汇集了从远古到如今的宗教信仰和文化样貌，它们或自成一脉，或相互交融，既自生自灭，又顽强生长。许多的民族和族群，甚至一个大山深处的无名村落，也在千万年中创造和延绵了独有的文明薪火，包含了创世神话、宗教巫术、语言习俗、歌谣舞蹈、礼仪习俗各种，其间有对六合之外的探望，也有对现世人生的诠释，更有悲欢离合的表述。因而在贵州，保有了世所罕见的千态万状的文化，非语言类的歌唱、舞蹈、工艺也格外发达。

其实，贵州的人类遗迹比我们可推测的历史还要古远。贵州黔西观音洞遗址的考古发现，将贵州的人类遗迹向时光深处推溯了 24 万年。当黔西县那个名叫井山的小山村的远古人类，留下 3000 多件石制品，还有许多大熊猫、柯氏熊、苏门羚、犍牛、猕猴、豪猪、猩猩、狐、东方剑齿象等动物化石的时候，整个人类尚处在“晚期直立人”阶段。24 万年，以我们的百年人生，无论怎样也不能穷尽对它的想象。

贵州威宁彝族回族苗族自治县板底乡裸嘎村的古老戏剧“撮泰吉”，向村民表演人类的起源，朴拙的戏剧中那一位最年长的彝族老人，也不过 1700 岁。

苗族关于蝴蝶妈妈的传说，千年不绝地浸漫在苗人的歌谣、舞蹈、刺绣、蜡染、银饰、乐器和习俗里，蝴蝶妈妈是苗族的始祖，这浪漫美丽的遐想，犹如古希腊神话里的阿佛洛狄忒由海水泡沫中诞生。苗族古歌则千百年在火塘边吟唱，它告诉生计辛苦的族群，人是天与地的孩子，那歌声可以数日不绝，带着沧桑的旋律，讲述宇宙的诞生、人类和物种的起源、开天辟地、初民时期的滔天洪水，还有苗族悲壮的大迁徙……

这样的文化，在贵州各民族、群落、村寨间千年延绵，生生不息，不绝地传承着关于天地人生的思考和歌咏。人类学家怀特说：“全部伟大的古代文明都是通过谷物培植而获得实现的，离开谷物的耕作，就永远也不能达及伟大的目标。”春耕秋种，漫漫光阴，山高水远，正是贵州多样性文化的土壤。

到了 21 世纪，正在急速推进的城镇化，引动了前所未有的移民大潮。我儿时生活在宁静的省会贵阳，假如有谁会说普通话，便是一种教养，而现在，每当乘上公交车或高铁，满耳是天南地北的口音，高耸的楼群和车声成为城市的标志，一人一部的手机上有繁杂如星辰的信息。我不知这许多的陌生人心底，是否都有那种叫作乡愁的情绪。

我的童年记忆，总是浸漫在一种深深的乡愁里。爷爷和奶奶生活在市中心的一间老会馆中，雕窗粗梁，老树葳蕤，他们的话题，时常回到东北故土，那里有大雪、高粱和森林。考上大学的那一年，我第一次跟着母亲坐火车到北京，一天黄昏，独自走在长安街上，见落日大而圆，鼻子一酸竟哭了，感觉自己是来自僻地的寻家不见的孤儿。

作为移民的第三代，直到大学毕业后的20世纪90年代，我在文化厅当了一本杂志的编辑，才开始了解贵州和它纷繁的民族文化，并且触碰到这形态万千的文化中含藏的乡愁。

那是20世纪90年代初，贵州的一批学者翻山越岭，踩着泥泞的山路去到那些木楼低矮的村寨里采风。他们惊异而兴奋地发现，每个村落都有自成一脉的文化，甚至在一座大山的山顶、山腰和山脚，各村寨的语言、服饰、习俗、音乐、舞蹈也不尽相同。那些纯真憨蛮的工艺造型，那些斑斓烂漫的银饰刺绣，那些直冲胸臆的奇特旋律，那些史书之外无穷丰富的人生故事，让他们像闯入宝藏的旅者，面对同一省域中一个个孑然伫立的文化景象，感到了陌生、神秘而古久。他们希望用自己的笔耕，告诉世界一个应该被重新发现的文化贵州，他们期待出现像马尔克斯《百年孤独》一样的贵州读本，书写大山间的民族民间文化传奇……许多年过去，世事潮流多变，我仍然记得他们在一次次研讨会上激情的发言和热切的眼神。

来到21世纪，人类的进程愈发加速，在信息时代，贵州以原生山水和众多的民族文化，逐渐进入了人们的视野。

贵州的山是仁厚的。它们从2亿多年前的无边大海中隆起，撑起了地图上形如一叶秋海棠花瓣的高原。大娄山、苗岭、武陵山、乌蒙山……层峦叠嶂，四季葱郁，庇护着各个民族繁衍栖息。贵州的水，是丰沛的。贵州人说，山有多高水有多高，乌江、赤水河、清水江、红水河……千百条江河，在贵州的喀斯特山地间奔流，连起了星星点点的湖泊。它们湍急、舒缓、灵动、清澄，滋养了繁多的生物，哺育了多种的文化。贵州的人，有着和全世界的人们一样的喜怒哀乐，也有着和全世界的人们不一样的表达方式。贵州是中国最具文化多样性的地区。苗、布依、侗、彝、水、土家、仡佬、回、壮、瑶、满、白、蒙古、羌等49个民族，大杂居，小聚居，以自己特有的方式感恩天地，祭祀祖先，传递爱情，慰藉生命。

2013年初夏，我申请到了国家哲学社会科学基金项目“贵州国家级非物质文化遗产传承人口述史采集及研究”，并着手开始整理57位传承人的文化背景资料，准备采访大纲。其时，我又总是踟蹰和延宕，路途的迢遥和语言习俗的隔膜，是令人生畏的。

直到我在网络上见到了苗族古歌传承人王安江的介绍。作为一位苗乡的农民，半个世纪前，他发下了搜集整理濒临失传的苗族古歌的宏愿。从那时开始，他辗转在贵州、湖南、广西、云南、江西、广东、湖北等省的苗族聚居区，还去到越南、缅甸等地的苗族村落，终于收集记录了5万余行近60万字的12部大型苗族古歌。无论顶风冒雪，抑或烈日炎炎，他从未停下自己走村串寨的脚步，哪怕形同乞儿。他心中有一束不灭的火苗，让他能忍耐光阴、孤独和路途的煎熬，虽然他已在获评国家级传承人不久后去世，但我看着他的照片，蓬发长髯，满脸风霜，仿佛看见了他心里那遥远的火光。我终于下了决心，踏上了寻访数十位贵州国家级非物质文化传承人的万里路程。

几年过去，当我在书桌前坐下，回想那一次次的经历，终于懂得了，这是我人生中一笔珍贵的财富。

我曾经在陡峭的山道上，坐在一个染了黄发、挽起的夹克袖口露出刺青的小伙的摩托车后，紧紧抓住他的衣角，闭上眼睛任摩托俯冲，心中有听天由命的坦然。

我也曾经不断地向大山攀登，云雾遮蔽了山顶，走到半山腰，天地间一片洪荒，云和雾融为茫茫，冷凉的雾气像进攻的军队，从山下无声地席漫而来，当它们吞噬我的时候，星星点点的晶凉扑在脸上。然而，当终于穿过白雾，山道重新呈现的时候，我看见了天际下、山壁前横呈的几百户人家的苗寨，听见了几十个衣衫灰蓝的男人在村口帮一户人家立梁的喧闹，他们戏谑着，歌唱着，人的快乐足以抵挡云山的苍凉。

我还在冬季的凝冻和潮湿浸润的堂屋里，听一位迟钝木讷的老人敲响铜鼓，唱布依族的铜鼓十二调。他的歌声沙哑、浑浊而旷远，像历史深处发出的声音。我惊异于他的歌声在音律上的奇特而悠长，刹那间，心里涌出了浓重的幸福和悲伤。不知我和他是怎样的因缘，才能在漫漫时光中的那一刻，一唱一听，一悲一喜。我想伸过手去，握住他那双干裂得像老树根一样的手，但我抑制了自己的情感。

我也曾在廊檐下坐着，一只母鸡带着小鸡在身边踱来踱去，一位绣娘一边绣花、穿针、分线，一边细细碎碎地对我说话，说她从一个小姑娘到现在的半百大婶的几十年，和一针一线的缘分。她告诉我，为了得到一缕丝线中的一根，她只能冒着挨打的风险去偷妈妈藏在枕头下的线，要么，她须得天不亮起来去山上打猪草，盼着猪长大了，卖了肉，就能去买线。十几岁那年，她终于从母亲手上接过了5元钱，跟着姑姑走了几十里的山道，去县城赶场。县城对她是花团锦簇的，而她最惦记的是丝线，她把所有的钱都用来买线，饿着肚子，没有了车钱，但是心里无比欢喜，那是她第一次有了那么多丝线。她当然不会想到，自己有一天会成为国家级的传承人，她只是喜欢绣，那些花、那些图案，是她的人生中不会褪色的美丽和明亮，她愿意用所有的心思和时间去追寻它。

我也记得在贵州南部的三都水族自治县街头，阳光纷乱，行人熙攘，我第一次见到对面走来的韦桃花。她是一个中年女人，穿着斜襟镶边的宽松上衣，踩着一双高跟鞋，不懂得略施粉黛，但我忽然就感到她尤其美丽，像过去时代里那些静默纯良的女子，装饰了许多人的心事和期待，只是她自己浑然不察。后来我才知道，她是5个儿子的妈妈，丈夫在她32岁那年就病死了，把老人和娃娃留给了她。她独自一人在一个名叫板鸟的寨子里，用刺绣养大了儿子，送葬了老人。她说着这些，只是一边绣花一边笑，我听着，心已经发颤。

我在黔东南雷山县长阶上的博物馆里，见到了苗族的银饰大师杨光宾。他站在清晨的雾霭里，看着我拾级而上，眼神是拒绝和冷淡的，让我有点发怵。我鼓起勇气对他笑着，期待自己不会空手而归。很快我就意识到，他是太忙了，中国国家美术馆委托他打造12套黔东南各苗族支系的盛装，这项工作需要耗费数年，他没有时间闲谈，那一凿一捶的劳作，需要以信徒般的虔诚和工匠的潜心才能进行。终于，我们在他的工作台边的对话，变得像老友，像知己，我感到他其实是一个如父如兄的苗族男人。我对自己说，他这个人，就是身怀使命而来的，所以，当他的村人们都出去打工挣钱的时候，他能够坚守在自己漏风的板屋里，守着父亲传给他的手艺，不管周围的银匠怎样用白铜和氰化钠来生产并迅速谋利；当他成为银饰大师声名远播以后，许多公司和商人纷至沓来，希望跟他合作，造品牌，拓市场，他依然拒绝了，因为他知道人生短暂，知道他的手中有一个民族的文化重任，他要用生命守护它。杨光宾也走了很多地方，还到大学里去教学生，他的口音仍是雷山苗话，只是他的眼神，渐渐地坚定、平静、宽厚、处变不惊。那一次，他就是这样静静地站在法国卢浮宫川流不息的游客中，看着古往今来一个世界的艺术精品，对自己说：我们的文化也很好，我的东西是祖先传下来的，我这一生就做银饰。假如卢浮宫的穹顶能听见他心里的话，一定也会惊讶，因为这是一个来自大洋彼岸遥远大山里的银匠，和世界，和生活，和他的民族与人生达成的信心与契约。

截至2013年，贵州共有国家级非物质文化遗产传承人57人。他们代表的贵州各民族民间文化，包括了民间音乐、民间舞蹈、传统戏剧、曲艺、杂技与竞技、民间美术、传统手工技艺、传统医药、民俗等10个大类。传承人当中，90岁以上的3人，80岁以上的9人，70岁以上的18人，60岁以上12人，50岁以上13人，40岁以上的2人。其中有苗族古歌传人5人，苗族刻道传人2人，苗族芦笙制作技艺传人1人，玉屏箫笛制作技艺传人2人，苗族银饰锻制技艺传人2人，皮纸制作技艺3人，苗绣1人，苗族蜡染1人，水族马尾绣2

人，侗族刺绣 1 人，枫香印染 1 人，侗族大歌传人 4 人，侗族琵琶歌传人 3 人，铜鼓十二调传人 2 人，苗族芦笙舞传人 3 人，苗族木鼓舞传人 1 人，侗戏传承人 2 人，花灯戏传人 3 人，布依戏传人 2 人，彝族撮泰吉传人 2 人，傩戏传人 2 人，安顺地戏 2 人，石阡木偶戏传人 2 人，布依族八音坐唱传人 2 人，水书传人 2 人，布依族盘歌 1 人，苗族史书亚鲁王 1 人，茅台酒酿制技艺传人 2 人。他们的年龄跨度为 50 年，分布在贵州 30 多个地州市县。在我寻访他们的近 5 年前后，已有 11 位传承人去世。

每一次，在房前、村道上或车站和他们告别，脸上都挂着笑意，但我总有言说不尽的怅惘和忧伤。我知道，许多的告别就意味着永远，正如他们如果因年迈去世，就可能是这世间的一种文化的消失，像某个物种最后的存在。

天下大势，浩浩汤汤，由于生产方式、生产关系、生活状态的迅速改变，也由于文化生态的急遽变异，年轻一代已经失去了传承旧有文化的使命感和责任感，尽管政府、学者和相关人士不断探索和呼吁，但不能否认的是，和人类所有传统文化的处境一样，当商业和经济成为最根本的动力时，传承必然是艰难的。

许多传承人代表的那一个文化支脉，虽或仅存于一个小村寨，但仍然有着诠释宇宙创生、天地万物的企图，这样的文化用自己特殊的表达，记述了一个族群的形而上思考。人生常有感知和领悟，就无论是在繁荣都市或山野村岭。而文化一旦生成，又犹如人有了各自的命运，终将在岁月和时代中，沉浮并消殒。

同时，我也是倍觉庆幸的。对传承人的走访，丰富了我的人生和生命，让我对苦难、磋磨、坚守和快乐这些人生的基本问题，有了新的认识。或许也非关认识，而是一些雨露滋养般的收获，让我能够在消沉中听到他们的笑声，在枯寂中，看到他们的一双双眼睛后面那束生命的火苗。

每一种文化，都有许多学术阐释的可能，现代学术已分类和枝节到洋洋大观、概念繁复。我将非遗传承人的口述史整理为这个文学读本，只是想传递出他们的人生经历，表达出他们的讲述可给予我们的温暖和热度。也想说，非遗或民族民间文化，其实是活态的，无论我们怎样研究和阐释它，千百年来，它就在那里，影响和左右着一方水土的人们的生老病死与悲欢离合，且它一定是能够慰藉辛劳、滋养心灵的，不然便不能长存于一个族群，一方水土。

我的幸运还在于，作为一个移民的后代，通过和他们的一次次长谈，我更深地领悟了贵州这一片高原。

曾有学人言，贵州文化的品质，在于其原始、纯真、秀雅和拙朴，或许，我以为还可加上自由二字，这是因为山地阻隔远离了文化中心的习染，也是由于山高地阔庇护其自然生长。在每一位非物质文化遗产传承人那里，他们的心也是自然且纯真的，他们的技艺都与各自的人生血脉相连。本书的写作内容和人生故事均无虚构，来自作者采集的传承人口述史，并获得他们许可。照片全部由作者负责的项目组拍摄或传承人提供。此为说明。

2021 年 1 月 15 日

目　录

屯堡地戏班头

詹学彦

和贵州大山间的许多聚落一样，詹学彦的詹家屯所在的屯堡①，是一座文化的孤岛。

600 年前，朱元璋为平云南梁王巴扎剌瓦尔密之乱，命傅友德为征南大将军，蓝玉、沐英为左右副将军，率 30 万中原大军从南京出发，一路跋山涉水，远征云贵。战争持续了 3 个月，平息了梁王的反叛，这在历史上被称作“调北征南”。一众将士的归程中，一道圣旨下来，令他们就地屯军为民，垦田为生。约有 10 万之众的将士，在贵州腹地的安顺② 开始了他们新的历史命运。此后的 600 年，他们筑屯自守，开荒耕耘，保持着入黔时的乡音、服饰和风俗，成为一个特立独行的文化样本。

这一带的地名叫作“屯堡”，附近的各村落还曾以“屯”“堡”“哨”“所”“旗”为名。生活在这里的人，就是学者们纷纷研究的“屯堡人”。

---

① 屯堡：位于贵州省安顺市西秀区以及平坝县、镇宁县一带。屯堡人自称“老汉人”，保留有很多已消失的中古汉族文化。

② 安顺：贵州省下辖的地级市，位于贵州省中西部，距贵州省省会贵阳 90 公里。地处长江水系乌江流域和珠江水系北盘江流域的分水岭地带，是世界上典型的喀斯特地貌集中地区。

詹学彦的一箱面具是他的宝物，每一帧面具都传达着三国人物的慷慨悲欢

屯堡这地方，溪流潺潺，宽广的油菜花田浓香氤氲，经过十几代人的经营，这里早已是农耕发达的家园。但是，屯堡人依然有一种固执的乡愁，乡愁就是他们的文化。

詹学彦的始祖，名叫詹士忠，曾是朱元璋大军的一名征南将军。他带领的部队，以詹、曾、叶 3 个大姓为主。詹姓属于“指挥司”，曾姓始祖属于副职“操练司”，叶姓始祖属于文官。这 3 个大姓，带领 24 个姓的兵，屯扎在詹家屯。詹氏在詹家屯有几百人，附近的龙滩寨、大地坡、弯田、邵家田，都住着詹氏。在詹氏家族的族谱里，安徽河间是他们的老家。几年前，詹姓有人去河间认祖，他们还真的找到了几百年的亲属，消息传回来，詹家屯的人议论兴奋了良久。

詹家屯有两堂地戏班，一堂姓詹和姓曾，专演三国戏，另一堂姓叶，以岳传为戏本。地戏[①] 曾是当年军中的军傩，延绵千百年，可见中华文明里有傩风不绝，相较儒释道文化，更有民间的浪漫、亲切、执守和包容。

詹姓的始祖都是真刀真枪上过战场的马上将军，以后战事少了，仍然需防藩乱，所以地戏一代代地传下来，用忠义仁勇的故事激励后人。每逢春节和 7 月稻谷扬花时节，地戏在巷头陌上跳起来，鼓镲铮铮，面具俯仰，厮杀声长啸声响在宁静安详的山间，也如泣如诉，也柔肠寸断，从明清至今，观者一代代不息。

第二次出征云南[②] 的时候，詹姓的始祖詹士忠由于年岁大了，身体不力，由曾姓的始祖代职去出征，同生死共患难。詹姓始祖生了詹达、詹义，曾姓始祖生了曾明、曾言，那时候孩子都小，而上战场就会有死亡，两家始祖定下协议，如果征战不回，就以两姓的后代互相照管老人。曾姓始祖在云南花江身亡

① 地戏：在贵州省的许多地区广为流传，较为集中在安顺一带。每逢新春之后、元宵节前，安顺农村随处可见自编自演、世代相传的地戏表演。人们跳地戏主要是为了驱邪禳灾，也为娱乐。

② 据《明太祖实录》：自洪武二十年八月至二十一年六月，明王朝连续 11 次调军云南屯田，其中 4 次不详，其余 7 次累计 206560 人。至洪武二十一年，征调入云南军人当有 30 余万人。

了，由詹家的次子照管曾家老人。所以在詹家屯，詹、曾二姓被视为一家，至今也不能开亲通婚。

詹姓从第 2 代开始跳地戏，到詹学彦这里已是第 16 代，詹家的家谱里有各代传人的记载。詹学彦的父亲詹绍先是个大个子，他演的关羽很出名，还演张飞、刘备，有胡须的主将都由他演。詹绍先有一位哥哥，但那兄长不唱戏，因为家里穷，做一套戏服需要 20 块钱，家里也拿不出来。旧社会日子很苦，詹绍先每天都去给人家打油（土法榨菜油）、收割庄稼，农闲时便下场跳地戏，他们跳地戏没有收入。正月跳“闹元宵”，七月就跳“米花神”，亲戚和外寨都来邀请，一去就跳上七八天到十余日。他们去过扎龙、高榜、大寨，还到过紫云县的白石岩[①]。

詹绍先是 1963 年去世的，死的时候只有 50 多岁。他以做雇工为生，新中国成立前地方上有叛乱，政府误以为詹绍先参加了，其实是他的一位堂弟犯法。“保山团”[②] 来抓人，堂弟不在家，他们就把詹绍先抓去，刑打，拷问，用辣子面灌他，詹绍先因此落下了病根，肺部有老毛病，一直咳咳

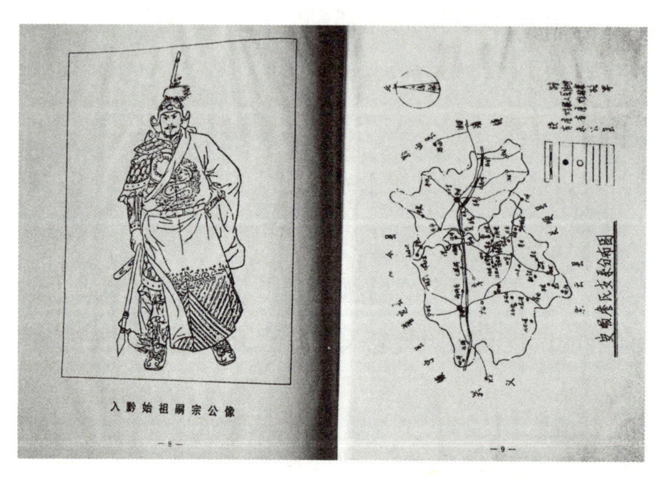

詹氏族谱上的入黔始祖图和支系分布图

① 白石岩：贵州省紫云县所辖的一个乡，距黄果树风景区 57 公里。

② 保山团：新中国成立前地方武装。

喘喘。

詹学彦的搭档叫曾彦华，其父名曾显章，跟詹绍先也是搭档，他们是詹曾戏班第 15 代地戏的两个主要角色。曾显章原来是区级干部，还当了特派员，1960 年生活很困难，他有三四个姊妹，工资养不活全家，就离职务农了。曾显章和詹绍先一样痴迷地戏，还当了戏头。因为演的是古代的人物故事，过去屯堡把跳地戏叫作“跳神”，“文化大革命”以后才改称“地戏”。

直到 20 世纪 80 年代，地戏的名声才传播出去。经专家统计，截至 1989 年，屯堡共有 300 多堂地戏，也就是有 300 多个戏班，这个数字实在庞大。每堂地戏班都有自己的戏，三国的、岳传的、征西的、征东的、四马投唐、大反山东、封神的，都有自己的大书[①]。正月和七月间开唱，也是各人唱各人的，没有闲工夫去看别人的戏。

詹家的三国戏，仅是跳前三国，一个月也跳不完。前三国从桃园结义开始，到刘备登基结束，后三国便是后面的故事了。地戏可以演一辈子，一直演到力不从心，如果是战将，青壮年演来体壮声亮，很是适合，到了老年，也就只能唱坐将了。

詹学彦记得他 3 岁那年，看父亲跳关羽，他还不懂得，戏里有他的祖先，有他的命运。9 岁，他开始跟着父亲学，学打小童，当戏班小跑堂。詹、曾两家大人带孩子去外乡跳戏，用一匹马，驮两个箩筐，两家小儿一边坐一个。詹学彦喜欢得不得了，就是闲下来了，也在一边又唱又跳。他们跟着大人出过一次远门，去双铺、新场、长坡、后仡佬、砂锅寨那边跳，一唱就是 20 多天。大概在 1960 年，屯堡有一个“海子山”（大市集），老太婆们拜佛，年轻人们游玩，是十几万人的大庙会。正月十九那天，很多堂地戏开演，詹学彦看得眼花缭乱，心里热烘烘的，他想，长大了也要带一堂地戏来跳。隔一年，他们就跟着大人去新厂跳戏了。

---

① 大书：指地戏戏本或唱本。

后来，地戏被禁演十几年，詹学彦也四处奔波生计。但他心里喜欢地戏，便偷偷地学，在田边地头干活的时候，只要四周没人，他就边劳作边唱戏。他的天赋好，声调高得上去，离合悲欢也能表达出来，动作和语气都很到位。

学地戏全凭记性，能记住多部戏的人很少，若是跳主将的，全台 80%的唱词他都需背下来。跳配角的，只要记得自己的角色唱词便可。詹学彦任主将的角色很多，他演马超、赵云、吕布，后来又演刘备、张飞、关羽，好记性加上好嗓子，就是詹学彦的本钱。原来他跟曾显章学，后来曾显章就不再教他了，曾显章说："你已经超过我了，我咋指点你呢？"

1989年，安顺县在马官①举办了地戏大赛，詹学彦和曾彦华在伯叔辈的曾建章、詹文彬、曾汝忠指点下，带着"三国戏队"去参赛，詹家屯同去的还有一个"精忠戏队"。村里很重视，包了一辆车拉他们去，就在马官住下。马官的地戏和花灯闻名四乡，参加大赛的地戏队有百余堂之多，旌旗人影纷纷，长腔短调不绝。女子戏队也有四五堂，她们跳"四马投唐""征东征西"。

詹家屯的"三国戏队"跳了两出戏，一出是"战潼关"，另一出是"马超追曹操"。詹学彦演马超，曾彦华演曹操。詹学彦的嗓音圆润、清亮、高亢，一开口便声震四座，武戏的刀、枪、剑、戟、棍、棒、斧，他都应用自如。他在马官一举成名，被人称作"活马超"，詹家屯的"三国戏队"也力拔头筹拿到了特等奖。

说起这个特等奖，却也经历了一番波折。詹家屯两堂地戏为此打了官司，打到了县政府。当时叶姓地戏有一个人在区里搞文化工作，他们走了关系。参赛的詹家屯公社共有 10 堂地戏，每个地戏队举荐一个评委，"三国戏队"的分数最高，但最后排名却被压了下来，他们不服气，找到区里，区里解决不了，直接闹到县里。县里让各队交 100 元钱，重新搞一个表演，还请来了省

① 马官：隶属于安顺市普定县，镇内居住着汉族、苗族、布依族、白族、仡佬族等民族，是"全国民间文化艺术花灯之乡"。

里的专家。“三国戏队”表演的就是“战潼关”，詹学彦演马超，还不到5分钟，省里的专家和县里的领导就说，这个地戏很出色。他们重新打分，给了“三国戏队”九十七点几的最高分。这样，两家有些伤了和气，“精忠戏队”不服气，每次“三国戏队”拿了第一，他们都会说一些怪话，说“三国戏队”的人年纪大了，不敢和他们上场比赛了。詹学彦说，两个地戏队都在一个村，互相不服气也是自然的。没有两堂地戏竞争，地戏表演还上不去。

地戏流行于贵州安顺、惠水、平坝等地，每一戏班专门演唱一部整本大戏，如《岳传》《杨家将》之类

唱地戏改变了詹学彦的生活，他走了很多地方，还参加了张艺谋的电影《千里走单骑》的拍摄。1992年，台湾清华大学的王教授来大陆访民间艺术，邀请詹家屯地戏去台湾。詹家屯一共去了演员、锣鼓等16人，在台中、台南、高雄、花莲演出，主要演“马跳潭溪”“三英战吕布”。那时大陆和台湾交流不多，詹家屯地戏走到哪里都有记者跟随，一名记者甚至追着詹学彦进到厕所里，拍了照登在报上。王教授知道了，便撰文指责那记者。那时的大陆尚不发达，詹学彦他们又是黔中乡村腹地土生土长的人，刚到深圳的时候，他们对电梯也畏怯，每次上下都会闹笑话。

以后，詹学彦还去了很多地方，他去过保加利亚，记得坐飞机就坐了13个小时。无论走到哪里，他的大嗓门都让人印象深刻。有一年他去参加“上海国际美术节”，只要他开口一唱，同去的人就说：“哎哟，你这嗓子放小一点咯，太震耳！”2011年他跟着贵州黄果树艺术团去保加利亚，艺术团的人嗓子都很好，却高不过他。有的唱腔以他演的马超为主，他的调门提上去，别人就费力来接，到后来竟将嗓子震破了。他那乡野里吼出的大嗓门，专业演员也甘拜下风。

从中原到黔地的几百年里，每逢元宵节和7月丰收，随便走进屯堡的寨子，都能听见地戏热闹激越的鼓声。除了“文化大革命”禁演，地戏此后又兴旺了几十年。但地戏艺人们没有料到的，是来自经济的冲击，它更持久，更深刻，也更令他们茫然无措。

屯堡人现在已解决了衣食问题，但他们还是缺钱，建房、办红白喜事、购买各种电器、供孩子读书，甚至买车，靠着跳地戏显然是不行的。年轻人更愿意到外面打工，可以见识更大的天地，也更易挣钱。詹学彦当了两届地戏比赛的评委，他发现80年代的300多堂地戏，现在还能跳的也不到50堂了。年轻人不愿意跳，就有了女子戏队，但她们

屯堡地戏很早就蜚声域外，繁盛时期詹家屯就有3个戏班

是“花拳绣腿”，掌握不了戏中英雄的喜怒哀乐，只是热闹和好看，这也让詹学彦有几分沮丧。但他终于想通了，说，这是对地戏的喜爱，是打破了过去的思想。

屯堡的地戏，本是各堂传各堂的，上一辈传给下一辈，只传内，不传外，也不传女子。即使一个村寨有几堂戏，也互不相传。若是有了年节活动或赛事，大家在一起跳，见到别人的新奇精彩，也只能偷偷地学。詹家屯的“三国戏队”原来有十四五人，老一辈的已经去世了一半，又一批一批地带出来。年龄最大的是曾彦华，他已经 67 岁，队里还有 30 多岁的，十五六岁的。詹学彦的孙女 6 岁，她也跟着爷爷学。跳地戏的收入不多，年轻人看不上，但是詹学彦他们老了，不愿意出门打工，而且一辈子喜爱地戏，没有补贴他们也愿意跳。有时候，旅游团来到村里看他们演戏，一场给 800 元到 1000 元，戏队每人能分到四五十元，至少有了一包烟钱。若被人请到外村去跳，每个人就有 100 元钱。詹学彦还让大家拿一点出来作为积累，以备什么时候能派上用场。

詹学彦当上了传承人，每个星期一下午去旧州小学上一堂课，教学生们地戏。他教的娃娃，有一年级的，也有五年级的，总共十七八个学生。原来有几个女学生，后来也退出了。他教娃娃们地戏，不能影响他们的学习，但他们的成绩好了，升了学，总是要往外飞的。詹学彦经历了世事，倒也放得下，想得开，他能在这些孩子心里种下一颗地戏的种子，让这种子在它的风雨里去长大，他也就满意了。地戏名头响亮，有人来找詹学彦办演出公司，有人想搞地戏协会，他都支持，因为地戏就是要经常唱，不唱就渐渐地疏淡下去了。

詹学彦还是家里的当家人。他的妻子过早地患了老年痴呆症，她总是穿着屯堡人古老的长衫，头上扎一条垂着璎珞的围帕，在屋里走过来走过去，偶尔自己笑一下。他的大儿子在外面当水电工，家里的房子就是他寄钱回来建的。小儿子跟着詹学彦唱地戏，可这毕竟不挣钱，他还有孙辈得养大。

不管怎样，詹学彦毕竟有地戏，这个祖先传给他的神奇的宝物，是他心里最贵重的东西。他做着活，走着路，在铁炉边喝一杯温酒，那唱腔总会忽而地

詹家彦站在村前政府修建的地戏戏台边，对未来既期待且忧虑

涌出来，一时让他慷慨，一时让他迷离。

“战潼关”里的马超，征战中惊闻突变，父死兄亡，便唱：马超听言哀哀哭，哭声父亲年高人，你生我弟兄人三个，你今日当生我一人。詹学彦咂一口酒，风吹日晒的脸上泛着黑红，他叹息道：这就是离合悲欢啊！詹学彦和他的屯堡听众进入的，是600年前的光阴深处，在那里，文官执笔安天下，武将上马定乾坤。那数千年的农耕生活，几十年便迅速远去了，但是詹学彦咿呀地唱着，守住了他的根。

绣娘韦桃花

韦桃花是一个秀美的女人。

她的美，来自贵州三都水族自治县[①]无边的大山，它们仿佛被这喧闹的世界遗忘，又在广阔的天宇下，呈现出尽有的丰饶，让人可以在它们的庇护下，春耕秋种，过着安适而漫长的时光。

她的美，也来自她的水族。这个古老又安静的民族，有自己的语言和文字。他们的语言属于汉藏语系壮侗语族侗水语支，他们的文字，就是神秘的“水书”[②]。水书酷似殷商甲骨文，又像古籀小篆，包括了天干、地支、八卦、天象、时令节气、鸟兽鱼虫、身体五官、亲属称谓、数目方位等内容，据说有着2000年的历史，只在水族的宗教活动里使用。

初秋，我在三都县城的街头见到了韦桃花。明亮的阳光下，人影车影纷乱，她穿一件镶了绣边的水族斜襟衫，脚踩高跟鞋，向我笑着走来。一时间，

---

① 三都水族自治县：隶属贵州省黔南布依族苗族自治州，是中国唯一的水族自治县，2009年全县总人口31.47万人，水族人口20.24万人，占总人口的64.3%，全国60%以上的水族人口居住在三都。

② 水书：水族的文字，水族语言称其为“泐睢”，由汉字改编而成，主要记载水族的天文、地理、宗教、民俗、伦理、哲学等文化信息，是世界上除东巴文之外又一存活的象形文字。

韦桃花在她临街的窄小的铺面里，学会了用手机和马尾绣客户联系

我对她的美有点惊讶，我寻找的非遗传人大多上了年纪，被乡野里的人生风霜催磨，一眼看去，常是苍老和黯淡的，只有一双眼睛里，藏着心有所系的人才有的光亮。韦桃花却是明媚的，有一种久违了的令人心动。

但是，韦桃花不知道自己的美，她不懂一点自持，就连笑容也温良而羞怯。假如不是走近她，谁也想不到她竟是五个儿子的妈妈。

韦桃花生于1964年，她的家在三洞乡板告村的板鸟组，那里离三都县城有30多公里，距最近的柏油路有3公里，是大山间一片平坦的坝子，现在，那里被叫作“中国马尾绣第一村”。板告村还有一种闻名的技艺，是牛角雕，用牛角作材料精心雕刻，就是乡民们的艺术品。

无数世代中，牛和马，是板告人的主要劳动工具，他们用牛犁地，用铁锹翻地，种植水稻、小麦、油菜、玉米和辣椒。板告人住的房屋，是瓦木结构，楼脚养着猪、牛、马、鸡等，二楼住人，三楼作粮仓。全村的水族，大部分都姓“韦”，女人头包白帕，身着栏杆青的长衣，戴雕花围腰，脚穿绣花鞋，男子则穿对襟衣，老年人头包黑帕，身着长袍。他们喜欢吃酸，鱼包韭菜、酸汤鱼就是他们的佳肴。

马尾绣是板告的水族女人母女相传的手艺

韦桃花小时候，马尾绣，只是母亲和

村里女人们必须会的活计。那时的板告村，有五六十户人家，5个寨子，是一个大村子。水族格外地敬重长者，常说“天大地大，父母为大”，一个人在这土地上辛勤耕种一辈子，养儿育女，死后他们要隆重地送他上路。当地的丧葬，包含十几个部分，有报亥①、净身、刀根②、入殓、开控③、酿拎④、放伞⑤、迎客⑥、熬和埋⑦、立书竿⑧、砍利⑨、出殡、安葬、三朝⑩、禁忌、除服⑪、立碑，整个仪式短需数月，长则数年。砍牛敲马仪式是在出殡的当天早上，丧家要杀马或砍牛，或杀猪。男性死者就为其杀马，水族叫作“敲马”，去世一人就杀一匹马，驮着他的灵魂上路。如果死者是女人，就杀一头牛陪伴她，来世帮她耕田。所以，板告的女人们总能找到马尾来做刺绣，她们绣的物件并不多，只供穿戴，马尾也就足够她们用了。

韦桃花母亲一连生了6个女儿。全部都是女儿，夫妻就犯了愁，压力很大。水族人是想要儿子的，韦桃花的爸爸后来娶了一个二妈。虽说新中国成立后不准纳妾，但是这个二妈，是韦桃花的母亲给丈夫找来的。二妈自己也愿意嫁过来，因为她的前夫不老实种地，去外面游荡，被人打死了。二妈原来有两

① 报亥：也称报代（pau^{35}tai^{13}），即报丧。

② 刀根：水语 tau^{33}han^{13}，意为烧老窝。亡者死后，将其垫床的稻草、棉絮、旧衣物等搬到寨边焚烧。

③ 开控：水族的祭悼活动，开控的规模以财力的薄厚分为控劳、控低（又叫大控、小控）。

④ 酿拎：水语称 aŋ^{3}ljan^{33}，由两位长者用牛角对饮后，一人执锦鸡尾、一人执烤鱼，弓身相对，绕步于控场中木柱，与周围人互相撒米糠。三圈走完后，由下一对替换，直至天黑，铜鼓、芦笙、炮声不绝。

⑤ 放伞：正控时，死者亲朋好友需做旗幡前来，为亡者送行。旗幡包括桶伞、旗伞、球伞、短伞和长伞，一般在二三十杆上下。

⑥ 迎客：客人来时，由亡者儿子率众孝子、孝女、孝媳四五十人，身穿孝衣到寨外迎客。

⑦ 熬和埋：将亡者贵重的遗物，如银圆、钱币、衣物等挂于正堂。

⑧ 立书竿：在主家屋前立一竹竿，枝叶完好，且高于房顶，上系一剪成人形的三尺白布。

⑨ 砍利：正控当天砍杀牲畜，一般为一牛一马和几头猪。

⑩ 三朝：也叫复山。正控的第二天早上，召集家族亲戚一同在山上坟前杀鸡鸭鹅、小猪崽，祭供亡者。

⑪ 除服：儿孙为死者守孝三年，三年满孝时举行除服仪式。

个女儿，都留在前夫家，嫁过来后，她给韦桃花的父亲又生了三个儿子，两个女儿。这样，韦桃花家总共有 11 个姐弟。

二妈刚进家时，跟大妈关系很好，但以后就有了矛盾。矛盾也不大，架不住大家庭一日三餐的日常琐碎，生活总是要过下去的。现在，韦桃花的父母都去世了，二妈还在，子女们也都孝敬她。当时，考虑到韦家没有儿子，政府勉强同意了韦桃花父亲娶二妈，孩子生得多了，要交计划生育罚款，这个务农家庭的负担就很重，贫困是长年累月的。为了养一堆孩子，韦桃花的母亲只要有天光就做马尾绣背带，去乡场上卖了换一点钱。一家十几口人的穿戴，全靠这马尾绣，换了钱才能买回衣服。

马尾绣唯水族独有，分布在三都县境内的三洞、中和、廷牌、塘州、水龙等乡镇的水族村寨。马尾绣，先用丝线把二根或三根马尾绕裹起来做成马尾线，再用一颗大针穿好线，用另一颗小针穿上同色丝线，以马尾线在布上镶成各种图案，用小针把图案固定下来。下一步叫作“填心”，用各色丝线填满图案的空隙。然后是镶边，用橙色和墨绿色丝线在四周挑成“花椒颗”的镶边图案。接下来，又在绣品上钉上闪亮的小铜片，增加绣品亮度。最后，用针线把小片的绣品依次序钉在一起。这复杂繁难的绣工，难不住水族的女人们，她们的手艺世代相传，一个水族女孩从四五岁开始拿起绣针，10 岁左右就能单独完成小型的绣件。

那一年，韦桃花还只有 3 岁，跟在妈妈的脚边。妈妈放下手中的针线去灶房，去喂猪，她就拿起来七歪八扭地绣。妈妈回头见了，一把夺去，边拆线边呵斥她。在板告这个水族村庄，溪流淙淙，木屋错落，也天高地远，韦桃花拿起了针，就好像捡起了她的命。

韦桃花开始学搓马尾，学怎样进针，但绣得不好看。等她七八岁的时候，就绣得有模有样了。13 岁那年，她已经绣出了一根背带，去乡场上卖了 50 块钱，她高兴得心都怦怦跳。那时的 50 块钱很值钱，她又买回了绣布、针线和马尾，第二件绣品，就卖出了 70 块。回想起来，那第一根背带针脚并不均匀，

能够千年不朽的马尾绣

图案也呆板，但韦桃花至今还深刻地记得那种心底的快乐。

韦桃花也去村小读书，读到小学五年级，因为上初中要到三洞乡去，她就放弃了。家中儿女多，她又是女孩，父母并不催迫她读书。韦桃花还留级了一年，小学毕业的时候已经13岁，就在家里干活和刺绣。

刺绣的时候，总是几个女人坐在一起，一边绣一边唱歌，唱水族山歌、情歌、酒歌。那样的时光，是她们生命里安详愉悦的部分。村庄是绿树环绕的，丛林间有怪石嶙峋，树与石盘绕交错，像天然的绿色屏风，山泉和水田远远可望。绣花的日子，是埋头数光阴的日子，一针针，一线线，绣一棵树，绣一只凤凰，绣一个围裙和胸牌，再一抬头，有人老去了，有人长大了。

韦桃花不知道，她4岁那年，家里就给她定了亲。她绣到17岁，出落成一个漂亮的姑娘，家里就告诉她，她的丈夫要来娶她了。

丈夫姓潘，是个独生子，跟韦桃花一个乡。过去水族的婚姻大多是老人包办，韦桃花自己一无所知。等家里告诉了她，她这样老实温良的女子，也没有分辨愿意不愿意，心里倒生出了憧憬。即使她不愿意，也没有地方出去打工，嫁人就是唯一的人生大事。她嫁给他之前，他带着礼品来到了她家，她第一眼看到他就很满意，他是个相貌英俊的小伙。

她的嫁妆，是 40 匹土布。土布是水族女人自纺自织的，深蓝色，用来做马尾绣底布，这份嫁妆，供她足足绣了 20 多年。

丈夫的命不长。她嫁到潘家后，18 岁生下了大儿子，然后 3 年生两个，又 3 年生两个，再 3 年生两个，共生了 7 个儿子，两个病死了，还有 5 个儿子。生下第一个儿子的时候，丈夫说，他是独生子，孤独得很，寒了心，他们要多生几个孩子，等孩子长大了，自己会去打工养活自己。她听他的，一路地生，可是他才 35 岁，就脑出血，撒手去了。

丈夫死的那年，韦桃花 32 岁，独自带着 5 个儿子和两个老人，一个是她的婆婆，另一个是丈夫的叔爷。这个叔爷，是她死去的公公的堂弟，一直跟丈夫一家住在一起。叔爷自己有两个女儿，都嫁出去了，他喜欢跟韦桃花一家在一起，他们就养着他。叔爷嫁出去的女儿回家来，和潘家签了一个协议，让他们养他，把他的房子和田地都交给了他们。

认命的韦桃花，这时候茫然了，但是，日子不允许她茫然。早晨一睁开眼，两个老人，5 个儿子，最大的 15 岁，最小的才 3 岁，都靠着她养。她像一头牛那样做农活，忙家计，见缝插针地，她就绣花。这个外婆传给母亲、母亲又传给她的手艺，现在成了她的依靠，许多纷乱的心事和无可言说的悲哀，就交给了那一针针、一线线。一针下去，一针上来，布面上有了一道线迹，像钟表的一声嘀嗒，也像日子无声地前行。

每天晚上，韦桃花点着煤油灯做到 12 点，没有人知道，在板鸟村这个山高水远的地方，这简陋农舍里，一个美丽新寡的水族女人的悲伤。韦桃花也不知道自己的将来在哪里，她只是从天亮到夜深地绣着，她对自己说，她的命就是这样的。

一年后，叔爷死了，韦桃花请人给他砍了一匹马，安葬了他。五年后，婆婆死了，韦桃花请人给她砍了一头牛，掩埋了她。

这是韦桃花最苦的一段日子，她咬住牙关，想靠马尾绣养大 5 个儿子。渐渐地，外面有人听说了她，来找她要绣品，有的单位买了她的马尾绣去送礼，她就开始有活路了。一直埋头绣花的韦桃花，从她手里的一片片马尾绣上，感到了板鸟村外面有一个很大的天地。2005 年，她忽然想，别人来买她的马尾绣，需要绕山绕水地到板鸟来，她干脆去县城里开一个店，人家就方便来找她了。

没有人可以商量。韦桃花背着米，背着三件马尾绣衣裳，坐在别人的摩托车后面，一路颠簸出了板告村，又从乡里坐客车到了县城。要命的是，她只会说水语，不会说汉话，下了车，站在人头攒动的车站，她不知道该往哪里去。

终于，她找到一间窄小的临街的屋子，租金两百。她从家里带来的三件衣裳，有一件卖了 1500 块，这个钱用来交租金。5 个儿子也来了，挤在小小的铺面里，晚上横着一排睡在地铺上，白天，大一点的孩子出门去读书。

终于有人来到铺子里买马尾绣，韦桃花挣到了钱，就可以买菜了，米仍然是从板鸟背来的。生活是艰难的，韦桃花只是没日没夜地绣，她说，她什么也不懂，她就是绣花。多亏上天给了她一双好眼睛，熬不坏，给了她一个好脊背，坐不弯。

韦桃花的绣品

一年后，2006 年 6 月，濒临失传的水

飞针走线是韦桃花一生不歇的事情，她说，除非眼睛看不见了才能停下来

族马尾绣被列入了第一批国家级非物质文化遗产名录。9月，贵州举办了一个参者甚众的“开磷杯”多彩贵州旅游商品制作能工巧匠选拔大赛，三都县首先分赛区举办了选拔赛。水族人都说韦桃花绣得好，一定能拿第一，可是她只拿了一个优秀奖，奖金100元。随后，她又参加黔南赛区的选拔赛，还是只拿了一个优秀奖。幸运的是，她被州组委会选中，推荐参加省里的复赛，在现场比赛和作品评选中，经过专家们的独立打分，韦桃花入围了总决赛。好运，在韦桃花长久的、无怨艾的忍耐里，在她无数个日夜孤独的飞针走线里，终于抬起眼来打量她这个寻常、苦命、安静的女人了。

总决赛要求每个选手在15天内交两幅新的成品，还有两幅半成品。那两幅半成品，要在现场3小时内绣完。韦桃花熬更守夜，交上了作品。决赛前，她一连几天睡不着觉，她从来没有参加过比赛，还这样过关斩将，惊险跌宕。那天的总决赛，贵州省省长、省委书记也来了，众目睽睽下，韦桃花头缠水族白帕，身穿一件水蓝的对襟衫，说不出的慌乱和紧张，但是一拿起针线，她就镇静下来。

她获得了“贵州名匠”特等奖，位列100名“贵州名匠”之首，这一年她38岁。

韦桃花出名了。州里的领导带着她这个全省第一名匠去贵阳领奖，发现她像哑巴一样，不会说汉话，也听不懂普通话。记者们采访她，她一句话也说不完整，只能笑。中央电视台记者也来了，人家问起她独自带着5个儿子谋生的事情，她的眼泪涌出来了。那扛摄像机的高大小伙说："你别哭了啊，我都要哭了！"她是很多年没有哭过了，忙得没有时间哭，每一分钟都要用来绣花，挣钱养儿子。

拿了大奖，韦桃花领到了5万块钱奖金。她用这钱开了一家马尾绣经营部，把自己的绣品叫作"桃花马尾绣"，这就有了自己的品牌。来找她要绣品的人多了起来，有大公司来订购的，也有做收藏的，她自己做不完，便回到乡里去找绣娘们。过去她主动去教她们，她们不愿意，绣一幅绣片也只能挣几块钱，现在她们见韦桃花拿了大奖，绣一幅一尺见方的绣片，花费半个月的时间，装在画框里，能卖四百多块钱，她们都愿意做了。韦桃花给她们画好图案，常回到村里去教她们刺绣，她们不用出去打工就能挣钱，还能在家照顾老人，带孩子，喂猪，这就是一份安稳的日子。

2008年，北京开奥运会，韦桃花被组委会邀请3次进京。虽然她从来没有时间看电视，但毕竟接触的人多起来了，她已经会说生涩的汉话，甚至普通话了。奥运会开幕的第二天，她在北京奥林匹克公园公共区的贵州祥云小屋，参加《中国故事》大型文化展示，现场表演马尾绣。一个外国人看中了她的一幅绣品，问她："售价多少？"她说："5000块。"外国人惊讶起来："怎么这样贵？"韦桃花说："这不是一般的刺绣，是世界上独一无二的水族马尾绣。"她一边说，一边给他看做马尾芯的高难技法。那老外看明白了，连声说5000块钱不贵，买走了那幅马尾绣。

回想起来，韦桃花就有些懊悔。进京通知让她们多带几套民族服饰，她就只有一个行李箱，带去十几件马尾绣，没想到在现场全卖光了，一共卖了两万多块，早知应该多带些去。她还记得，组委会没有让她上交分文，倒给了她2000元生活补贴，后来还给她颁发了大红的荣誉证书。证书上写着："作为北京2008奥运会参与者，您的出众才华和完美工作使得'中国故事'文化展示活动圆满成功，为中国文化与奥林匹克文化的交流弘扬做出了积极贡献。鉴于此，特授此荣誉证书予以表彰。”随后的残奥会和十一黄金周，韦桃花又被邀请去了。

后来，她还去了西班牙、意大利和澳大利亚，带着她的绣品。在国外，她仍然用刺绣来展示自己，回答问题都配有一位翻译。外国人很有兴趣，问这样问那样，从马尾巴到丝线，从底布到针法，平针绣、空心绣、挑绣、结线绣、螺形绣，韦桃花便笑着，边说边绣，一一让别人看清楚。

她的“桃花”马尾绣经营部，是一间小小的铺面。跨进玻璃门，就面对一屋子天上地下的斑斓：画框、绣片、荷包、帽子、背带、衣裙、围腰、花鞋，琳琅满目。白天，韦桃花坐在临窗的小木凳上，一边绣花一边做买卖。

隔着一道玻璃，就是县城熙攘的街道，人和车一刻不停，噪声也像风吹起的尘土扑进来，但她垂下眼皮，手拿针线，就有一种安稳和宁静，似乎她心里有另一只钟表，用针脚数着时间。

天黑了，出去做工和读书的儿子媳妇们回来，孙子也出生了，小铺里拥挤而温暖。韦桃花不看电视，不听收音机，她要么画图，要么刺绣。刺绣紧紧地占着眼睛，不能看电视，

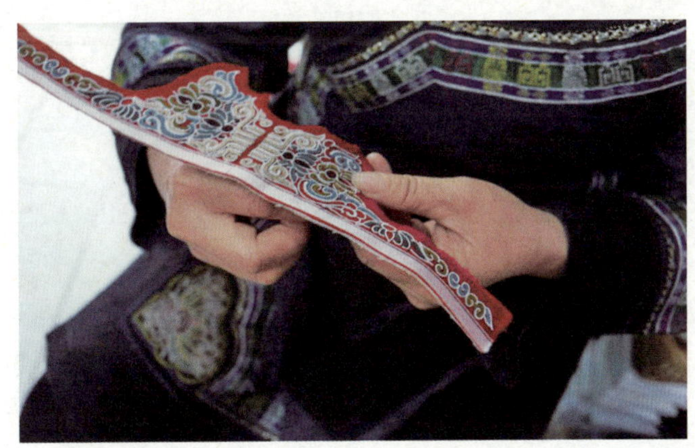

韦桃花正在绣一个童帽

还占着她的心，所以也不能听广播，因为一分神，就绣得不圆整了。她说自己是比别的女人更苦的女人，她的生活也跟别人不一样，每天就是裁布、刺绣、画图。她早上 6 点起来，绣到中午吃饭，吃完又绣到晚上。她总是坐在一张矮木凳上，凳子高了腰就会弯，绣了几十年，却也没落下腰疼腿疼的毛病，这是老天给她的照顾。

她的 5 个儿子，最小的也 20 岁了，全都跟着她做马尾绣，有的装框，有的送货。大儿子初中毕业，因为家计艰难，去外面打了几年的工，回来还是跟着她做。媳妇生了一个女儿，才 3 岁，也跟她学马尾绣了。老二读到高中，老三读到初二，这三个儿子已经结了婚。小儿子读了大专，是家里学历最高的，大儿子希望他能读专升本，可小儿子有些胆怯，信心不够，又不知怎样去读，正在彷徨着。儿子媳妇们的手机上有了微信，给“桃花马尾绣”做了一个公众号，在上面卖绣片。有时他们谈论起来，雄心勃勃的样子，想将马尾绣的经营做大，却又觉得自己见识胆气不足，不知该从何着手。韦桃花听着他们的谈论，手里依然不歇，马尾绣一针跟着一针，仿佛永远也停不下来。

马尾绣，在一个绣娘的手下，能留住沧海桑田，即使布朽了，线腐了，马尾还在。

反排木鼓舞王

万政文

雾岚中的反排

反排木鼓舞[①]出自贵州深山的反排村[②]，村寨位于贵州黔东南台江县方召乡的高山上。

木鼓舞鼓声催心。舞者神色严肃，一袭黑衣，头上银片如刀。奇特的舞步大开大合，反转腾跃，似疾风劲草，每当看见，都觉得神秘和心跳。

木鼓舞被外来的人发现后带出大山，走遍了全国，又走向了世界，这已经是20世纪80年代的事情。在电视上、舞台上或民俗活动中见过这个舞蹈的人，都会对它奇特的舞姿印象深刻。这样的舞姿，是游移于我们对舞蹈的常识之外的，它的踏步、腾跳、翻越、大幅甩动同边手，传达出一种难以名状的激烈而复杂的情绪。看过这样的舞蹈，观者一定会问，为什么这一群人，用这样的方式来跳舞？这个舞蹈，一定有它特殊的故事。

我知道反排在连绵大山的深处，但仍然没有料到，路途如此高峻难行。从

① 反排木鼓舞：苗语称“Zukniel”。现存下来较突出的有反排木鼓舞和施洞、革东地区的木鼓舞。木鼓舞以胯为发力点，甩同边手。头、手、脚开合度大，整个舞蹈动作模仿虫、鸟、鱼、兽、禽等，粗犷豪迈，矫健敏捷。

② 反排村：隶属黔东南州台江县，苗语音译“方白”，意为在高坡上的苗族支系。反排村在群山环抱、两山夹峙的山坳里，全寨有400余户。

万政文在反排村村道上跳起了木鼓舞

县城台江的城边，驶上一条盘山路，便开始向着山巅而去。一层层的山，被一道道甩在视野下面，而路途还是没有尽头。直走到云雾深处，白色的、团状的雾岚，从山坡下无声无息地涌上来，笼罩了前面的路，车不敢前行，停了下来。走下车，凉凉的湿气裹住了人，其实，这时候的山下，是阳光明媚的。

反排苗语音译“方白”，意为在高坡上的苗族支系，坐落在群山环抱、两山夹峙的一个山坳里

这一条路，是几十年前反排木鼓舞下山的路，也是千百年前，反排苗族的祖先翻山越岭寻找栖息之地的路。

反排，是偎在山梁上的一个长条形的苗寨，村庄背后是密林，前面是壑谷。终于来到这里，进村的道旁，一户人家正在建新房，几十个男人在帮忙，他们中，有几人赤脚攀上了高高的房梁，笑嘻嘻地低头看我，他们的劳动，是伴着说笑的。

我大声问万政文在哪里，他们七嘴八舌地说：“他刚才还在这里立梁，想起家里的牛还在山上，就上山去牵牛去了。”“山在哪里？”他们指向后面，那是一片不见路和天空的丛林。

我在村道旁的一家小铺里等，见到反排村依山排开，家家户户都是两三层高的楼房，石砌的寨门雕着花。层层瓦檐插入云端里，这村寨，远离尘世，天荒地老的样子。

小铺的木门外，不时有女人挑着担子、背着孩子走过去。她们的发髻又高又紧地绾起，油光黑亮，露出了脖颈，短短的裙子随着步幅摆动。令人惊讶的是，她们的双手都是紫黑色的，那是常年染布的结果。

反排女人的服饰和其他的苗族不同，因为这里苗人的来路和传说也不同。祖辈们说，当初这一支苗族来到反排的时候，四面都是高坡和大山，树丛遮盖着山岭。他们在这里见到了黑乌鸦，就依照黑乌鸦的样子来做衣服，后来，他们又见到了花喜鹊，又照着花喜鹊的模样做背心。这里的男人，都穿黑色，女人将自织的布染黑，把自己的手也染黑了。

在这里，时间也仿佛停止了。当万政文没有声息地来到面前时，我有些恍惚，觉得他是从那雾岚里现身的。

万政文

万政文是一个面孔清癯的农民，头发被山风吹乱，衣衫宽大，人显瘦削，眼神几分迷茫，几分木讷，看不出舞者的神采。

他说，他的家住在寨里最高的地方，他累了一天，爬不动了，就把我们带到村路边的一间小铺里，在人家的灶台前坐下。身着苗服的老板娘端上了茶，也来听我们说话，光线幽暗的灶屋里，她的眼睛亮亮的，直直的，看住人就不眨动。

说起自己，万政文的语气是迟疑的，像费力地打捞什么。后来说到木鼓舞，他忽然道："我给你跳一个！"他脱掉粘泥的外套，嘴里敲着鼓点，在小铺烟熏的屋梁下跳起来，手脚大幅甩动，整个小屋都是他翻飞的身影。我背靠墙板看他，血液似乎热了，心飘到很远，看到了这山巅村落的往昔。

万政文说，他就是反排人，生在这里。9 岁时，他就开始跟着大人们跳木鼓舞。听寨里的老人们说，反排的苗族离开江西，到这里来落户，就有了木鼓舞，算起来，也有一千五百年了。

坐在村中人家灶火边的万政文

反排姓万的人家不多，过去只有7户，现在有20多户。很久以前，姓万的人家多，有70多户，后来人多地少，有的人远走去讨生活，去讨饭，留下来的万姓就少了。

万政文1951年出生，那时候，反排很穷，而且不通公路。反排木鼓舞没有出山以前，外面的人也很少知道这里。到他七八岁的时候，整个寨子都搞大集体，人们合在一起吃饭，小娃娃的口粮只有一二两米。万政文家是寨里的贫雇农，这里的地主富农也很少。家中有三兄弟，他排行老二，哥哥没有读书，他和弟弟读了书，就在寨里读。

读到小学6年级，算一个初小生，毕业的时候，万政文15岁。反排的人很少能走出大山，他还是在家里务农。除了务农，也没有其他事可做，一直到20岁，他都待在家里。那是20世纪60年代，反排全然是另外的模样，房子都是低矮的，只有一层楼，也没有通到县里的路，人们到革东[①]和台江去赶场，需走三四十里的路，早上天不亮

① 革东：黔东南剑河县新县城所在地，地处黔东南州中部，毗邻反排。

反排村的主干道

就起床，中午走到革东吃午饭，晚上回来，就是星月满天了。

这样的日子，悠悠无尽，只是，这里有木鼓舞。

木鼓舞每逢“牯藏节”①就在寨里跳一次。“牯藏节”是苗族最隆重的祭祖仪式，“大牯”逢13年才举行一次。万政文第一次见到木鼓舞，就被深深迷住了。

一个人生在反排，必须会跳木鼓舞，不然就不能祭祖。祖先，是这个村落的信仰。万政文跟在跳舞的大人们后面，在别的孩子那里，木鼓舞只是反排天经地义的生活，而万政文却是痴迷。他割草放牛，鼓声也会在心底响起来。再长大两岁，他就提了酒，去缠村里最懂木鼓舞的张荣鲁，拜他为师。

张荣鲁是反排跳得最好的人，也最会敲鼓。寨里跳木鼓舞时，必由他来敲鼓，他的鼓声和别人不同，能把人的血敲热了。他见小小年纪的万政文喜欢木鼓舞，也很高

① 牯藏节：也称“吃牯藏”“吃牯脏”“刺牛”，是黔东南、桂西北苗族、侗族最隆重的祭祖仪式。牯脏节有小牯、大牯之分：小牯每年一次，时间多在初春与秋后农闲季节，吃牯村寨杀猪宰牛邀请亲友聚会，其间举行斗牛、吹芦笙活动；大牯一般每13年举行一次，轮到之寨为东道。“牯藏节”的重要内容是杀牛祭祖。

兴。万政文家里穷，找不出拜师的礼物，只给他提了一瓶酒去，张荣鲁并不计较。他说：“既然你这样喜欢，我把木鼓舞五个部分的来历都告诉你，以后你就会跳了。”张荣鲁说的那个古老的关于木鼓舞的故事，像刀子一样刻在万政文心里，那一年他 14 岁。

反排祖先最早住在江西，渐渐地，人多地少了，养不活族人，大家就要迁徙。离开家园，是撕心裂肺的，木鼓舞的第一个部分，就叫作“出门舞”。留在故土的祖先说：“这里养不活你们了，你们一定要找到一个好地方，好好地生活下去。”迁徙的人们舍不得家园，但还是无奈地离开，他们艰难地迈出了家门，这就是“出门舞”。

走到半道，再也无路了，只有一条大河横亘在面前。河上无桥，他们只有涉水、游泳，在激流里翻滚，泅过那条河到了贵州。第二部分，叫作“过河舞”。

到了贵州，那个领头的祖先去世了，人们没有工具挖土，无法埋葬他。过了 13 天，祖先的尸身上长出了尸虫，人们踏着脚，将那些尸虫踩死，不让它们吃祖先的尸体，第三部分，叫作“踩虫舞”。

第四部分是“挖坟舞”，人们踩死了尸虫，终于决定将祖先入土。他们用自己的手和脚来挖坑，掩埋了祖先。

他们跋山涉水，找到了栖息的地方，开荒拓土，耕田栽秧，围栏打猎，于是就有了“耕田舞”。

祖先死了 13 年以后，大家的生活条件好了，他们祭祀祖先，把九村八寨都叫来，这就是 13 年一次的“牯藏节”，有了木鼓舞，才能称作“牯藏”。

张荣鲁的故事，被万政文永远记住了。以后，他走了很多地方，有人问起，他总会一遍遍地讲述这个故事，这故事成为他生活中重要的部分，投注了他很多的情感。几十年过去了，每当他讲起来，总感觉自己已经和这个故事融在了一起，和那些祖先们守在一起，而他自己，也成了故事里的人。

当年，张荣鲁还对万政文说：“看起来，只有你能把木鼓舞传下去了，其

反排村口是文化部命名的“中国民间文化之乡”，拥有两项国家级非物质文化遗产

他人都不行了，他们只会敲一两个部分的鼓。”万政万听了，觉得自己担负上了一种责任，不能推却，只有做好。

木鼓舞很不易学，因为每一个动作，都是依照祖先艰难行路的样子，模仿他们是怎么走过来的。比如“砍草”的动作，两手都要握刀，边砍边走，手和脚都要使劲。万政文除了跟张荣鲁学习，自己也在家里苦练。师父教他的鼓点，他因为用心，听一遍也就大致记住了。他的哥哥和弟弟，都不会跳木鼓舞。喜爱，决定了万政文的态度，过了几年，他就是反排鼓场上领头的人。

反排人跳木鼓舞，是为了怀念自己的祖先，从没有想过这是一种表演。1985 年，黔东南州搞芦笙调演，木鼓舞获了奖，就到省里去排练。文化厅的傅汝吉处长看到了木鼓舞的奇异魅力，处处推荐他们，省民委就安排他们到乌鲁木齐去演出，那是反排人第一次走出大山去表演，也第一次看见山外的世界很广阔。木鼓舞产生了很大的反响，媒体把它叫作“东方迪斯科”。

从那时候开始，万政文就经常带着木鼓舞出山了。他们跟着傅汝吉做贵州酒文化的全国巡展，走遍了中国的每一个省会。一些专业团体的演员也向他们学习木鼓舞，但是，他们没有料到，土风的木鼓舞竟很难学，虽然万政文一步一步地教，他们跳起来依然不像。特别是甩胯的动作，违拗他们的习惯和常识。那些专业演员把木鼓舞带上了舞台，选用了部分鼓点，加入了自己的动作，在万政文和反排人看来，是怎么也不像的。

此后，万政文到北京参加亚运会，还去了中南海，见到了国家领导人，和他们同台演出。

走过了很多地方，万政文印象最深的，是去美国和当地苗族交流的那些日子。

苗族这个迁徙的民族，因为战争和天灾，数千年不断迁徙。约在200年前，数十万苗族迁到了越南、老挝和泰国的山区。因为老挝战争不断，1975年，十多万苗族流入泰国成为难民，其中6万人在国际组织的帮助下移居美国，现在也有了20万人。1989年，贵州省文化厅文物处处长吴正光带着万政文他们去出访的，是聚居在西雅图斯波坎的苗族。

到了斯波坎，双方见面都很激动，每家每户都抢着请万政文他们去做客。美国给苗族建了房子，万政文记得，地面是用木板铺成的。过了许多年，生活在美国的苗族人还是苗族的装扮，他们穿苗族的服装，自己刺绣图案。和中国的苗族一样，这些图案也是他们迁徙的路线图，把自己迁移的路线都绣下来。

万政文和他们的语言是相通的，他说的反排苗语，他们竟能听懂。关于语言，他们互相很好奇，也讨论了多次。万政文并不知道自己说的苗语是哪里的，在他的家乡，各个支系的苗语不尽相同，比如反排的和剑河的苗语就不一样。而生活在美国的苗族人说的话，类似贵州水城① 地方的苗语。万政文认为他们就是贵州苗族，他们戴银饰，也吹芦笙，他们告诉万政文，苗族人是要保留自己的文化的，这样的心很坚决，不管怎么样，都不能忘记祖宗的语言，祖宗的口音。

每一天，万政文都给他们跳木鼓舞，当地媒体把万政文称作“苗族世界

① 水城县：位于贵州省西部，隶属贵州省六盘水市，总面积3605平方公里。

反排木鼓舞由踏步、腾越、翻越、甩同边手等基本动作构成

舞王”。那时候，万政文年轻，浑身是劲，跳起来很有感染力。生活在美国的苗族人对他说：“你留下来吧，我们这里的姑娘，随便你挑随便你选，你看中哪一个，就娶哪一个。”但是，万政文在反排已经成了家，妻子也是反排人，生育了两儿两女。

万政文也想过留在那里，却是不能。那时候，中国穷，反排更穷，而美国是富裕的。万政文最初的感觉，就是他们吃得太好了，鱼呀，肉呀，鸡腿呀，鸡蛋呀，很丰富。他们的居住地，有山，有河，也有鱼，鱼大而肥，一钓便上钩。万政文和他们去山上野餐，带着酒肉，在那里唱歌跳舞，都快乐得不知今夕何年。

一个多月后，万政文他们要回国了，生活在美国的苗族人们哭了，他们说：“我们人在这里，心却跟着你们走到中国去了。”那真是一场依依惜别，彼此都知道很难再见。万政文也没有想到，因为跳木鼓舞，他有了这样永世不忘的经历。

木鼓舞

木鼓舞走出大山的时候，万政文已经30岁了。反排因为特殊的地理条件，允许同寨不同姓的人通婚，他的妻子也是反排人。现在，他们的儿女最小的也有30岁了。他的大儿子，在州府凯里工作。二儿子从小喜欢跳舞，从贵州大学艺术学院毕业，在贵阳歌舞剧院工作，当了副院长。两个女儿，一个嫁在本寨，一个嫁到了宁波。

万政文因为跳木鼓舞，走遍了中国，见到了中央领导人，还去了美国，他自己也成为一个新的木鼓舞传奇，鼓励着反排的年轻人，让他们也喜欢跳木鼓舞，哪怕平日去各地打工，过年回来，仍然向万政文学习。

他们知道，如果没有木鼓舞，以后也不会有“牯藏节”了。在整个台江县，高山上的反排村是最先举办“牯藏节”的，如果反排不办，其他地方就办不了，反排村是台江苗族的“牯藏头”。反排开始了，其他苗寨就等着，假如他们不等反排，节日就不会丰富，那些仪式也不会灵验。反排村自己要推选一个“牯藏头”，万政文虽是名人，但他没有当过“牯藏头”，因为选出来的人，须是父母双亡的。“牯藏头”带领大家祭祖，不仅要德高望重，而且首先就须祭祀自己的祖先。

在反排，跳木鼓舞至今还是一项很隆重的事情。村里每逢节日，大家都要跳这支舞，一年跳很多次。农历十月、农历二月二和春节这三个节日，是必须要跳的。

万政文现在最重要的事情，是把木鼓舞传下去，让子孙后代们都会跳。年轻人平常不在家，他就教给学生们。文化部门给他安排了时间，让他到课堂里去教舞，他在县里的中学和小学教，每个星期也去反排小学去教。他还去到北京舞蹈学院和南京艺术大学授课，他从反排出发，到了台江，从台江到凯里，到贵阳，然后去外省。外省的学生对贵州并不了解，但对他的木鼓舞饶有兴趣，他们又看又学，还认真做笔记，这让万政文很高兴。

村里的学生能把万政文的木鼓舞全部学会的，也有好几人，他们都是万政文的亲戚，都成了传承人，最年轻的只有 30 多岁，万政文为此感到满意。他常出去跳舞和开会，见到了县里的其他国家级、省级和州级传承人，他们常在一起交流，由于各种原因，他们的技艺传承并不理想。万政文就想，木鼓舞的传承做得好，首先是认真，老一辈想传下去，年轻人也想学到手。

木鼓舞从第一部分到第五部分，跳起来也就是两分多钟，但一教一学，有时一个动作就要跳一天。反排的人都知道，万政文跳木鼓舞，是越跳越来劲的。不管他正在种地，还是放牛，只要跳起舞来，他就像变了一个人。人们总是问他："这个动作是什么意思？那个动作是什么意思？"而在万政文的心里，这所有的动作，都是祖先的生活和故事。只要一跳起木鼓舞，他就想起祖先，他知道，心里没有祖先，木鼓舞就不可能跳得好。祖先是一步步跋涉而来的，是异常困苦艰难的。现在，反排人的日子过好了，吃得好穿得好，如果不想念祖先，就跳不出祖先的精神，木鼓舞也就失去了意义。

反排村现在已经有两千多人，变化很大。年轻的妇女都穿汉衣，过年过节的时候才穿传统的衣服。她们中的很多人不再自己染布，手也不是黑紫色了。寨子里有了七八个大学生，这也是过去无法想象的事情。这里的交通依然不方便，从左边走出去是南宫乡，向山上再走 15 里，才是下山的路，通到另一个县剑河去。从右边出去向山下走，是台江县城，有 52 里。交通虽然不便，但是寨子很大，周围的田土也多，人均有一亩土地。

和其他村民一样，万政文在反排修起了大房子。他种了 5 亩地，养了一头牛，牛就放养在山上，他每天都去给牛割草。他愿意住在反排，这里空气好，人也好，在这里的日子自由自在。每天天亮了，他就去跟寨里的亲戚朋友聊天、喝酒，其他村有活动，大家就相约着去看热闹。反排的人尊敬他，他在村里还有一个木鼓舞队，有 20 多人，他要管着这个舞队。前几年，舞队没有经费，现在每人每月有四五百元。队员们一般是 30 多岁的年龄，万政文最老，但是他还能跳，他们经常去其他村表演，每年去十几次。这是令人高兴的事情，他们可以到处走，住在别人家里，一起吃饭、唱歌和跳舞。

除了跳木鼓舞，万政文还会吹芦笙，会唱歌。反排的苗歌过去没有多声部，万政文看了侗族大歌，就把反排苗歌改编成多声部，在山外的比赛上拿了奖。方召[①]有一首情歌《你是一朵花》，在中央台的“青歌赛”上获了奖，那也是万政文帮他们改编的。万政文还根据反排的风俗，编排了一个《踩桥舞》，大家去踩一座桥，人多了，桥身摇晃，大家都东倒西歪地抖起来，这就有了舞蹈的基本动作。《踩桥舞》跳起来，也让人们眼睛一亮，舞姿夸张、快乐而诙谐，是生活化、风俗化的舞蹈。

万政文走南闯北，对自己民族的东西有了特殊的认识，他知道，从生活的根里长出来，就是独一无二的艺术。

这些年，不断有人到反排来找万政文，每一次，他说着说着，就会跳起来。“祖先难啊！”万政文说，“跳木鼓舞，一定要想起祖先的每一步，很困难，很顽强！”他边跳边说，有一种倔强从眼里透出来，像慷慨，也像叹息。万政文不是跳舞，他是用木鼓舞和祖先对话，守住一个民族的根底。

① 方召镇：位于台江县东部，面积 91 平方公里。人口 1.54 万，其中苗族占 99.3%。

『撮泰吉』毕摩

文道华

倮戛

倮戛是彝语，意思是“石头寨”，它是贵州西北芦虹高原上的一个小村庄，在山巅云端。

山是乌蒙山，在多山的贵州，这里已接近了全省的最高峰，村庄海拔有2800米。假如有一天，你为了某种因缘来到倮戛，你的第一个念头应该是：为什么人们会生活在这里？

云朵悠悠，千百年从山梁掠过，倮戛零落的人家，一直只有几十户，是彝族、苗族、汉族杂居的。这里的气候寒冷，霜冻期长，土壤是黄棕壤和高山草甸土，土层薄，只能种植单产低的玉米、土豆和荞麦。到了21世纪初，这里的房舍，还全部是低矮的草房，没有一间瓦房，道路是荆丛碎石间的山道，一到下雨，就泥泞难行。也就是近一两年，盘山公路才艰难地通到了村里，而过去所有漫长的年月，在崎岖山道上爬山下岭，是倮戛人最基本的生活。

这人迹罕至的村庄，自然也没有科学和医药，村民遇上天灾和疾病，就用祭山神、打粉火、滚鸡蛋、念鬼来驱灾除疫，祈求平安。

贫穷和落后，是外来者对倮戛的第一印象。但这个小村庄有一个神奇的地方，几十户的村民，就有三种信仰。进村的道旁，有一个小小的、简

文道华拄着拐杖爬上二楼，戴上了他自己制作的面具

朴的基督教堂，木头的十字架立在教堂的尖顶上，墙上镶嵌了一个很大的红色的“爱”字，教堂里有自己的牧师。村里的彝族有自己的宗教，由彝族毕摩来掌管生老病死。汉族则信仰佛教，他们下山到威宁[①]的山地庙去拜佛烧香。

中国文化数次形成了大一统，而倮戛人生活在莽莽苍苍的山顶，在这里，彝族原始宗教、苗族的基督教和汉族的佛教是并存的，村民们任由取舍自己的信仰，平和相处，有的同一家人就有不同的信仰。文道华的妻子嫁到倮戛来的时候还没有信仰，几年以后，她就信了基督教，每个星期去村口小教堂做礼拜。文道华是彝族毕摩、撮泰吉[②]班领头和风水地理先生，他们夫妻几十年，不吵架，不打架，也从来没有为信仰问题起过争执。

倮戛的基督教，源自著名的英国传教士柏格理[③]，他1905年来到山寒水远的贵州威宁石门坎[④]，将那里建成苗族教会中心，又把四方井建成彝族教会中心。1915年，柏格理为照料患霍乱的教徒染病致死，但基督教跨越当地的民族文化隔膜存续了下来。威宁的佛教，最早追溯到元代中后期，那时已有了威宁万寿寺，是佛教传入威宁的明证。而这里的彝族信仰，可以从唯倮戛才有的原始戏剧——撮泰吉里，去寻找它的源头。

倮戛的彝族，头戴粗犷狞厉的面具，腰围树叶，手持棍棒，念念起舞，他们一年年、一代代地跳着祖先传下来的撮泰吉，这是贫穷日子里的祈愿和快乐。他们并没有想到，大约在20世纪80年代，威宁县文化馆的人来到倮戛，

---

① 威宁彝族回族苗族自治县：地处黔西北高原，是贵州省的西大门，全县平均海拔2200米，是贵州省面积最大、海拔最高的县，彝、回、苗等少数民族占总人口的24.3%。

② 撮泰吉：仅存于贵州省威宁彝族回族苗族自治县板底乡倮戛村的一种古老的戏剧形态。撮泰吉为彝文译音，意思为“变人戏”，一般于农历正月初三到十五演出，旨在驱邪祟、迎吉祥、祈丰收。

③ 伯格理（Samuel Pollard，1864—1915）：英国来华传教士，创制苗文并极大地影响了苗族的历史发展。

④ 石门坎：位于贵州接近川滇最边缘的西北角，是中国最穷的地方之一。

发现了撮泰吉，一时，撮泰吉震动了学术界，国内外学者们跋山涉水而来，关于它的争论和著述绵绵不断。有学者把撮泰吉和印度梵剧、古希腊戏剧，一齐列为目前发现的人类最早的戏剧文化，它有了一个公认的标志——“中国戏剧的活化石”。

“撮泰吉”只流传在贵州威宁彝族回族苗族自治县板底乡倮戛村，地处海拔2800多米的芦虹山区

文道华因为一辈子演撮泰吉，被评为国家非物质文化遗产传承人。关于倮戛的最早记忆，还存在于他这一辈彝人的心里。那些遥远的故事，也是祖公、爷爷、父亲传下来的。

彝　族

倮戛的彝族，身形高大，宽额高鼻，眼眶微凹，瞳孔有碧色，体貌和汉族迥然不同。他们以荞麦和土豆为主食，又生活在高原上，离太阳更近，紫外线强烈，大多有古铜色的面庞。

关于彝族的缘起，有一种“氐羌说”，认为彝族是六七千年前居住在青海地区的古氐羌人，其中有一支向西南方向游弋。三千年前，彝族祖先已经分布在西南地区，

史书中常称他们是“越嶲夷”“侮”“昆明”“劳浸”“靡莫”“叟”。另有一种说法，认为彝族基因是西方外来人种，清末的西方人以人类学眼光来考察彝族，判定他们有西方雅利安人或高加索人的血缘特征。

倮戛的古彝歌里说，远古之时，连年大旱，庄稼枯死，人也死了大半。后来天上又降大雪，种子也没有了，就在那个时候，天神派“撮泰阿摩”（祖先的魂灵）送来了粮食和种子，帮助他们耕种，解救了他们。这是这个村庄关于彝族起源的歌谣。

文道华说，他们家在倮戛住了几十代。最早，他们的祖先居住在东京，就是现在的河南开封，以后又从米雅倮黑布（彝语：地名）发源，迁到了云南哀牢山，又到东昌，再到倮戛。这样的话，文道华对倮戛来访撮泰吉的专家学者记者们说了许多遍。他去过的最远的地方，是省城贵阳，其他的地名都在他童年开始学习的歌谣和传说里，让他想象了一辈子。

翻阅家谱是年迈的文道华常做的事情

这两年，文道华家也建起了新房，簇新的墙砖，瓦蓝的屋顶，在高原的阳光下闪着光泽。新房建在村中央的小坡上，背山面田，是文道华为自己挑选的地基。屋下的村道已经硬化，但通向新房的一截之

字形路面，文道华没有钱打理，所以仍旧是泥石小道。只要上了这个小道，站在他家屋前的坪地上，眼前展开来的，是一幅天然的山水长卷，视野极开阔，天宇，远山，田坝，景色风物每天都在变幻。

走进房子，就四壁空空了，正是贵州人说农村的那句话，“外面是欧洲，里面是非洲”。这是山民祖祖辈辈的生活习惯，他们也不以为意，几千年的自给自足，他们只有最简单的需要，他们的快乐和烦恼，也只有这层层叠叠的大山知道。文道华对自己新房的风水非常满意，他拄了一根拐杖，在屋里进出，或者坐在木凳上远远地眺望，大半个村庄都袒呈在他的注视下。

他从屋里拿出了家谱，摊在一个塑料凳上。翻开外面的一个旧本子，夹在其中的家谱是用白棉纸订成一册的，仿佛也风化了，脆薄发黄，但上面用毛笔墨汁写下的字迹，依然清晰。文家原来不姓“文”，姓“阿维”（彝姓），是威宁盐仓彝族的四大家族之一，这四大家族是“阿维”“安吉”“阿普”“阿基”，都是彝姓。1665 年，吴三桂在威宁设府[①]，

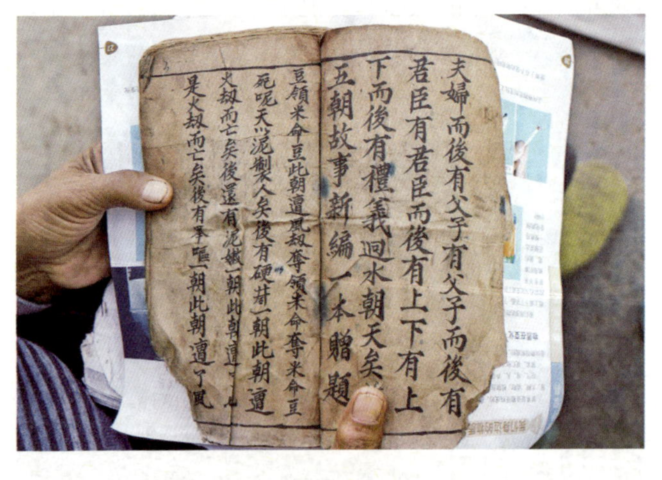

文道华的家谱，从人类初始说起，仿如经书

① 清康熙四年，即 1665 年，吴三桂平定水西、乌撒，1666 年二月初一改乌撒土府为威宁府，隶贵州省。“威宁”即“天威到而后安宁”之意。

改土归流，彝族就改了汉姓。

图中展示的这本已有三百多年的家谱难得一见，是深居山谷的彝部落与汉文明融合的见证，间杂了汉文和彝语音译。是这样记述的：

序言：此书盖自天生蒸民，莫不有仁义礼智之性，是天所赋人之正理也。有天地然后有万物，有万物而后有男女，有男女然后有夫妇，有夫妇而后有父子，有父子而后有君臣，有君臣而后有上下，有上下而后有礼义，迴水朝天矣。五朝故事新编一本赠题：豆领米命豆，此朝遭风劫，夺领米命豆死呢，天以泥制人矣，后有硬井一朝，此朝遭火劫而亡矣。后有泥嫩一朝，此朝遭火劫而亡矣。后有举呕一朝，此朝遭风劫而亡矣。后有时韶一朝，此朝遭迴水劫而后亡矣。癸亥年四月内，天大怒，雨下九昼夜，水砥天鸭子头之砥，天虫之类，鱼蚁虫在天空游行，所有人类草木一律淹死。到第二年甲子年，天开，只有匹独米一人在米喊老恒博上得救……以前地下的国家皇粮是上纳天宫，天桥断矣后，粮不上纳……

文家的家谱，从开天辟地说起，再讲人的来源。在这荒远的大山上，头上是天，脚下是大山，满目是牛羊猪鸡狗，还有人类。人类是会自娱自乐、演戏唱歌的万物灵长，在这里生活着，有长长的光阴来想天地、想自己、想庄稼、想万物，也就有了关于人从哪里来的思考。

撮泰吉，就是倮戛彝族对人的由来的思考既是形而上的，也是娱乐性的，他们把它变成了简单的戏剧，每年正月为乡亲们演出。

撮泰吉

第一眼见到撮泰吉，你会感受到强烈的视觉震撼，一股原始苍莽的风扑面而来，让人禁不住追思人类的来路。

首先是它的面具，这面具无法归类到你记忆中的某种文化里，只有在倮戛才能见到。它的点、线、面，简洁到粗朴，硬朗到彪悍，面具只有黑白两色，像中国人关于阴阳的色彩。

倮戛人做面具，就地取材，随心所欲，像孩童的习作，也像神灵的信笔。他们用杜鹃树或漆树这样的硬木，锯下一截树段，从中间一破为二，用斧头砍成有鼻子有形状的脸面毛坯，再用凿子凿出眼睛和嘴巴。这眼睛和嘴巴，就是两个洞口，一个面具就已初成。然后，用锅烟和墨汁涂黑，用石灰画出皱纹和线条，再用动物毛和人的头发扮上胡须，这就有了 1700 岁的阿布摩，1500 岁的阿达姆，1200 岁的麻洪摩，1000 岁的嘿布，还有幼童嗯安。

每年的正月到十五，是秋收冬藏的日子，也是除旧迎新的时刻，依靠土地生活的倮戛人，有了冬日里的闲暇，来回溯往日、开启来年。这样的日子，撮泰吉就在田坝里、麦垄上、门院前演起来，锣鼓咚咚，铜镲铮铮，单纯、稚拙、怪诞。

撮泰吉里的人物，都是人类的前身，是正在变成人的一种生灵。他们头戴尖尖帽，脸挂古拙的面具，手拄木棒，嘴里发出浑沉悠长的叫声，那是模仿猴子的怪叫。倮戛人想象的人类始祖，长着猴子的脸、老鼠的牙齿，穿的是树叶，喝的是露水，他们来自很远的森林。他们用白布条，把胸、腰、腿交叉扎紧，象征远祖裸着身子，迈着罗圈腿，还不能完全直立行走。这些远祖前来告诉人们关于迁徙、垦殖和繁衍的故事，所以，在彝语里，“撮”是人类先祖，“泰”是变化，“吉”是玩耍，撮泰吉也就叫作“变人戏”。

一开场，先祖就念诵道：“昔闻古时人，变人不像人。变人像野兽，猴的脸，鼠的样。吃野果，喝露水，穿树皮，上者为雀，下者为槽……”告诉大家先人的模样。随后，他们来到青草萋萋的坪地，阿布摩向西方、天地和四方神灵祈祷。接下来，他们就为大家表演农耕。

巫师若戛阿布和阿布摩有一段对话，说的是彝族祖先迁徙和繁衍的故事。阿布摩与阿达姆生了一个孩子，名叫嗯安，他是先人们的希望。“撮”们背着粮种跋山涉水，寻找家园，却遇到年年灾荒，最后，他们来到了倮戛，这里

土地开阔，草场连绵，他们在这里安住下来，开荒种地，收获粮食，买卖牲畜。他们驯牛，犁地，耙土，撒土灰作肥料，播种，收割。劳动休息了，他们就吸叶子烟，阿布摩与阿达姆模拟交媾动作，给孩子嗯安喂奶。秋收后，阿布摩将粮食装满了粮仓，若戛阿布以酒撒地，向天地、神灵、祖先和粮食之神祈祷。舞狮也跃然出场了，它是来庆贺丰收的。

“撮泰吉”确切的含义，是“请变成鬼神的老祖宗来保佑后裔的游戏”或“人变鬼神的游戏”

最后，是正月十五的“扫寨”，又叫作“扫灾星”，彝语是“咪朵秋”。巫师若戛阿布带领阿布摩走村串户，扫除灾病、祈愿人畜兴旺，五谷丰登。他们到了一户人家，就向主人要来鸡蛋，把一年的霉运都放在鸡蛋里面，走到了一个“人”字形的岔路口，把鸡蛋埋在土里，上面点燃大火，驱逐了邪霉。隔一些日子，由“撮泰”取出埋下的蛋，根据好坏来预测来年的收成和祸福。

文道华的角色是巫师若嘎阿布，也叫山神老人，是撮泰吉戏主。文道华生于1944年，倮戛的撮泰吉戏班，基本都是他教出来的。早年和他一起演撮泰吉的，还有扮演阿布摩的高湖芬，扮演阿达姆的周德光，扮演麻洪摩的文富宽，扮演嗯安的文有兴，他们都找到了自己的传人。

文道华除了教别人，也教自己的儿孙。他的小儿子文斌向他学了两年，现在代替年老腿瘸的父亲在外面演

文道华16岁的二孙子文超对“撮泰吉”饶有兴趣

出。他的大孙子文康进，二孙子文超，都是五六岁开始就在撮泰吉里扮演嘿安。

文超16岁，英俊健壮，眼神里有一种沉静的若有所思。他挂上撮泰吉的面具，穿着旅游鞋，戴着电子表，在爷爷屋前的坪地上跳舞，火火成风。

文超在乡里读初二，学校的课间操就是跳撮泰吉。这个远古的戏舞，从来没有像现在这样大张旗鼓，普遍传扬。文超喜欢撮泰吉，撮泰吉让他比倮戛的同龄孩子去到更多的地方，他不仅有机会走遍四乡，还去毕节演出和录音。他是倮戛看电视玩手机的一代人，但他不想改变撮泰吉的表演，他知道，要把祖先传下来的东西完整地保存下去。

毕　摩

毕摩文道华老了。他的5个儿女都在外面打工，有的在县城威宁，有的在广州或更远的地方，他和老妻就在家里照看10个孙子孙女。

孙子孙女们都长得漂亮，有一双彝族人的明亮的大眼睛，古铜色的肌肤，高挑的身型。他们都在乡里读书，最小的也进了乡幼儿园，周末回到倮戛，像一群花喜鹊围绕在房屋前后。女娃们把洗衣机搬到院前，拖出一根长长的胶皮管洗衣服，一边说个没完。男娃就出去找朋友，谈论他们这个年纪的倮戛人感兴趣的事情。

家里有这么多人丁，但粮食是够吃的，一间屋子的墙角堆了一堆土豆，饿了就烧土豆吃。他们手脚麻利地掰去土豆上长出的长芽，他们是吃着这个长大的。

更多的时间，文道华坐在门边的一条木凳上，笑眯眯地看着孙子们走来跑去。2017 年，他 73 岁了，经常回想自己的一生。他说，他的一生也有苦恼，那是因为活路太累了，剩下的，就都是快乐，唱古汉歌，唱古彝歌，看风水，跳撮泰吉，跳铃铛舞，拉二胡，弹月琴，主持红事白事，这些都是快乐的。现在，他每一天都高高兴兴，不会忧愁，儿女们很乖，孙子也有一大帮，粮食也不缺，他也不再下地劳动，就在家里当老祖公。

文道华家在倮戛生活了几十代人。他的爷爷娶了3个妻子，父亲娶了2个，和文道华同父同母的兄妹有 4 个，他是父亲最小的儿子。父亲在倮戛是一个有名望的人，他会写一笔规秀的汉字和古彝文，读过四书五经，会唱歌拉琴。文道华记得，家里的书摞起来有一个年轻小伙那么高，但是“文化大革命”时一把火烧了。父亲喜欢种地，他亲自犁地播种，曾经有一个国民党的团长，谋划发 20 多杆枪给他，让他带一支队伍，他拒绝了，说他只想种地，不愿得罪人。文道华的母亲，是从山下的大镇盐仓嫁过来的，她也很勤劳，操持了一辈子。

倮戛虽然偏远，但板底乡在新中国成立前就有学校，是几户人家共同出资请来的先生。新中国成立后，文道华父亲被划成了地主，这并没有耽搁他们兄妹读书。政府在乡里办了小学，文道华就走路去念书，周末才回家。他 9 岁在父亲的教育下发蒙，是家里最聪明的孩子，父亲的一身本事基本上都传给了他。

16 岁那年，文道华从学校回到家里，等待他的，依旧是千百年不变的日子，向土地讨生活。倮戛土地贫薄，农活就很重，一年四季歇不下来。但这

板底乡的彝族婚礼

里人丁少，山坡广大，只要肯干就能生活。困难时期，倮戛和另一个村合并吃一间大食堂，最困苦时饿死了几个人，但比一些平原地区尚好一些。文道华说，那几个饿死的倮戛人，饭量大，人也懒，其实山上可果腹的东西多，摘树叶、挖野菜就能活命。那一段艰难过去后，倮戛就恢复了平常，虽然住茅草房，无路无电，但是这里有歌舞胡琴，有传说故事，有撮泰吉，人们就能为自己找到很多快乐。

文道华像父亲一样，很年轻就闻名四乡。他有一副能传情的歌喉，倮戛的歌手们在一起对歌，他不是第一就是第二，汉歌彝歌都会唱。“文化大革命”期间不准唱老歌，他们就悄悄唱，关起门来唱。这些歌，都是父亲教给他的。汉歌唱的是三皇五帝到如今，彝族则唱天地日月和爱情，他的汉歌是这样唱的：

昔日文王去访贤
太公钓鱼渭河滨
唷啊哟哦渭河滨
……

彝歌有更高亢、悠扬和自由的调子，带着高山牧民的粗豪和敞亮。

文道华唱起歌来，就变了一个人。他的平静谦和的眼睛会发光，像诗人一样沉浸在自己的歌声里，他的农人的憔悴也倏然抖落，焕发出一种格外的神采。芦虹高原的民族，尊歌手为他们的翘楚，年轻的文道华因歌声而扬名，有不少姑娘喜欢他。

他为自己挑选的姑娘，叫王正英，是来自母亲家乡盐仓的彝族，他们两家的老人本来有渊源。她出落成一个美丽的姑娘，文道华再遇上她，一见钟情，她也被他的歌声吸引。结婚时，他 22 岁，她 18 岁，他们依照彝族的婚俗办了婚礼。那时候很穷，他背了一些炒面和酒去她家，在她家通宵唱歌。她嫁过来了，也是整夜唱歌。他们生养了 5 个儿女，他因为当毕摩，经常去外面，照顾不了家庭，大小事务总是妻子在操心。彝族过去是不准离婚的，他们说，嫁鸡随鸡，嫁狗随狗，嫁给石头也抱起走，何况他们是恩爱了几十年的。

除了唱歌，最让文道华忙碌的，就是毕摩的司职，谁家有红白喜事，都会请他到场。过去彝族是迁徙民族，祖先留下了一本《指路经》，上面记下了彝族的发祥地，描画了归祖线路，还讲述了天庭的景象。《指路经》是这样描述彝族祖地的：“莫木吉尔呢，是个好地方。屋前有草秆，也能结稻谷，稻谷金灿灿。屋后海克草，也能结荞子，荞粒金灿灿。此

文道华的大孙子在乡里和县城间跑运输，多为家里挣一些钱是他最大的愿望

文道华的小房面对着高原上的田畴，老迈的他时常坐在门口长久眺望

地又有水，水中鱼儿跃。此地又有山，山中兽成群。山上又有崖，崖上挂蜂蜜。莫木吉尔呢，坝上好种稻，坡上好撒荞，坪上好放牧，山上好打猎，崖上好采蜜。”

这富足丰产的田园，是彝族的来路，而他们将要去到的天庭，则更是梦中的理想之地，在那里，父兄和乐，姊妹亲爱，祥和美丽，永恒不变。如果人死了，毕摩就给逝者念《指路经》，告诉他（她）彝族祖地“莫木吉尔呢”，让亡灵魂归故地。

他们还在丧事上跳铃铛舞，铃铛舞犷放热烈。乡里的一个年轻彝族干部，把跳铃铛舞时毕摩的念诵，用汉语翻译为“摇动的铃铛，狂热的话语，祝福着一个骑着马走向天边的人”，这翻译很有诗意。

村里的婚嫁和生育，文道华必去祝福。这样的时候，他说的全是世上最动听的语句，主家很快乐，他也很快乐。还有立新房、开大门，文道华也去唱歌和看风水。

他就这样在倮戛过了一辈子。

撮泰吉被外界发现后，国内外的人都来到倮戛，来了必定找到文道华，几十年来，他接待了数不清的访客。关于撮泰吉的点点滴滴，他说了无数遍，有时激情飞扬，有时意兴阑珊。常常，他会忽然收住自己的话，笑盈盈地看着别人说：“我唱给你听！”然后，他扬起头，开嗓就唱。

唱是比说更让文道华尽兴的，那悠悠地飘向坡下的歌声里，装着他所有的快乐和哀愁，还有那些只有倮戛人才懂得的心事。

文道华的歌声，在山野里响起来。他并不知道，这歌声也是一株奇特的植物，开出人类文化中一束独一无二的花朵。

傩法师张月福

傩法师

2009年，我在贵州梵净山下的铜仁傩[1]文化博物馆，第一次见到了张月福。这里原是东山寺，漆柱飞檐，青砖铺地，张月福带着他的徒弟们在院里表演。

时年59岁的张月福，头发半白，但身板很硬朗，粗手大脚，穿着绛红的法衣，腰扎束带。他表演一种叫作“定鸡”的傩法，将一根乡民们常用的镶铁的秤杆，足有四五十厘米长，从一只公鸡的喉咙里插进去。刚才还在活蹦乱跳的公鸡，眼见翻了白眼，有观众捂眼惊叫。张月福把僵硬的鸡扔在地上，口念符咒，又用手指弹了符水，再将长长的秤杆从公鸡身体里抽出来。那公鸡扑腾几下，竟能站起来，张月福撒了一把米，公鸡就俯着头，一下一下啄起米来。

2015年冬天，我又去德江[2]找张月福，1950年出生的他这一年65岁了，正在县城的一条深巷里，为一家人80岁的老母亲做寿还愿。他在一个乱石坡上接了我，带到那户人家去。刚到巷口就见血水顺沟淌下，一头刚杀的羊，肝肠肚肺四处张挂着，媳妇婆子们笑着洗肠切肉。法事就在这户人家的堂屋里办，程序烦琐，各种念唱做打依次进行，鼓罄喧响。

① 傩：古代驱逐疫鬼的仪式，流行于江西南丰、四川、甘肃、贵州、安徽贵池以及湖南、湖北西部山区等地。

② 德江：德江县，隶属贵州省铜仁市，位于贵州高原的东北部。

2009 年，张月福在铜仁文庙口含兽牙表演傩法

坛主张月福上了年纪，主要靠徒弟们上场，他更多的时候就在一旁抽烟喝茶，跟主人家摆龙门阵。主人家在巷内支了大铁锅，用柴火烧饭，开饭时坐了好几桌，张月福被请为上座。这一家人的儿女，有的经商，有的在政府工作，都开了锃亮的轿车来，他们的老母亲信傩，总叨念要请先生还愿，儿女们担心被人传扬出去了，说他们搞迷信，加上有了新的政策规定，除了生孩子、结婚、丧葬可以办酒，生日、建房、孩子满月都不能请客。但是，这是当地延亘了千百年的习俗，儿女们拗不过老母亲，只好在这深巷里请来傩戏班给她还愿。

傩戏起源于商周时期的方相氏驱傩活动，延绵至宋代，受到民间歌舞和戏剧的影响，变为酬神还愿的傩戏。傩堂戏在德江县流布广远，据说是战国时期秦国将司马错攻取巴楚国，开发乌江，实行屯兵时期传来，有秦国的宫廷傩、军傩、民间傩的遗存。傩堂戏含藏了中国民间数千年的宇宙生命观，那是一个人、鬼、神交织互通的世界，是“傩祭”“傩戏”“傩技”“傩舞”为一体的。德江连续 3 次被文化部命名为“中国民族文化和艺术之乡——傩戏之乡”，其傩堂戏有“茅山教”和“师娘教”两系，张月福就是“茅山教”传人。

第二天一早，张月福带我去县城的长途车站坐班车，到他的稳坪镇铁坑村去。

德江县在武陵山和大娄山的交接处，山高连天，山间散布一些坪地，人家和村落就在这些坪地上星罗棋布。绕过一座山梁，总有迥然不同的景象，像天地间以山为壁的画卷，是旖旎而层叠的山地风光。多年前，我曾在电视上见过张月福，那时的他还是一个中年鳏夫，独自带着两个未成年的儿子，住两间烟熏破旧的木瓦房，房前屋后有几片菜地。现在，德江的新农居建起来，白墙花窗，远远看去仿若山上江南，不知张月福的家会是怎样。

班车不时有沿途山民上下，带着山货，挤塞了狭窄的车厢。他们大多认识张月福，跟他说笑，叫他“张师”，又抽着烟凝神听我跟他说话。一个牙长而黄的男人回身笑他：“张师，你吹哪样牛皮哦，牛皮吹得昂（响）！”一车人

张月福走在通往铁坑村的回家路上

笑起来，张月福不理会他。他给他们做了几十年傩事，婚丧嫁娶，生老病死，他是有傩法师的尊严的。

张月福这样的老艺人，都有令人吃惊的记忆力，他们被生活和命运挑选出来，继承这口传心授的行当，就需凭借出众的记忆。他的故事，对我说了两天，有时一句话就划过几十年，有时又沉浸在某一个时刻中，像云烟缭绕不散。我们的谈话，又不停被电话打断，张月福的电话很多，弟子们在各家做傩事，许多事情都要向他讨教。

张月福回忆童年，首先说的是吃。吃不饱，是他最深刻的印象。

稳坪山大地少，稻田稀贵，主要吃玉米、红薯、高粱、绿豆。张月福家里有 5 个兄妹，1958 年时他 8 岁，村里建了大食堂，每一户都把不多的存粮交给食堂，所有人就到大食堂去吃饭。最初他们都觉得新鲜，饿了张嘴就吃，掺一些红薯在饭里，还能吃饱。后来在食堂里也吃不饱了，人们就没办法了，他们只能吃野菜和树皮。第二年，铁坑村饿死了人，有的大人把粮食留给孩子，自己饿死了，有的吃了麻根，患上了浮肿病，好几户人家都绝了种。

有一度，9 岁的张月福再也没法去读书，因为饥饿躺在床上起不来。张家倒没有饿死人，大哥二哥出去当兵，他们就是军属家庭，可以找区委书记批一点粮食。母亲带着他们去挖野菜，枇杷树的树芽，还有桔梗和鱼腥草根，什么能吃就去山上找什么。张月福总在晚上偷偷摸摸去寻东西吃，他家老屋下面有两块田，种了油菜，只要月光亮着，他就跑到油菜地里偷吃油菜秆，把肚子吃得圆滚滚的才回家。他每天到山里砍柴，见到一种叫玉米泡的药材，就把桐子叶翻过来，把玉米泡装满，再用木条卡紧，可以给妈妈打回两大包。地里的豌豆没有收割干净的，他们也去捡，装进缝在衣服内的布口袋里，回家给妈妈吃。

张月福的妈妈有病，他非常担心如果妈妈死了，哥哥们会打他，所以他找到一点吃的都交给妈妈。终于，麦子黄了，他们悄悄去自己的地里打下麦子，用手搓了，再去坡上弄一些干柴回来，把麦子炒熟了吃。麦子不敢打壳，被别人知道了会被没收，他们只能把麦子晾干，等村人都睡了才放在锅里炒，还守在门口张望，有人路过，就假装咳嗽。干锅炒麦子没有烟，别人很难发现，炒熟后用石磨磨成白面，烧一锅水，喝面汤。

那以后，日子就一天天好了一点……

不知不觉间，班车到了稳坪镇。这是一个道路平整宽敞、房屋簇新的小镇。车站上，有几个衣着时尚、化着淡妆的年轻姑娘，她们说着当地话，光洁的肌肤和城市的青年无异，她们手持拉杆箱，正准备从家乡返城。张月福用一根绳子斜背着他的法器——一只摩挲得发光的牛角，戴了一顶反毛的筒帽，带着我向一公里外的铁坑村走。他穿过路边的一户户人家，跟老人招呼，跟孩子说话。途中，一个壮实的脸庞有晒斑的小伙，骑着摩托赶上了他。张月福板着脸吩咐了小伙几句，那是他的一个徒弟。

张月福的家在铁坑村的一个半坡上。铁坑村一律是白墙雕窗的新房，硬化了的村道通向各家门前。村子四面环山，树木和屋宇白绿相间，像一方山里图景。张月福的房子也是新建的，贴了赭红的墙砖，二楼围了不锈钢栏杆的阳台，足有半个篮球场大小。进了一楼堂屋，我很惊讶这堂屋的简陋，还保持着贵州旧时农村的模样，墙面没有糊，地面没有铺，四壁空空。张月福含糊地笑着，掀起门帘，领我进了堂屋后的通道，穿过这段通道，他的装修现代的大房就呈现在眼前。上了环形楼梯，才是真正的客厅，城市人家客厅的物什一应俱全。

原来，张月福是有意藏富，他是一个吃过苦、有谋算的人。

学 法

铁坑是一个尚傩的地方，傩风绵绵，千年不衰。现在，它已经是一个大村，有 18 个村民组，八百多户人家，村中心有广场，有戏楼，还建了傩文化陈列馆、花花桥、观光亭。曾有人说，“中国傩戏看德江，德江傩戏看铁坑”，说的就是张月福和他的傩堂戏班。

年轻而多磋磨的张月福

张月福的祖父张金高就是一位傩法师，法名张法灵。祖父 62 岁时离世，将手艺传给了儿子，张月福的父亲张玉仁，法名叫张法清。张月福的师父却并不是祖父和父亲，是另一个他叫作“老师公”的村人，跟他的祖父是同辈。他还有两个外公也是法师，一个名叫杨明

喜，法名杨法清，另一个名叫阮法林。

张月福读到小学四年级就不去学校了，乡村小学只有 8 个学生，还要走两里半的路。其实他想读书，但家里太贫寒，读书也见不到盼头，他就开始跟着祖父和父亲走村串寨做法事，一边看一边学。傩事通常是做通宵的，张月福不怕熬夜，但是第二天就犯眯瞪，上山坡去看牛，便躺在坡上睡觉。那时候，他已经开始为自己盘算生计了，生产队让大家去开山，一天下来，大人挣 12 个工分，他是孩子，挣 3 个工分，秋收后结算工分发粮食，所获微薄，他躺在坡上，就想，“不如跟师父们出去做法事”。

那时候傩事是被严厉禁止的，张月福学会了将事情混过去。他要去师父家，不敢明说，就谎称自己去找医生瞧病，或者是去走亲戚。他再年长一点，生产队说他可以算 5 个工分了，要他去出工，他为了学手艺，也非说自己还小，还不能算半劳力。其实，那时候他已经能挣钱了，跟师父们去做法事，一次能挣三四块钱，还能给师父买酒喝。在德江县，法师是受人尊重的，张月福聪明有天赋，又被傩法里的一切深深吸引，他就一直学了下去。

他有一个师父，在街上专给人开药方，张月福喜欢去他家。师父问他想不想学傩法，张月福说想，师父就带他四处去做法事，对外声称是去给人看病，让张月福背一个背篼跟在他身后。那时正是“文化大革命”，禁行傩法，傩法师如果被抓住了，就被捆住游街，或者关押起来。在这个师父那里，张月福第一次看到了戏谱，戏谱有唱词，还有唱腔的乐谱。

还有一个师父，是从峨眉山下来的。他原来是国民党 328 师的军医，被共产党打垮了，躲到峨眉山去，在那里藏了 17 年后又担心被发现，就辗转到山高水远的德江。峨眉山道法甚盛，这师父还能行医，张月福就拜他为师。师父 87 岁去世，葬礼上的法事是张月福去主持的。棺材将要抬出门的时候，张月福面对棺材而坐，给师父开了天门。

张月福伶俐勤快，师父们忙不过来，把家里的事情也交给他做，扫地，喂猪，砍柴，将山上的牛羊赶回来，师娘们也喜欢他。拜师学艺得向师父交钱，因为学到了手艺可以挣钱。张月福知道，自己要勤奋努力，还要对师父们忠心，孝敬他们，他给师父们买酒，不喝酒的师父就送鸡蛋和白糖。他还是一个学徒，没有收入，给师父送礼的钱，是自己去山坡上砍柴换来的。每拜一个师父，都要写一份“投师第”，上述：“本人某某某，拜某某某为师父，将来不会忘记师父对我的恩情，如果我忘了天，天就不会下雨，如果我忘了地，地上草木不生，我忘了爹妈，会遭雷劈，忘了师父，法术不灵。我一定尊重师父，不离师父，每一次做法事都想到师父就在眼前。”

德江傩法里有一种高难的法术，叫作“刹红铧”，就是傩师们光着脚从烧红的铁犁铧上踩过去。犁铧在炭火和柴火里烧了几个小时，已然变得通红，主人家的邪魔鬼怪也被驱赶到了烧红的铁犁铧上，傩师念了咒语，换了手法[①]，一个接一个地从犁铧上踩过去。赤脚一触到犁铧，便冒出青烟，听得见“呲呲”的响声，闻得见一股皮肉的焦煳味，但法师的脚板却安然无损。张月福第一次踩红铧，已经近30岁了，

张月福傩坛的“三清图”

① 傩堂戏中的一种隐秘的法术，以变换的手势代表特定的驱邪逐魔内容。

他也胆怯着，心里犯嘀咕。师父说："别怕！过去！"随后吐了一口法水在张月福的脚上。张月福鼓起勇气踩过了红铧，果真没有事情，以后他就再也不怕了。

还有一项法术，叫作"开红山"。傩师用尖刀或铁钉，钉进百会穴，取人血作为献祭和神判，带走灾难祸患，赐下平安康福。钉子很长，观之令人恐怖，钉入头骨两公分左右。开红山之前，也须念法咒。稳坪的傩法中，开红山是常见的傩技，每个傩师都会传给自己的徒弟，各传各的，相互还有竞争。师父的法咒只传给他信任的弟子，至于他的法水的秘方，也是严格保密的。张月福还学了"舌舔红铁""上刀山"这些傩技。

当地人修房子，请张月福去说"福事"，很少有人能说赢他。等到主人家装好大门，泡上"定门酒"，木匠师傅在屋里，傩师在屋外，他们互相盘问三星，有财白星、文曲星、老寿星，是谓"三星财门"，傩法师直说得木匠点了头，方才将门打开。

傩师进了屋，手里托着的茶盘装着酒和布，嘴里念诵：两脚忙忙来在画堂，抬头一看主人坐个好财帐……坐在龙头出贵子，坐在龙尾出状元，玉帝忙把缘来说，富贵娃娃万万千……说罢这一段，就从楼梯上去，口念：脚踏楼梯步步高，要去梁上走一遭。上一梯，知之为知，上二梯，元之为知，上三梯，好似黄龙在登基，三梯四梯上出头，主人儿孙住公头，后代儿孙做皇帝，皇帝儿孙又登基。一上梁头看四方，主人住宅出贵子，坐在龙头出贵子，坐在龙尾出状元，状元状元富贵双全……说完了楼梯，接下来说房梁：栋梁栋梁身大又长，一不生在悬崖陡坎，二不生在旷野山岩，生在荆州一地，节子如酒大，花开万里香，蟑螂过路不敢砍，李郎过路不敢量，只有鲁班师父神通大，喊它下来做栋梁……说了房梁，又要说布匹：不提此布由之可，提起此布由根生。正月二月去挖土，三月四月去种花，五月六月去薅它，七月八月请回家。请回家中无皮实，牛皮弦儿来弹它。楔儿响车儿响，金楔儿响叮当。一把车子圆又圆，当中分出两股弦，一支铀子精又精，右手纺，左手清。一把梳子黄又黄，织了布儿进染坊，头锅水染毛蓝，二锅水染双蓝，布儿将来何处养，将来自家当栋梁，栋梁栋梁，主人家富贵荣华在中央……主人家欢喜了，张月福还给他说“福事”：脚踏祥云嘟嘟升，手捧玉箸下凡沉，仙家不敢多保占，珍珠珍宝保门庭，珍珠珍宝齐心意，请鲁班门将小师父开财门……“福事”说罢，又有一段问答。木匠师傅问：你是哪派星？傩师答：财白星，文曲星，老寿星，三星财门。木匠问：那是何人在前？何人在说？何人在中央？傩师答：财白星君前面走，老寿星君后面跟，文曲星君在中间，三星到此财门候，主人富贵荣华万万春。木匠又问：你从山路来水路来？傩师答：山也来水也来，山管人丁水管财。牛马路悬多险滑，脚踏云端下凡来。木匠问：你走山路来，见了多少弯？你从水路来，见了几多潭？傩师说：过山只走山头穿，过河只见河水翻，雾露沉沉来得快，未见弯来未见潭。有的聪明的傩师还反问木匠：麻雀过路远穿迷，师父在累听原因，一把锯子有几个齿，几颗杨梅几颗烟？这样来反问木匠师傅，有的木匠师傅被傩师问得无法答复，有的聪明的木匠师傅还能答得上来。过去的老木匠们搭搭梁，张月福去盘问他们：说了一声又一声，木匠师傅听原因，一座房子要几个顶，几根挂条几根钉，几个统一来对齐，主人住了管多少年？木匠答不上来了，张月福就道：师傅不睁眼，你马上听我说原因，你一座房子几个顶，一根柱头一根钉，自从师傅来连接，主人富贵荣华万万春。这样，张月福自问自答，替木匠们圆了回来。

张月福一共拜了 14 个师父，学法 18 年才出师。1982 年，师父赵开扬将所有傩祭、傩仪、傩舞、傩乐、傩技都传授给了他，他开始做了独立的掌坛师，那年他 32 岁。因为跟的师父多，他学会了傩坛行当里的全坛，除了傩法、傩技，还有乡间医术、花灯、金钱杆①，装了一肚子。

傩法师在德江是受人敬重的，虽说“监管大三尺”，但自从 20 世纪 80 年代开始，文化学者们常来走访张月福，中央电视台和地方电视台纷纷来拍摄

① 金钱杆：流传于黔东北土家族的民间舞蹈。舞者以杆敲击肩、臂、腰、背、腿，打出有节奏的声音，随之跳跃而舞。

他，镇长和书记也叫他“法师”了，县长还称他为“老先生”。张月福去参加各种活动，和四乡的傩师们同台竞技，外行看热闹，同行看门道，他看出别的傩师法术不甚究竟，有时也不禁生出了恃才傲物的心。

有一次，省文化厅的厅长带来两个记者，问另一个傩师：“傩坛吹牛角，吹的是什么声音？”那傩师答：“吹的是玉皇。”厅长再问：“为什么天上那么多神仙，单单吹玉皇？”那傩师就答不上来。一旁的张月福看不下去，便站出来解释：很久以前，傩师去给别人做法事，从一个地方路过，玉皇菩萨就来试他们的道法。玉皇变成一个形容丑陋的人，脸上又麻又花的，佯装走不动了，请傩师背他过河。傩师是穿了长衫的，就吩咐自己的徒弟，让徒弟用篮子把玉皇装起来背过河去。徒弟说，我不背，要背你自己背。那师父又背不动，他们就没有答应玉皇。玉皇想看看其他先生如何，第二天又到河边来等着，来了又一坛傩班师徒，徒弟背背篼，挑篮子，师父空手而行。玉皇提出了同样的要求，傩师说他来背，徒弟道：“师父你年龄大了，你来背背篼，我来背他过河。”那徒弟将玉皇背过河，接着要上山坡，玉皇让那徒弟把他放下来，徒弟说：“没事，再背你几步。”他正说着，背上的玉皇就不见了，所有人都很奇怪，便四处去找。玉皇倏忽又现了身，对他们说：“我是玉皇大帝，为什么让你们背我？这是在试你们的道法。虽然你们也推来推去，但你们的心是最好的，以后你们做道场，只要吹三声牛角，我就来给你们做证。”因此，傩坛上就有了吹牛角请玉皇的规矩。

张月福傩法过硬，性子也倔强孤傲，他看某些傩法师，就有几分瞧不上。那些法师做了法事，杀羊杀鸡，总要给领导送一份去，或者送个羊头，甚至还送活鸡，过年的时候，又送豆子、豆腐和糯米。张月福偏不送，领导带了外面的人到他家吃饭是可以的，但他不去外面跟人“打平伙”[①]。他每每做了法事，别人给了东西，他就带回家里，跟老婆孩子一道吃。

---

① 打平伙：南方方言，意为平均出钱出物聚餐。

小师娘

张月福和前妻是经人介绍结婚的，她也是稳坪本地人，娘家离铁坑村有12里路。她患了严重的支气管炎，又有风湿心脏病，去世得很早。她病逝的时候，他们的大儿子5岁，小儿子才3岁，张月福又当爹又当妈，一个人把儿子们拉扯大。现在，儿子们成家结婚了，有了两个孙子，儿子媳妇出外打工，孙子就跟在了他身边。之前，张月福的儿子从广州带回来一个媳妇，跟张月福闹别扭，张月福说自己差一点被气死，身体也垮了。现在儿子另娶，他对这个媳妇也还满意，一家人的日子似乎迈过一个坎，平顺了下来。

年近60岁的张月福，生活还有了一个更大的变化，他娶了一个比自己年轻20岁的小师娘，是1970年生的人。遇见她的时候，他正逢人生低谷，还动过自杀的念头，如果没有她，他很难走出来。

小师娘是个女傩师。她的外婆、母亲都是傩师。德江的傩法，有上坛教、下坛教、师娘教三等，女人做傩师，就称为“师娘教”。师娘教和一般的傩法大体一样，只有些微的不同。师娘教传女不传男，女傩师传法叫作“阴传”，其他两教则男女都可传。小师娘可以背着孩子上刀山，还在中央电视台表演过“刹红铧”，她和张月福，是志同道合的。

师娘在家排行第二，家里有一个哥哥，不喜欢傩法，妹妹也不喜欢。小师娘读书读到六年级就辍学了，母亲让她跟自己学傩法，她起初并不愿意，但拗不过母亲。过去，母亲常一个人到四川去做法事，后来带了几个徒弟，全是女徒弟。傩法并不易学，小师娘本来也嫌难，三心二意，母亲也像当年的外婆那样对她说：“我现在老了，你要把这个手艺传下去。”

照德江的习俗，小师娘到了一定年龄便结婚成家了，有了两个孩子。她遇人不淑，嫁的丈夫在外面做一些偷鸡摸狗的事情，令她很痛苦，躲到外面去打工。待到回家，发现自己跟丈夫已经无法生活在一起，就咬牙离了婚。以后，她认识了在德江县城做法事的张月福。

小师娘背着孩子赤脚“上刀山”

那时，张月福带着两个儿子离开铁坑村，在县城里摆药摊，一边在四乡做傩法。儿子们长大了，走远了，他一直没有找到一个合心的女人。他早在傩坛上认识了小师娘，但两人年龄差距大，他不敢往深处想。现在，小师娘也成了单身，她的儿女长大后去了广州，张月福就开始追求她。他对她说：“我们在一起慢慢地生活。”她犹豫过，担忧过，盘算过，但张月福待她很好，她是受过打击的女人，最大的希望就是有一个人真心对她好，最终，她和他走在了一起，两人有了相依为命之感。

张月福老了，儿子媳妇常年不在家，家里像当年一样，剩下他和两个孙子。小师娘从县城到了他家的铁坑村，见到了张月福的辛苦不易，更加怜惜他。他在外面做傩法，东奔西走，熬更守夜，家中没人照看，衣服也没人洗，她就担起了这些事情。遇到张月福动不了的时候，小师娘也替他去做法事。她做傩法，一般都是替人消灾祛病，有的人家没有缘故地在家里见到了血，担心家里出了邪魔，就请她去做法事。她同样要穿法衣，那件法衣是母亲留给她的，然后吹牛角，亦唱亦跳。她的手艺，也盼着有徒弟能传下去，虽然大家现在都知道这是一种文化，但年轻人却很难接受以此为业，傩师要遇上一个爱好喜欢傩法的徒弟，也是越发不易了。

有了小师娘，张月福的日子苦尽甘来，应有尽有了。家里的大屋有 20 多间房，第一年建起了框架，第二年装了门，糊了墙，第三年就围上了栏杆，孙子晚上想睡哪间就睡哪间，每一顿饭都有酒肉，猪肉、鸡肉、羊肉换着吃，这是他过去不敢想象的好日子。他知道自己年龄大，格外宠着小师娘，每到外面去做傩法，隔一阵儿就给她打电话，这种有一个人来惦记的感觉，越来越让他依赖。但是，张月福还是担心有一天她突然跑了，心底的担心，倒令他焕发了精神，眼光常常清亮起来，仿佛年轻了不少。

隐 衷

2015 年的张月福，行傩法已然 40 多年。傩法师都有出众的记忆力，张月福的心里，也堆积了一路而来的不愉快，每当念及，他常常是无法释然的。

照他自己的看法，事情应该是多年前的一只鸡引起的。那时候，张月福是德江最受瞩目的傩法师，领导和专家们也频繁地来找他。有一位副县长和张月福是同乡，两人的关系不一般，张月福颇引以为荣。那一次北京部队来了一位团长，副县长和爱人带首长到铁坑看傩堂戏。跳到中午，该吃饭了，稳坪镇的领导请县长和团长去镇上吃饭，副县长说不去了，就在张月福家里吃。副县长爱人吩咐张月福杀一只鸡，张月福答应了，但是他好说歹说，前妻就是不肯把鸡拿出来，谎称自己已经捉去卖掉。事情弄得很尴尬，有人就说张月福，别人杀猪宰羊都请不来县长，何况副县长和你平日关系很好，就是因为一只鸡，让人家寒心了。

张月福自己也忧心，他找到跟着县长一行同来的记者，请他们跟县长爱人说一下。不知记者替他转告了歉意没有，张月福认为，自那以后，村里、镇里，还有县文化局的领导，对他就渐渐淡漠了。他再见到他们，也不知说些什么好，没办法了，他干脆搬到了县城。其实这是张月福自己的心思，他骨子里是个农人，没有格外的角度，认了死理。外面的人来来往往看他的傩法及傩戏，是有看西洋景一般的好奇的，谁又在意他的一顿饭一只鸡。

曾经，张月福是德江最有名的掌坛师，他为美国、韩国、日本和全国各地的专家学者表演了上百场，凭着“刹红铧”“定鸡”“下油锅”的绝技声名远播。2000 年，他代表铜仁地区赴日本演出，2006 年，又应邀到日本冲绳、东京表演傩堂戏，他走出大山去了很多城市，接受了多家电视台的采访。凡有省里和地区的领导来，当地都叫张月福出场，可后来只分派过他一次，那还是因为其他傩师不会坐坛。

张月福将一把燃烧的香含在嘴里

但是，有一个姓华（化名）的傩师，他会坐坛。张月福对华傩师有许多看法，他说，华傩师的傩艺并不精，却很善于捧领导。如果问他，傩公傩母为什么没有孙子，他是说不出子丑寅卯的。华傩师不重视傩法的根底，很多东西都不知晓。那一年中央 7 台来采访，他坐在政府的大厅里跟那些领导亲热地聊天，后来中央台的领导来了，他赶紧上去跟人家握手。张月福说过他很多次：

"人家领导没找你握手，你不要主动上去，等领导找你握手的时候，你再主动一点，热情一点。"可是，华傩师不听他的，不管哪个领导来，他还是跑上去找人家握手。

张月福很早就去铜仁文化局表演傩戏，那时他家里还很穷，穿了一双烂鞋子就去跳，而华傩师还是一个小娃娃。华傩师的傩法是跟他姨夫学的，只学了 3 个月，姨夫就患肝硬化去世了，以后由他的师公把他带出来。华傩师出师以后，不认他的师公，师公对他寒了心。华傩师现在出来做法事，是会"翻坛"的，翻坛，就是给主人家做了法事后，主人家依旧不顺，就要重新做。华傩师的家离张月福家不远，也就七八公里的路程。别人在傩坛做法事，一般只需半个小时就完毕，他却是一个半小时也做不出来。华傩师的父亲以为，把傩法传给了儿子，儿子走哪里都会带上他，但是华傩师却不带上父亲，张月福对此很不以为然。

华傩师后来经常出头露面，但他的傩法有限，有关部门又来找张月福的傩戏班。张月福坚持认为，他之前得罪过副县长，大家把冷水热水都向他头上浇，他受不了那些冷嘲热讽。心里有气，他就总是推托，说话也不客气。他一板一眼地说："第一，我年纪大了；第二，你们喜欢年轻人办事就去找年轻人嘛。"人家就批评他："你这是乱讽刺。你是国家级传承人，怎么还说这些话？"张月福一梗脖子说："那时候我也年轻，我出国去可没给中国丢过脸。我去北京演出多次，没给我们贵州丢脸。我在贵州省，没给我们铜仁丢过脸。"他这样不合作，有一个文化站的年轻人就来了气："枉费国务院给你那么多钱！"张月福回嘴道："国务院给我那么多钱，我也没有给谁丢脸，走到哪里我都是争第一！"他很气恼这个年轻人，自己出道的时候，他才有多大，完全没把他这个老人放在眼里。

让张月福感到郁闷的，还有另外的事情。他听说，有一个大领导来到了铁坑村，问当地的小领导："你们这个地方为什么被评为傩戏村？"有人就回答："这里有一个国家级传承人，叫张月福。"大领导立即说："哦，原来他就在这个村啊！我还在想，为什么这个地方被评为傩戏村了，还没有人来改造一下。"于是，铁坑的路有了，路灯也安装了，但张月福认为自己什么也没有得到。

他接受中央 4 台的采访时，对记者说：“我想把我们这个村改造一下，修一个戏台在我家下面。”后来，铁坑修了路，修了桥，还修了公园，他仍然觉得自己没有获益。通往他家的泥土小道，连摩托车也开不进去。他家坡后修了一条公路，上面的山水就直向他家冲下来，有一天晚上，他跟孙子在家里，差一点被泥石流埋了。他给村主任打电话，又给镇里打电话，拖了一个月也不给解决。只好在心里抱怨。

铁坑村在村中心建了一个傩戏台，张月福也不满意。照他的想法，应该利用自己家下面的木房做舞台，村里修建的舞台则用来演花灯和龙灯，还可以展示纺纱和织布。两个舞台之间的路墙上，挂上一些傩面具，这样就很圆满。但村里和镇里并不依照他的想法建设，张月福便很无奈。

承　续

铁坑村有一条小河，河水千百年灌溉着田地，而现在，全村的年轻人都出去打工了，田土就荒了下来。冬末，张月福站在自家的露台上，回忆着当年的情景，田畴都用水泡好了，再赶牛耕田，春来就可以插秧了，那几乎已是隔世的景象。

张月福理解年轻人，更理解手艺人，现在的手艺人处境艰困，傩法做到一定程度，失传就是它的宿命。千百年来，德江的人们依赖傩法，是为了驱邪纳吉、酬神娱人，祈求人丁兴旺、家宅平安、老人高寿、小孩顺利长成，而时代幡然一变，傩法越来越成为博物馆里的旧物。有一次，张月福和一个县长谈心，县长问：“你们这个傩戏，以后会发展到什么程度？”他回答说：“我们的傩法，5 年以后就要失传。”县长问：“为什么？”张月福说：“第一，现在从县里到村里管文化的领导，都是年轻人，他不管你有没有真功夫，有真功夫他不器用你你也没有办法，而且大家都是亲邻亲友，关系最重要，他们也没有把傩戏放在心上。第二，年轻的傩法师们并不是真正喜欢傩法，只是为了用这个来挣钱，只要给他们一点钱，他们就很高兴。”

张月福说，年轻一代的傩师们出去做法事，法器都放在车上，只想着很快就去到主人家。做法事的时候，他们又偷工减料，外行不明白，但内行就能看得懂。如果是给亲戚朋友做，他们会把整个法事减去三分之一，那些没有亲朋关系的人家，他们差不多要减去一半。张月福他们过去做法事，做三盘弄三次，年轻傩师们只做最后一次就不做了，然后几个年轻人就在一旁打扑克。傩坛快开始了，师父去叫他，他嘴上答应，心也还是系在牌上的。张月福的几个徒弟也有这种情况，但他们毕竟害怕师父，师父说：“这一把牌结束，一定不能再玩了！”他们也就不玩了。不过，假如有别人上了坛，他们也就偷懒不再上。

张月福学艺的时候，德江的交通困难，山大路远难行，动辄便翻山越岭。住得最远的一个师父在 40 里路以外，张月福天不亮就起床，仗着人年轻，步履快，还能赶到师父家吃午饭。跟那师父学艺的有 5 个人，年龄一般大，除了张月福，其他人都没能学成，一个跑到广州去打工，一个死在了外乡，一个病死在家里，就剩下张月福一个。他拜了一位老先生为师，遇见坡坡坎坎，便搀扶着师父，实在不能走的地方，他将背篼背到前面去放下，又转头去背师父。师父对他很满意，便倾力教他。有一回，师父还在山上打开包袱给张月福算了一卦，告诉他，山上算卦是最好最灵的，师父说：“我高兴的时候，我说什么你都去做，随做随好。”张月福总结自己的学艺之路，一是因为他尊重师父，二是自己勤奋好学，三是他用心专注，记忆力超群。他喜爱傩艺，其他的一切都不去考虑，就连自己的家庭也常忽视了。

现在的年轻傩师们有了水泥路、沥青路，骑上了摩托车，但他们却不认真学法。张月福做手艺，一辈子坚持自己的原则，该怎样做就怎样做。“牛角叫，马蹄翻，阴格阳同是一般”，他说：“阴格和人生是一样的，有的时候，一句话就会失去一切，一句话说不明白，傩法也就损失了，这就像打官司说道理一样，你说不清楚，法官还是不认可你。”

有的傩法师容易“翻坛”[①]，终归还是学法不认真的结果。他们给人家做了法事，还了愿，人家好了一度，过一阵又会闹矛盾、犯病或见血。张月福的傩坛，是不允许出现这些状况的，如果他的坛翻了，人家给的钱他都如数归还。坛有坛规，如果没有了规矩就会臭名远扬，往后不再有人请坛，失了饭碗。张月福曾经跟随的那些先生，大多是年逾 80 岁才离世，他们对规矩的尊奉几近严苛的地步，年轻傩师们没能从他们那里领教过规矩，因此在张月福看来，只能一代不如一代了。

张月福是德江县傩戏协会会长，德江的傩法师们，许多他都接触过。他说：“像我这样的傩师很少，一般也只是会一点皮毛。国有国法，家有家规，坛有坛规，唯有如此别人才会常来常往。”“有的法师佯装很忙，经常向别人说今天我去这里做法事，明天去那里做法事，但实际上，真正的法师不会到处宣扬。”傩坛每一次开坛，都用鸡毛贴在坛位上，还插上很多旗子，旗子多才是真正的好艺师。

张月福每年正月都给自己做两坛法事，先是放兵，正月十四则是收兵。他做正法事的时候，遇到自己熟悉的人，开一下玩笑是可以的，但须得有分寸。散坛了以后，不能跟嫂子、妹妹同居一室，那样会招致翻坛……这样的规矩很多，琐碎、严谨而细致，一辈辈相传，但已经无人恪守。而没有了这些规矩，傩坛便不知怎样了。

正月一过，回村的年轻人又像候鸟般飞走，村庄崭新而冷清。张月福是经历过傩堂戏的热闹的，人们围在一起，听到会心高兴处就鼓掌大笑，不过短短的十数年，这一切都成为往事。

张月福家里存放着几十本从清朝同治年间传下来的戏本，纸张已经发黄变

① 翻坛：傩坛术语，指傩法术不成功，不奏效。

张月福带着徒弟们在德江为一个老人还愿

薄，但在他眼里是镇宅的宝物。他的师父们，他同年学法的师兄弟们，已经随着热闹的鼓镲声走进了时间深处，留下他守着那些记忆一年年老去。但是张月福依然是个骄傲倔强的傩法师，他的傩戏，是从开天辟地以来就相伴这片土地的，他一定要找到那个心心相印的徒弟，把一身的手艺都传给他。

平秋侗绣龙令香

在锦屏[①]侗乡，龙令香一眼看去，是一个寻常无奇的侗族女人。在那些曲曲折折的山梁和河流边，在那些说不出来历的村庄、集镇、码头上，她们带着山民特有的风吹日晒的肤色，穿着绣了绲边的对襟衣和大脚裤，或者背着背篓，或者挎着花包，急急的身影一掠而过，奔波着自己的一份生计。

假如有一天，你为了某种因缘乘车经过那里，并不会为她们驻足停留，她们仿佛和你隔着千山万水。但是，一旦有了机缘，她们对你吐露心扉，她们每个人的人生，也同样千回百转，埋藏着许多生活和命运的秘密。

龙令香是在锦屏的平秋镇长大的。平秋这个小镇并不大，至今人口只有16000人，位于大山深处的一块坪地间，太阳从山顶升起，山头落下。而这里却是贵州南侗和北侗的分水岭，根据语言和服饰的差别，贵州的锦屏县、湖南的会同县以北是北侗，以南即是南侗。平秋的侗话语调特别，服饰与南方侗族有异，风俗、文化和节日自成一脉，他们唱的侗族大歌高昂宏壮，于是人们就有了“北侗风情看平秋”的说法。

平秋侗族女人的服饰，日常以皂、蓝两色为主，素朴中自有一种端严。她

① 锦屏县：黔东南苗族侗族自治州辖县。位于贵州省东南边隅，依黔面楚。

2017 年 12 月，龙令香带着她的侗绣亮相伦敦“传承匠心　百年绣梦”时装大秀

们的头饰很特别，只用一块自制的亮黑的布帕罩住头，脑后的两端翘起来，女人们坐在一排或一堆的时候，就是现代人眼里奇异的景象。

自然，贵州的民族又总是你中有我、我中有你的，锦屏县的侗族占总人口的 49.37%，苗族占 37.57%，此外还有水族、布依族、彝族、壮族、瑶族等 16 个民族。这里的汉族却是外来的，约在明代以后，因为随军“征苗”、经商、逃荒而陆续进入。民族交错杂居，犹如地貌的山水勾连，使得女人们的服饰相互借鉴。平秋的侗族盛装，乍一看也同样的银饰熠熠，彩绣斑斓，与北侗普遍的汉化现象迥异。平秋侗族着衣的布料，从种植棉花、纺纱织布、种靛印染、缝纫织绣，全是由一个家庭的女人亲手完成。她们的上装是青色，右衽圆领，斜襟开扣，托肩彩色绲边，衣长至大腿中部。彩色腰带的后面有两条七彩带幛，走动时随步翻飞。下身穿青色裤子，脚踏翘鼻绣花布鞋。头饰和银饰也十分讲究。

平秋侗绣集纺织、印染、剪纸、刺绣于一体，浮雕感突出，自成一格

出生在 1964 年的龙令香，已是有了人生经历和阅历的，她说话的神情和语音，带有一般害羞的侗族女人缺少的干练和爽利。汉文化里有书生气，理想、刻板或狷介，龙令香这个乡野里的侗族绣娘，也有执迷多年形成的一股匠人气，时

时刻刻，她埋头在一针一线的刺绣里，抬起头来跟人说话了，就是心无城府、一派天真、无遮无防的。的确，她的日子和心肠都是那么单纯，像这里的山河一样袒露，也无须遮防。

龙令香有 5 个兄妹，她排行老三。他们一家住在平秋镇上，日子仿佛经年不变，温饱则需要劳作不歇。她的父母会唱大歌，大歌无谱无字，儿女中只有龙令香学会了一点。

他们兄妹小小年龄，就要面对生活的压力，龙令香读小学的时候，得带着下面的妹妹，她的两个哥哥那时已经读初中了，家里要供他们的学费。大哥读完高一，去修湘黔铁路，二哥当了民办老师，那时的他们都一样贫素如洗，只有生产队每天挣的十几个工分，也娶不到媳妇。

龙令香从平秋中学毕业后，就不再读书了。那是 1979 年，“文化大革命”结束，大哥考上了凯里师范，二哥也重新读书，两人同时上了大学。父亲说，不管再艰苦，也要让家里的孩子全部读书。但龙令香要带妹妹，还要帮着家计，她就做了家里的一个劳力。

父亲是真正的一家之主，在龙令香眼里，什么样的事情他都能经受。母亲身体不好，龙令香 26 岁那年，她离开了他们。

在小小的平秋，人的生老病死都依循着自然的轮回，也依从着古老的规则，龙令香出生不久，父母就给她定下了娃娃亲。母亲还用花背带背着龙令香的时候，大舅就对她说：“你如果生个娃崽就算了，生个姑娘就是我的媳妇。”于是，龙令香就许给了大舅的儿子，叫作姑舅亲。在过去的侗族地区，姑舅亲是很普遍的事情，人们会说“姑舅亲，姑舅亲，打断胳膊连着筋”，这个习俗决定了很多人一生的命运，而他们总是默默地接受了。

很小，龙令香就知道自己有一个娃娃亲，平秋街上的人见到她，都会笑嘻嘻地说：“这个妹崽有老公了。”她去学校读书，经常是哭着回家的，因为同学们总是谈论她的娃娃亲。其实，龙令香也不能明白事情的含义，反正都是伤心。有一次，奶奶见孙女总是哭，到学校里去骂了她的同学，她的处境似乎才好了一些。到了五年级，龙令香懵懂地明白了什么，她对母亲说，“妈，如果你还要跟舅舅扯上关系，那我就不读书了，我天天都是哭回家的，没有一天是高高兴兴的。”母亲说：“你不要这样，如果我得罪你大舅，我这一辈子就不能回娘家了。我这个当妹妹的，委屈一点都行，你不读书都行。”

母亲的理由，对女儿就是天经地义。外人听侗族人大歌响亮，情歌缠绵，会以为他们是山高水远自由奔放的民族，其实，侗族有众多的礼法和规矩，盘根错节，枝枝蔓蔓，弥漫在他们祥和宁静的日子里。龙令香 3 岁的时候，大舅家已经放炮定亲了，给了她家彩礼钱。龙令香和定亲的表哥是一个寨子长大的，他其实是一个好人，说起来什么都好，但她就是不喜欢，人心有时候是不由掌控的。后来，龙令香从书上读到，近亲结婚是有危害的，对下一代也不好，她把书上的道理给母亲说，两个哥哥也不同意这婚事。舅舅传话来：“你们不愿意，就退我们的钱。”龙家想退婚，他们节衣缩食也能把彩礼钱还给舅舅，但是，他们不敢得罪他。大舅是县里的工作人员，在侗乡就是了不起的人物。他们一家商议来商议去，想出了一个办法，就是拖延着，大舅若不说，他们也不提，等到有一天大舅的儿子结婚了，再来安排龙令香的婚姻，这样，就给大舅一家留了面子。平秋侗族就是这样，礼数和面子是最要紧的，至于女儿的心意，那是比不得颜面的。

大舅终于在龙令香 22 岁那年为儿子娶了媳妇，龙令香自由了。她带大了两个妹妹，哥哥们成了家有了孩子，她又去帮他们带孩子。她的世界很小，除了地里忙，锅边转，稍有余闲，她的乐趣就是绣花。

平秋的姑娘自幼就向母亲学习刺绣。这里的“盘轴绲边绣”四乡闻名，女人们用千针万线造出了一种奇特的浮雕感。她们以一根丝线作“引线”，再将两根丝线紧紧缠绕成“盘线”，交织密绣，图案由 3 道“盘轴绣”和 1 道“绲边绣”勾勒出轮廓，图案中间用丝线“填绣”，其余部分，再运用平绣、挑花、乱针、跳针，就有了繁复堆叠、用功扎实的绣品。

绣花对于龙令香来说，只是她生活的一部分，像干农活、做家务、唱侗

忙里偷闲地拿起针线，是龙令香几十年生活的主要内容

歌一样平常。她从 10 岁开始学习侗绣，一生从未间断。

最初学绣时，丝线是 6 分钱一缕，需到县里去买。龙令香和妹妹们不敢拿母亲的线，实在忍不住了，她就去偷偷取下一根。如果妈妈知道了，一定会打她，家里的钱有那么多兄妹用，一分钱也有出处和去处。

龙令香第一次去锦屏县，是用两脚走去的，跟着一个姑姑上山下坡，走了五六个小时。县城在她眼里是个热闹繁华之地，看见了许多新鲜的物事，但她并没有忘记自己的目的，她的口袋里，有妈妈给的 5 块钱，3 两粮票，她全部用来买了线，小小的一缕缕，剪断了有七八根。对绣线的渴望，一直抓挠着龙令香的心，读书和家务的空隙里，她赶紧去山上打柴，卖了换针线钱；她还去割猪草，盼着猪长大了卖出钱来，变成漂亮的侗绣。女人的美，就是她的精力和生命，平秋的侗族女人也一样。

妈妈死后，龙令香可以名正言顺地绣花了。妈妈并不知道，女儿已经偷偷学会了她全部的本领，而且很快领悟了，妈妈的绣法是简单而老式的。龙令香还把奶奶的功夫也学到了手，奶奶做绣花的生意，绣背带，绣鞋垫，她的生意很小，有时候也就挣一两角钱，而且，奶奶还不会设计，她总是把剪纸花贴上布面，而后依样画葫芦地绣。到了龙令香这一代，她开始了自己设计图案，她的刺绣成为一种登堂入室的技艺，她当上了省级非物质文化遗产传承人，又当上了国家级非物质文化遗产传承人，这是奶奶和母亲做梦也想不到的。

几十年下来，龙令香也辨不清，是刺绣改变了她，还是她改变了刺绣。原来，这日日夜夜针针线线，就像命运细碎的脚步，不知不觉中，可以带着她和她的心，去到许多未知的天地。

刺绣对于她这个普通的平秋女人，真是一个难以言说的五彩世界，有了这个世界，她的苦恼和孤独就有了一个出口。平秋的老人说："我们绣的花，就是月亮上留下来的。"天性纯良的龙令香相信了。平秋的绣片，每一幅都有一个传说，龙令香深信自己从小在平秋听来的所有故事，并不去分辨它们的真实和虚构，那些关于神祇、万物和人的故事，她把它们牢牢地记在心里，终于有一天，她把它们变成了绣品。

龙令香说起她绣品中的每一个传说和故事，都是信以为真的神情

她的绣品里，有一幅仿若七彩的童话，她总是不厌其烦地说着绣片上的故事，像个认真而执拗的孩子。故事说，有一只螃蟹爬到了河边，见到牧童和牛，他们正想上天去。螃蟹说："你们吃了仙

草才能上天，顺便把我也带去。”老牛说：“我同意带你上天，但是你要背我过河。”然后老牛就在河边等着，而螃蟹却没有现身。原来，牛蹄把螃蟹踩在泥里了，螃蟹爬不出来，所以螃蟹的背上从此就留下了一个牛蹄印。过了几个时辰，牛问：“螃蟹你怎么还没有来？”螃蟹答道：“我怎么来呀？你把我踩在脚底下了，我的背上都有你的脚印，你也上不了天了。”老牛生气了，说：“那就留你在人间做一道美食吧。”螃蟹也说：“我不背你过河，你也上不了天，我们两个都留在人间，你就辛辛苦苦帮人家种田，让人家吃白米饭吧。”龙令香说着，让人真觉得牛和螃蟹就是这样来到人间的。

另一张绣片上的图案，是月亮上的一种树，叫作美杪椤。很久以前有一个美丽的姑娘，是员外的女儿，还有一个英俊的小伙，是长工的儿子，他有一根长辫子。员外对老长工说：“我女儿要相亲了，我给她找了门亲事，但她喜欢的是你的儿子。你儿子真想跟我女儿成亲，就去把月亮上的美杪椤树砍了，给我女儿做嫁妆，我用它做一把琴和一架织布机。”长工的儿子就到月亮上砍树去了，一去三年也不回还。美杪椤树是砍不断的，砍到将断时，立刻又长好了。有一位神

龙令香的织布机

仙路过，问姑娘："你为什么哭得这么伤心？"她对神仙说了事情的原委，又道："我也不知怎么才能帮他，也不知道我父亲为什么要这样惩罚他。"神仙说："你不要哭，只要你把这个花瓣绣好，你们两人就能成对成双了。"神仙把一个葫芦和一只蝴蝶给姑娘，她说："你没有给我针线，我怎么绣呢？我们两个还是不能走到一起。"她说完又哭。兔子说："小姐不要哭，我身上的毛就是线呀！"姑娘说："但还是没有针。"兔子说："我的胡子就是针！"姑娘绣了许多年也绣不完，她一直绣啊绣啊，等着和情人团聚的那一天，这就是现在的侗绣。

龙令香说着这个永远分离的悲伤的故事，仍旧像个孩子，坚信不疑，却并不悲伤。她的心地和故事一样，属于那些简单又素朴的日子，她甚至没有意识到，这个故事竟然是她命运的一个寓言：她也有一个永远不能在一起的男子，她在平秋的日子，也是不断地绣下去。

26 岁那年，龙令香结婚了，嫁给了一个父亲看中的男人。自从解脱了娃娃亲，父母不再严格地把她限制在家里，她也可以和女伴们出去唱侗歌了，但是，歌场上并没有她的姻缘。她的丈夫那时 32 岁，家境穷困，父亲早死，有 7 个姐弟，他是老三。龙令香没有看中他，但是，她听从了父亲的安排。

在学校里，从小学到初中，她一直有一个固定的同桌。他知道她定了娃娃亲，他说过，等她结婚时，他要来帮她唱歌。他比她小两岁，两人心中都有懵懂的情愫，他对她很好。后来她家里知道了，一致反对，最初的理由是她已经定了亲，后来又找出另一个理由，说他是家中的独子，一定娇生惯养。父亲说："到时候，人家要怪你没有家教！"龙令香听了，心里接受不了，强迫自己疏淡了他。后来，他读高中了，他家中也困难，没钱的时候就回家务农，有钱了又让他续读，他原本是个读书种子，还是三好学生。龙令香没有上高中，两人就断了联系。

那时没有自来水，龙令香去井边挑水，他刚好放学经过。他站在井边说："我们两个不能在一起，但是我会来给你唱歌。"她说："真的啊？真的啊？"她

龙令香绣品之一

不知是难受还是感动，哭了。回到家里，她对父亲说："我想去唱歌。"父亲说："你顺着我的路走，就让你去唱歌，不顺着我的路走，就不让你去唱！"龙令香想，反正你们说嫁，那就嫁吧。她虽然20多岁了，对什么是恋爱，什么是结婚，都还很迷糊。

她就要出嫁了。待嫁的日子里，她约了一个同伴去他家玩。他母亲说："既然你两个没有在一起，我儿子还要读书，你们就不要去外面玩，就在家里玩。"于是，他在楼上看书，她和同伴就在一边绣花，看着他。他们没有说什么特别的话，绣的什么她也忘记了，但是记住了他看书的身影。

大年初六，她结婚了。侗家的婚礼总是很热闹的。他果然来了，还带来了二十几个人，有老人和小孩，老人唱大歌，他就坐在一堆小伙中唱年轻人的情歌，整整唱了一夜，直到天亮。寨子里的老人们都说，他俩应该做夫妻的，同伴们也这么说，但是，也许是那古老故事的魔咒，他们就是不能。

很多年过去了，他们都年过半百，其间并无大风雨，却也有那些琐细的变化推着人生向前。也不知是怎的，她和他倒有了一种彼此信任可依托的关系。他到了县里做农资工作，销售鞭炮和农药，她丈夫也顶替了自己的父亲，和他在一个单位工作。丈夫在侗乡长大，是个心地宽厚的好人，很理解她和他的关系，知道龙令香是被父亲压着嫁给自己的。他呢，一直关心着她，不管她做什么事情，甚至比她丈夫还支持她。龙令香坚持做刺绣，当上了传承人，但绣花之外的一些事情她弄不懂，比如政府要搞文化活动，需要填表，写材料，他都会帮着她写。丈夫只读到初二，不会做这些事情。他们的关系清朗，都是摆在明面上的，反倒最终得到了理解和保护。也因此，龙令香说着他们的故事，眼光神情，都是坦然的。

龙令香绣花的名声，是慢慢地传出去的。她只是喜欢，不为所图，不管走到哪里，都随身带着布片针线，别人打牌唱歌看电视，她就坐在一旁绣花。县里想寻访侗绣绣娘，她在县里工作的二嫂说："我那个大姑绣得好，你们去找她吧！"县里的人到了平秋，找到了龙令香，问她绣的是什么，她就原原本本、如数家珍地告诉他们。她不会总结侗绣的意义，也说不出它的历史和源流，她心里装着的只有无数个故事，这些故事像神话，也像童话，在政府的人听来，似乎是上不了大雅之堂的。他们说："我们对这些一窍不通，得去找内行的人，看看你绣的到底是什么，有什么来路，是什么样的绣法。"龙令香听了，也并不在意，绣花是她的生活方式和本能，仿佛也并不需要更多的东西。

2005 年，州里突然又有人来，对龙令香说："现在改革开放了，要把这些传统传承起来，把原来没人管的民族文化挖掘出来。"龙令香听懂了，很是高兴。那时候，她在平秋街上开了一个小店，卖一些日常杂货，总有三四个女人来帮她的忙，她们就坐在一起绣花，有说有笑的，从来不觉孤独。她的丈夫已经到了县里，买下了坡上的一块荒地，准备开一间屠宰场，龙令香两头跑，背包里装着绣片，一有时间便绣上几针。不时有人来买她们的绣片，总是龙令香负责设计，画好了图案交给姐妹们去绣。这一年县里搞比赛，请龙令香去当评委，主办方说："你今年当评委，就不要参加比赛了。"她就没能获奖。

第二年，她又去报名。那时她的三个兄弟都有了孙子，她绣好的背带都

龙令香绣品之二

送给了他们，只剩下一根拿去参赛，是革家[①]的图案。评委们斟酌后，给了她第二名。因为这些，龙令香一直与国家级传承人擦肩而过。她其实是好强的，尤其在侗绣上不愿落人后，但她天性宽和，获得第一名的国家级传承人又是她的小姑子，她也欣然接受了。她还有两个小姑，一个小妹，都是她带出来的，她们被叫去搞活动，参加比赛，龙令香就给她们设计，为了这个，她学会了从电脑上模仿图案，加入侗族的传统图案里。

她把绣花房开在了屠宰场里，亮一盏小白灯。侗绣不用绣架，有一个布壳就行，但是很费眼神，因为是细工，一点一点用针线雕出来，稍微错一点就刺眼。有人来要绣品，龙令香是不敢冒失的，她先画出图案，订好价钱，才敢坐下来绣。

她想不起人生有什么遗憾了，最遗憾的是自己年龄大了，时间不断流逝，上了50岁的人，眼力就很难承当，那些大场面的图案无法完成。她不打牌，不看电视，没有

① 革（音 gě）家人：贵州的一个少数民族族群，他们没有文字，自称是上古传说中的射日英雄羿的后代，是一个有待识别的民族。主要生活在交通闭塞、山高林密的黄平重兴乡一带，有独特的民族语言和风俗习惯，很少与外界交往。

其他娱乐，时间还是不够。

平秋的侗族女人，直到龙令香这一代，照风俗也是不许外出打工的，所以绣娘都是 40 岁以上的人。下一代出门见了世面，不愿学侗绣了，她们结婚或有了孩子，就回来找龙令香定做绣品，她们宁愿出钱买。县里想把侗绣传承下去，鼓励龙令香开一个店面，但是她养不起，她做省级传承人多年，国家一年给她 5000 块钱，她用来教徒弟，不到半月就花完了，买线买布、请人出工都要花钱。她只能带一些平秋的绣娘，画出图案，让她们在家里一边持家一边刺绣。她想把侗绣弄得像苗绣一样驰名，要一直绣下去，不让那微弱的薪火在自己手中熄灭。

在锦屏县城错落的屋宇间，那个斜坡上的小小的屠宰场里，龙令香戴着老花镜，一针针地绣着。现在，命运的许多波澜已经远去，她最要紧的事情，是绣出一片片的侗绣来。

小窗外的街市上，人和车来来往往，大家都忙着挣钱。有人笑她说，她的活计笨重操劳，却不挣钱。龙令香想，有一种比钱更重要的东西，是侗绣的名誉，只要眼睛没瞎，她一定会继续绣下去的。

亚鲁王东郎陈兴华

贫困麻山[①]的英雄史诗

20 世纪 90 年代，麻山、瑶山，这两个地名，因为触目的贫困而频繁进入人们的视线。在贵州，流传着许多关于两地贫困的故事，其中一个故事说，一家人有几个女儿，却只有一条裤子，谁出门就让谁穿，其余的姐妹就躲在破烂的被子里。在日渐繁华的省城贵阳听到这样的故事，虽然离得不远，但依然令人心惊，也记得单位都在呼吁人们向两地捐款捐物。

麻山有歌谣，唱的是他们贫困："土如珍珠水如油，满山遍野大石头。春播几面坡，秋收几背箩。要想吃大米，不是生大病就是月子婆"；"吃愁穿愁睡也愁，脑壳垫个木枕头。苞谷壳里过冬夜，火塘坑内烟瞅瞅。"这样刀耕火种的日子，麻山人过了千百年。当他们的贫困被广为外界所知，时光已经到了世纪之交，整个世界已经从工业文明向信息文明迅速迈进。

麻山，是指贵州惠水、长顺、紫云、望谟、罗甸、平塘六个县的接合部，是苗族和布依族聚居地。这里的岩山面积占 70%以上，地形破碎，峰峦叠嶂。

---

① 麻山：位于贵州望谟县东部，是全县建立最晚的乡。乡政府所在地和平村距县城约 54 公里，东邻桑郎镇，南接纳夜镇，西接大观乡，北靠新屯镇和乐旺镇，处于"麻山片区"中心区域位，居住有苗族、布依族、侗族、汉族等多个民族，其中仅苗族人口就占总人口的 52%。

陈兴华出生长大的打哈村，已有了《亚鲁王》传习基地

因为巨大的山体遮蔽，日照时间短，地表干旱缺水，作物难以生长，绝大多数的麻山人，祖祖辈辈生活在极贫中。1992 年，麻山的人均纯收入只有 255 元，人均产量仅 223 公斤，他们的住房破陋，四壁透光，有的还住在山洞里。他们缺衣少被无盐，有一个董王乡交足村，125 户人家，就有 117 户没有棉被，十二三岁的孩子，有 40 多人没有裤子穿。生产工具，仅靠一把锄头，竟有人家无镰刀锄头，劳动时需借用。这里，伤寒、痢疾、肺炎、炭疽病流行不断，人们有病就去请巫婆和摩公，文盲和半文盲占了多半。

但是，2009 年，麻山苗族的长篇英雄史诗《亚鲁王》① 横空出世，成为当年中国文化的重大发现之一，随即被纳入中国非物质文化遗产名录，同样也震动了历史、文化、民族学界。

紫云县发现的《亚鲁王》英雄史诗，有 26000 行，描述苗族部落在两千多年前的先秦时期，曾生活在东方②。在部族战争中，亚鲁王带领苗人进行了悲壮惨烈的征战，失败后又艰难迁徙到贵州高原。史诗对亚鲁王之前的 17 代王，每一代都作了记叙，笔墨细致地状写了两次大战役。

当《亚鲁王》被学者们发现时，人们还惊讶地了解到，麻山地区有 25 个乡镇 18 万人口，会唱《亚鲁王》的歌师，每个村寨约有 4—5 人，歌师总数达到 3000 人。这些歌师，就是在贫薄深藏的大山里，一代代地唱着他们的英雄亚鲁王。

这千年的史诗，是用艰涩难懂的贵州西部苗语传唱，外人几乎不能懂，因此也就沉寂了许多年。亚鲁王是苗人关于宇宙天地人生的一整个文化体系，这个神秘奇特的史诗世界，也在等待着一个能够翻译它的人，这个人，必须通晓

① 《亚鲁王》：第一部苗族长篇英雄史诗，一般在苗族送灵仪式上唱诵，仅靠口头流传。内容是西部苗人创世与迁徙征战的历史，其主角苗人首领亚鲁王是苗族世代颂扬的民族英雄。《亚鲁王》于 2009 年成为中国民间文化遗产抢救工程的重点项目，并被文化部列为 2009 年中国文化的重大发现之一，随后被纳入中国非物质文化遗产名录。苗族英雄史诗《亚鲁王》2012 年 2 月由中华书局出版。

② 指长江中游一带。

西部苗语和拼音苗语，还能将它翻译成贴切的汉语。

1983 年，紫云县麻山边缘的一个小山村里，一个名叫杨正江的男孩出生了。在他很小的时候，父母就把他送到山外去读书，14 岁那一年，他有了强烈的写作愿望，梦想着能把家乡的故事写下来，告诉山外的人们。没有人教他，也没有人懂得他，他沉迷在混沌纷纭的内心世界里，旁人看起来，他患了“神经病”。他的家人们着急了，寻遍了麻山，请来了一个叫作杨小红的老人，为他唱诵古歌，用一种神秘的仪式帮他消灾祛病。杨正江的病竟然好了，父亲就想让儿子认杨小红作义父，杨小红并不同意，他叫杨正江好好读书，长大了回报麻山。

杨正江考入了贵州民族学院，在民族文化系学习少数民族语言文学。选择专业的时候，老师说到贵州西部苗文，全班 40 多个同学，只有杨正江一人举手。第二年，杨正江认识了长期在麻山行走的《黔南民族》杂志主编吴正彪。吴正彪一直在寻找愿意调查麻山的当地苗族人，出现了一个杨正江，让他欣喜不已。吴正彪教会了杨正江怎样行走麻山，去聆听和记录每一位老人的讲述。杨正江是有才华和激情的麻山苗人，大学的每一个假期，他都回到麻山作艰苦的田野调查，那些沉郁的歌吟，那些久远的岁月，那些勤苦和缄默，常令他在孤独的路途中热泪盈眶。

大学毕业后，杨正江回到紫云，当了一名村干部。2009 年春天，他进入了县里的非遗普查小组，他说，那是一个让他犹如长眠苏醒的春天。此后三年，他和女作家余未人、麻勇斌等专家一起，走访了 40 多个歌师，聆听，录音，整理，翻译。

2012 年 2 月，《亚鲁王》第一部由中华书局出版，在人民大会堂举行了首发式。此后，他们开始整理第二部、第三部，还着手整理亚鲁王的家族传承谱系，全面破译亚鲁王对苗族文化的影响。

在麻山，人们把亚鲁王史诗的演述人叫作“东郎”，陈兴华就是其中一位东郎。他和杨正江一道在人民大会堂唱诵亚鲁王，是第四批国家级非物质文化遗产传承人。

亚鲁后裔

2015年，我在紫云见到陈兴华，他刚70岁。

他穿一身蓝布衣服，个子很高，面容清癯，大眼睛，鹰钩鼻，蓄着山羊胡，是一个仪表不凡的苗族东郎。他看上去是冷峻的，笑起来却格外温和，语声是喑哑低柔的，总有一种真诚和忧郁。

陈兴华和老伴带着4个孙子，住在县粮食局的一栋旧楼里，屋子拥挤而凌乱，孙子们跑出跑进，到处是他们的书本和作业本。陈兴华和老伴笑盈盈地看着他们，像老牛看着牛崽，那爱是温暖润泽的。

家里的一扇窗前，放了一台电脑，陈兴华不会操作，就由小孙女代劳。陈兴华发愿要写一本自己的亚鲁王，他艰难地学会了打字，已经打出了一本文稿。文稿上有许多圈圈点点，有几页卷曲有灰垢，但这是陈兴华的珍宝。他总是眯缝起眼睛，把文稿摊在膝头，一遍遍地反复修改。

陈兴华说，他是一个一辈子没有吃过一顿饱饭的人，当别人问他："你这个人，过得还好吧？"他就回答这句话。别人说："你这是讲到哪里去咯？"他平静地说："是的，我一辈子没有吃过一顿饱饭。"他小时候长身体，总是饿，但是没有吃的，只有瓜菜代替，似乎也没有想过还能吃面吃肉。现在生活好了，可他患上了胃溃疡，体质差，精神也不好，得长期想办法保养着自己，不然很可能就不在人世了。本来他该吃两碗饭的，只敢吃半碗，有人叫他去吃馆子，他也只是叨陪在一旁，放一个碗，夹几箸菜就罢了。

他是麻山长大的苗人，他的日子，也就是一个麻山苗人的日子。只是，他有亚鲁王。

这一支苗人是何时来到麻山的，又是怎样辗转而来的？就是他们自己，

陈兴华和亚鲁王史诗的徒弟们

也说法不一。大多数苗人说，他们是从黄河流域一带迁徙而来；也有人说，他们是从江西来的。苗族游移在汉文化之外，没有文字，就没有确切的时间记载，他们对过去的描述，总是“很久很久以前”，史诗上也大多这么说。人们从苗族的祭祖形式中，考证出苗族过去曾生活在黄河以南长江以北的地方，由于战败，逐渐迁徙到了云贵。

麻山苗族这一支，是亚鲁王其中一个儿子的部族。亚鲁王是神秘尊贵的，有关他的一些内容对本民族也保密，所以，东郎们虽然唱了几十年，亚鲁王的几十个儿子，他们也不能分清哪个儿子是老大，哪个儿子是老二。他们只清楚一点，就是亚鲁王最小的儿子，名叫迪都勒（音），他的部族繁衍到现在，便是“韦”姓。迪都勒这个名字，并不好翻译，只能用近音字。汉话的近音，和苗话是有差别的，因为苗族住在山里，阻隔日久，语言变得复杂而繁多，这山这样读，那山又那样读。

陈兴华生活的麻山，一个村庄内的语音都有变化，隔一个坳，又不同了。有的相隔不到一公里，语音就有变，变异严重的，苗人之间竟不能互相对话。可见，苗族在麻山已经生活了很久很久，久到语言都已然千差万别。

陈兴华小时候只会说苗话。在他所在的猴场[①]，吃饭叫“囊那（音）”，喝酒叫“屋加（音）”。走到四大寨，他们喝酒叫“屋沙”（音），“加”和“沙”就有差别。陈兴华和杨正江都是麻山苗人，过年的这个“年”，陈兴华说“醒（音）”，杨正江说“锦（音）”，另一个离杨正江家不远的人，则说“桑（音）”，互相听不懂了。但是，他们都是亚鲁王的子孙。“亚鲁王”，陈兴华称“杨路（音）”，四大寨称“亚路（音）”，另外的又称“央路（音）”，后来，经过争论，统一称“亚鲁”，在文字上能够一致。不过，陈兴华在村寨里唱诵时，依然称“杨路（音）”，他的听众们习惯了这样的称谓。

虽在大山里，外面世界的变化依然不断地渗透进来，语言的变化尤为迅速。陈兴华已经70岁了，愈发是一位德高望重的东郎，但是，比他更老的苗人，也会批评他“不会讲话”。他这一辈人说的苗语，语法上已经高度模仿汉话了，不是老辈人的原话。老人的原话和他们唱的亚鲁王史诗，有一些陈兴华也听不懂，比他年纪小的更加听不懂。

亚鲁王史诗里唱的“十二”，并不是一个绝对的数字，而是一个虚数，表示“很多”。麻山各方苗族唱的亚鲁王都不一样，掌握了哪个部分，就有哪个部分的唱法。比如表示很多的数字，有的唱“七十”，有的唱“九十”。苗话的“七”，很像汉语的“几”，所以“七十”就是“几十”。苗族的文化相当复杂，除了语言，服饰也不一样，一个支系的苗族服饰内部都有变化，靠近哪里服饰就变成哪里的模样。不过，苗族互相间的关系并不复杂，哪怕语言不通，但都是亚鲁王的后裔，是融合在一起的。而外面的人进入亚鲁王世界，像进入一个枝丫横生的语言的迷宫，没有当地向导，也就无法前行。

陈兴华生在紫云县猴场镇打哈村打望组，从他记事开始，就听人讲亚鲁王。

---

① 猴场镇：位于贵州省安顺市紫云自治县南部，有汉、苗、布依、壮、仡佬、侗、瑶共七个民族。境内的猴场河为常年性河流，由南向北从镇域穿过。

那时候很穷，被子，床单，他们都没有见过。人们身上的衣服，春夏秋冬就那么一件，直到穿烂。布是自己织出来的，但麻山不产棉花，需要买人家织好的纱子来纺布。照明也不用煤油，“煤油”这个词，他们没有听说过，他们去山坡上打一种果子，拿回家榨了，榨出的油用来点灯。有的人去挖松树，把松树砍了，变成一种松香，可以照明。还有一种带刺的树，砍回来捶成条，点火照明。祖祖辈辈，他们都是这么过的，不知外面的世界有什么。

猴场都是岩山，土少，只能种苞谷，但收成总是年谷不登。人们还“砍小米”，把山坡也砍坏了。“砍小米”就是刀耕火种，把坡草砍掉，放火一烧，再撒上种子，就等着望天吃饭。

交通就更加艰苦，就连马走的路也没有，都用人来挑和背。喝水也要去背，因为挑着不好走，便把水背在背上，用手扒住岩石来走路。打哈村离最近的乡场也有十几公里，赶场的地方有两个，一个是猴场，一个是猫场①，再远一点的乡集，就有二十多公里了。陈兴华在打哈长大，就连猴场和猫场也很少去，因为那里的人是汉族，他不会讲汉话，心里就害怕。附近也有布依族，他们都生活在好地方，是格凸河两岸的平地，有田有水。苗族的生活条件最差，这是历史上逐渐形成的状态，由于势力小，只能择高山而居。苗族是有反抗精神的，但也不愿意跟别人争，他们对自己说，既然来到了高山上，别的地方不是他们的，他们也进不去，生活再苦，也只有扎根在山里。

陈兴华的父母都是猴场人，同村不同姓。他们生养了 6 个孩子，陈兴华是他们的第三个男孩，排行老四。那时候，10 户人家的寨子也很少见，两三户就是一个寨子。打哈村虽然有一百多户人家，却是分散的，十来户聚成一个寨子，余下的就东一户西一户散在大山里。

陈兴华生于 1945 年，他出生的时候，苗族人由自己的寨老和族长管理，

---

① 猫场村：地处麻山腹地，距镇政府所在地 6 公里，面积 12.5 平方公里，地势平坦，坝子较宽，人口居住比较集中。全村共 13 个村民组，共有总户数 619 户，总人口 2685 人，其中，少数民族 1458 人。

大一些的苗寨，就有一个王，比如四大寨，有一个名叫“小罗山”的苗族王子，又比如中地，有一个名叫杨排方的寨老。打哈村的人也只知道这两个大寨，其他零散的苗寨，由各个姓氏和家族来管理。

陈兴华长到13岁，没有书读，也不会说汉话，因为村寨周围没有学校。农闲的时候，尤其是大雪天和凝冻天，大家就聚在一起，烧着大炉火，唱啊说啊。夜深了，疲倦了，在草帘子围成的房子里，或者木板房里，他们挤睡在一起，这叫作“烤背火”①。实际上不是烤背，而是烤脚，都把脚伸向火炉边，也没有被子。娃娃们挤在大人身边睡，互相的体温让他们热乎，大人们总有说不完的话，叫作“摆闹热”，摆着摆着，孩子们就从幼小长到了懂事。

记不清是哪一年，陈兴华开始感觉到村里的大人们开口闭口都说亚鲁王。大人们说：“我们是亚鲁王的子孙后代。假如你对亚鲁王的事情一点不知，你就枉自生了一个人脑壳，脑壳里没有东西，是一个废品。”这样来骂人，在苗人看来是相当严重的。

亚鲁王史诗包罗万象，一个东郎要用一辈子的时间去学习。苗人的生活里，没有一天不提到亚鲁王，出门、接亲、嫁女、修房、造屋，无论做什么事情，都要请亚鲁王保佑他们。陈兴华的妈妈，是他的第一个亚鲁王老师，她用从亚鲁王那里学到的道理，教自己的儿女们处世之理，为人之道，教他们怎样去生活。

三个师父

麻山的苗人千百年过着贫苦的日子，他们的心里，却总有一种植根在血脉

① 烤背火：苗族人在火塘四周铺上竹席或草席，大家就挤在一起睡觉，苗话叫“烤背火”，实际上是在烤脚，只要把脚烤热了，身上也就不太冷了。

里的深深的指望，那就是亚鲁王。

陈兴华幼年时常听大人们说亚鲁王，心里生出许多的向往和崇拜。亚鲁王无所不能，可以上天入地，博施济众，本领超群。那些“烤背火”的夜晚，麻山的苗族孩子们听着亚鲁王的故事入睡，大人们说了又唱，唱了又说，是孩子们最深刻的教育。在苗山，谁能把亚鲁王说得好讲得好，大家都会尊重他，所以，陈兴华一经懂事，就发愿去当一个亚鲁歌师。亚鲁史诗用苗语唱诵起来，是有韵律的，且抑扬顿挫，掷地有声，令人心动，一个好歌师走到哪里都受人尊重。

他有一个现成的师父，就是自己的舅舅韦昌秀。

韦昌秀是打哈村最好的东郎，他能唱诵几天几夜，还很善于培养徒弟。韦昌秀的要求很严格，他依照亚鲁王史诗的章节来教徒弟，每一次都要求徒弟们能背诵。如果教了三个晚上，到了第四天，有哪个徒弟背不出史诗的内容，师父就再也不教这个徒弟了。陈兴华从小就有超强的记忆力，学习了三年以后，他已经能熟练地唱诵师父所教的史诗。

韦昌秀是有文化的人，他曾经帮地主们做事，所以能识汉字。他对陈兴华说：“娃娃啊，你真的这么认真，我就告诉你一个方法，你赶紧学习一点文化。史诗里很多东西是很难记的，你就用自己的方法记下来，人不记得墨水记得，你打叉叉点点都行。弯字你不会写，你画个钩钩代表弯字都行。”

1958 年，陈兴华 13 岁的时候，就到猴场去读书了。那一年读下来，连老师是谁也不知道，学生们整天背着书包到处去捡钢铁。其实，老师说话他也听不懂，几乎没有正式地上过一堂课。有一阵，麻山到处都有食堂，他们在哪里饿了就到哪里吃，天黑了，就在田坎边、屋檐下睡觉，像一个流浪儿。一年下来，陈兴华唯一记得的，就是到处去吃饭，天黑了倒地就睡，第二天醒来又四处浪荡，他和几个同学结成伙伴，过了整整一年这样的日子。

到了 1959 年，这样的日子就过不下去了，因为没有饭吃了。前一年大家都去炼钢铁，丢掉了农业生产，虽然国家依然有上交粮，人们哪怕收了粮食，

为了传承，亚鲁王东郎也举行唱诵比赛

也不晒干，马虎地堆在仓库里，后来都霉烂了。随后开始饿饭，饿得不得了，农民把所有的粮食搜起来也不够交公益粮，就把霉烂的粮食挑回家吃。再后来霉粮也吃光了，有人饿死了，活着的也成了病人。陈兴华不读书了，那一年出来一个政策，年满 14 岁的人全部下放去搞生产。陈兴华上了一年学，糊里糊涂又回到家里。他干不了农活，身体差，又挨饿，几个兄弟姐妹都一样。他们到处去挖野菜树根，连苞谷壳子也弄来，用水泡，又舂烂了，用那一点浆子煮着吃。他们还去坡上挖蕨根，挖回以后舂，舂了筛，苦得不得了，可是也得用来果腹。陈兴华患了浮肿病，体质很差，村里人都吃山草树根，看上去一个个皮泡脸肿。大家等着村里有人死了，依照习俗要杀牛，那牛也骨瘦如柴，但活着的人吃了牛肉，才有力气将死人抬上山去掩埋。耕牛就这样被杀光了，日子越来越无望。

挨到了 1961 年，搞“三包一奖”“四固定”[①]，开始允许人们去开荒，这样人们就有了一点食物。陈兴华又想去

① 三包一奖：包工、包产、包费用和超产奖励的简称。四固定：对生产队实行固定土地、劳力、耕畜、农具的措施。

学做东郎了。他的身体不好，读书也没学到本领，觉得靠种地不能养活自己。虽然做东郎不向人家收钱，但是人家杀牛杀猪，会割一点肉给东郎；遇上插秧的季节，东郎不用去找人，别人就来帮忙。打定了主意，陈兴华就去找伍老桥和陈老幺，请求做他们的徒弟。

本来，一个徒弟只能拜在一个师父手上，但陈兴华机缘所致，拜了3个师父。

依照苗族的辈分，伍老桥是陈兴华的伯岳父。伍老桥的师父陈老幺，又是韦昌秀的哥哥，陈兴华的堂伯。伍老桥经常夸他的师父陈老幺，陈老幺是陈家的一个长房，不知是不是遗传的原因，他的相貌特别丑陋，也因为丑而闻名。伍老桥说，当年紫云县有一个县长，姓刘，叫刘公望，大家都说，这个县长相貌很标致，可是伍老桥敢以陈老幺和刘公望比，说自己的师父比刘公望厉害。虽是这样，人们在路上见到陈老幺，假如不认识他，就会躲着他，他不光形容丑陋，而且邋里邋遢，但是，他赢得了徒弟的尊重。

陈老幺是一个无家可归的人，陈兴华把他接到了家里来。他生得灰容土貌，一辈子没有成家，长年累月被别人请去教亚鲁史诗，在苗山的各个村寨里漂泊。他的史诗，是陈家先辈传下来的，到他这里就变成了他的职业。他从不干农活，也不富裕，但可以养活自己，且天性豁达乐观。平常，人们会瞧不起他，而一旦遇上大小事情，仍然把他请去。他脚瘸手拐，路也走不好，需要人去搀扶，只要他来了，事情就能圆满了。他是一个痴迷亚鲁王的人，肚子里的东西很多，用亚鲁王史诗来给人们解决生活和心中的疑难。

陈老幺专门教陈兴华学习亚鲁王史诗中“亚鲁其”部分，陈兴华很喜欢。但是，他还没有出师，师父就去世了。有一回，陈老幺被外姓的人家请去唱诵亚鲁王，死在了别人家里，死时60多岁。

伍老桥是突破了规矩，给陈兴华传艺的，因为在当时，每个东郎的亚鲁王技艺都不允许传给外姓。

伍老桥对自己的要求很严格，几乎到了晨兢夕厉的地步。他走在路上，见到哪块石头歪了，就伏身把它搬好。遇见一道岩缝，他怕别人的脚踩进去，捡一块石头把它塞平。他严守亚鲁王史诗中的训诲，对人对己都遵从道德与仁善，他教育徒弟，走路要看好路，如果有一只蚂蚁在那里，不要去踩它。如果有人扔了一只烂草鞋在路坎边，也要慢慢捡起来，提到一个稍远的地方去，免得绊了路人。骂人吵架，是严格禁止的。徒弟们如果去打猎，被师父撞见了，师父就很不客气，捉到手上的鸟也逼着他们放飞，再穷再苦，他也不允许徒弟们杀生。

不管师父们有怎样的规矩和禁忌，陈兴华总是在同辈的徒弟中，第一个背下师父教授的内容。三年以后，陈兴华已经能熟练地唱诵亚鲁王了。一代代的亚鲁王歌师们，唱诵的中心内容是不变的，但每个徒弟都有自己的发挥和创造，一个师父教出两个徒弟，他就从徒弟们在正式仪式上的发挥中去评价优劣。在随后的 20 多次葬礼唱诵中，陈兴华的唱诵让师父和主家都感到满意，20 岁那年，他成为一个小有名气的年轻东郎。

以后，陈兴华用了几十年的时间，领悟了一个道理：一个当了东郎的人，他的日子并不比别人过得更好，因为他的心思都在亚鲁王那里，沉迷入里面去了，便不会为自己着想。

现在，他的三个师父都离世了，但他们留给他的东西，是终生不忘的。

东郎生涯

东郎被请到有丧事的人家去，第一件事就是安抚亡灵，这是令人伤心的事情。

在麻山苗族的亚鲁王史诗中，亚鲁王死了以后去到哪里，至今也无人能准确交代，没有具体的地址，只说亚鲁王回到了南京、北京。陈兴华小的时候，相信亚鲁王是去到南京、北京了，随着自己人生经验的增长，他反复琢磨，觉得亚鲁王是不可能回到南京、北京的大平原去的，假如亚鲁王真的回到那里，为什么他的后裔们依然在麻山瑶山呢？所以，这仅是一种含糊的说法。但是，苗族人相信自己死后，一定会去到亚鲁王的身边。

陈兴华终于领悟出，亚鲁王死了，是回归另外一个世界去了。史诗里说，人是从哪里来，死了也回到哪里去。亡灵不存于现实的世界，而是在“上面”那另外的无数层世界里。老祖先们原来就是在那些层上居住的，后来那里有天灾，人也多了，就派遣了几代人来观察，发现了“独角”，“独角”就是人栖息的这一层空间，于是就来到了人间。苗人说，死了，还要回到祖先来的地方去。

陈兴华去给人家做丧事，十次有九次他都会哭泣，因为史诗里有悲伤的情节。唱到亚鲁王战败的那一段，陈兴华常常控制不住自己，落下泪来。

史诗里描述，亚鲁王战败以后，在屋子里悲伤徘徊，唉声叹气，竟至痛哭起来。他哭的是自己的两个女儿不守规矩，让本族的宝物被敌人窃走，招致了失败。亚鲁王对自己两个女儿的所作所为感到很恼火，但他又痛惜她们，舍不得她们。他一会骂她们，一会抱她们。两个女儿也铁了心，发誓用自己的生命护着父亲突围出去。唱到这里，陈兴华便情难

陈兴华在山间坪地上教授徒弟们唱亚鲁王

自已。

亚鲁王领率一族，自有诸多常人难有的烦恼。他的敌人，就是他的亲弟兄。为什么他一让再让、宁肯丢地也不杀戮？因为对手是他的亲哥哥。亚鲁王是有能力制服兄长的，但还是容让着他，假如杀了兄长就无法向祖宗交代，所以亚鲁王弃地逃亡，千山万水撤到了云贵川。路上，亚鲁王遇到一个大财主，也是一个部族的王子，他跟此人结拜为弟兄，共同生活。他向这个弟兄诉苦说：我们虽然是弟兄，但是你吃的是大米，是肉，我吃的是红稗，是小米。亚鲁王的人生遭逢这样大的转折，从在平原吃鱼虾和大米，到了云贵川吃红稗，想起这些陈兴华就悲伤。唱着亚鲁王和结拜兄弟的叙谈，“你穿绸缎我穿麻，怎么能跟你拜把？”叫人心情惨淡，又念及亚鲁王弟兄成仇的家丑难以外扬，陈兴华越发悲从中来。

在开路和送灵的过程中，陈兴华常常沉浸其中，真的觉得自己是在跟亡灵、跟亚鲁王对话。这样的心境，成为他生活中很重要的一部分，相较起来，仿佛辛苦的现实人生也不再沉重了。

东郎一旦进入那样的情景，就会告诉自己一定要认认真真的，搞得不好自己就有罪。传说中，如果歌师马虎了，亡灵也会来找你问责的。这样的说法烙印太深，如果有临时学来的内容，陈兴华唱的时候就会紧张，过后心里依然忐忑不安。他想，歌师的寿命都不长，也许就是因为压力大。有的年轻歌师学得不好，敷衍了事，后来竟生病死掉了。打哈村曾经有一个东郎，他学得不好，勉强去唱亚鲁王，回家后身体就一直不好。这些传说和真事，敦促歌师一定要认真。东郎唱亚鲁王的时候，死者的亲人和家属都在旁边听，歌师唱错了，他们也能听出来，因为他们是苗族，用的是自己的语言。他们会评价哪一个歌师好，哪一个不好，歌师自己也能从别人的眼神里看出对自己的评价，这就是无形的压力。

除了这些，陈兴华还有一种伴随了他几十年的压力，那是一种更大的压力。

1969 年，陈兴华被抽去参加紫云县原猴场区粮站的征粮工作。1993 年，他被调到县粮食局，做过办公室工作，当过会计，最后做纪检监察，2008 年从粮食局退休。长达 40 年的时间里，他不得不隐瞒亚鲁歌师的身份。

在单位上，亚鲁王被视为封建迷信，而回到陈兴华的文化和信仰里，他又坚信亚鲁王史诗不能丢弃，要想尽各种办法保留它，苗人都说，亚鲁王是他们根底。40 年的提心吊胆，是令陈兴华最难受的事情。他在工作中总有一种抬不起头的感觉，看见人家在一起说话，就觉得那是在议论他，发现了他的秘密。

在猴场粮站工作的时候，站上的一个同事被抽下乡去抓东郎，刚好有一个丧葬仪式，老的东郎跑不动，被抓了，陈兴华年轻，就跑掉了。陈兴华并不放心，自己虽然没有被抓，但是抓去的人一经审问，就会把他牵扯出来，如果非要让他去劳改，他也是无法幸免的。侥幸的是，那个同事对他网开一面，没有举报他搞鬼鬼神神。通过这一次，陈兴华更加尊重同事，也更害怕他们了。他并不恨他们，只有在工作上更加努力来保护自己。

陈兴华的心，诚惶诚恐，反反复复，没有一天的安宁，总想着这饭碗早晚要被端掉。他没有理由不把工作搞好，搞好了才能维持饭碗，得到大家的同情。但是没有不透风的墙，做亚鲁王总会被知晓，就因为这个，陈兴华一辈子不敢乱说话，在同事面前抬不起头来，担心人家揭自己的痛处。他活得很累，白天上班，晚上悄悄地去别人家做亚鲁王，熬更守夜，第二天天不亮又赶去上班，这滋味很不好受，但也过了 40 年。

直到 2008 年退休，陈兴华心里的包袱也没有放下，担心人家清理他，退休了也会被开除。2009 年，杨正江找到了他，让他去参加亚鲁王的整理和传承工作，陈兴华还是顾虑重重，待他耳闻目睹了外来的专家学者和紫云县对亚鲁王的重视，心里的雾霭才真正散去。

写书授徒

陈兴华几乎没有上过学，10多岁还不会说汉话，但他要用汉语写一本书，这桩事情，有时就是他自己也觉得不可思议。

亚鲁王是苗族的一个大体系，歌师就像苗族里的老师，苗语叫“教郎”“教嘎”。“郎”是语言，“嘎”是道路。苗人学亚鲁王，就学习了自己民族的思想和语言。

但是，亚鲁王史诗没有本子，全靠口耳相传。苗族的文化也相当复杂，比如说谈恋爱，就分别叫作“跳花”“游方”“跳花歌”“爱情歌”。陈兴华和他妻子伍长英，是父母包办的婚姻，打哈村的习俗是不允许自由恋爱的。而在不远的中地（地名），则由老人们选定一个地方，年轻人都去那里唱情歌。在四大寨，如果谁家有一个姑娘，逢年过节的时候不带几个小伙来家里玩，父母就会觉得自家姑娘没本事。小伙子去“赶坡”，带不回姑娘，老人也骂他没出息。

东郎们举行仪式

在这样盘根错节的文化里，亚鲁王在每个歌师那里都有不同的演绎。陈兴华拜了三个师父，他唱的史诗就是三人的融合。他一边学习汉字，一边把自己能唱

的记下来。20 世纪 70 年代，他就有了写一本书的想法，可想起来却是遥遥无期的。一直到老来，他才终于拿起了笔。

2013 年，陈兴华当上了国家级非物质文化遗产传承人，这就有了一种责任，催迫他坐下来认真写书。那时候，他也感觉到，对亚鲁王的保护和传承还缺乏有效的方式，很多时候都是有领导来检查了，就把歌师们集中起来，唱给领导听，领导走了，大家就散了。陈兴华想，这样是不能解决问题的，所以他愈加坚定要写下来。他自己学了拼音，学会打字，一点一点地写，饭熟了，他不知道吃，衣服脏了，也不知道洗。写到后面，越来越难，一直写到第 5 稿，他发现还是有很多问题。

写书对于陈兴华格外的艰难。亚鲁王史诗大多是五言的，苗族的日常生活和说话，五言表述也占多数。70 年代，陈兴华开始用七言来记述，后来他发现不对，就改成五言了，此外也保留七言和不成诗的部分。他是第一个要把亚鲁王翻译成汉语的歌师，学习汉语，就成为他持续不断的工作，他期待人人都能看得懂，还要朗朗上口。

陈兴华还遇到了无数的问题，比如地名的问题。麻山地区对很多地名的称谓是不一样的，陈兴华有自己的一套称谓，县里的亚鲁王研究中心却要他和他们统一，陈兴华就不同意了。又比如，在过去出版的亚鲁王史诗里，亚鲁王的女儿叫“宝丽莎”和“宝丽露”，但是陈兴华的方言叫作“奥娜肖”，这个名字，也是陈兴华一定要坚持的。在他的土语里，“宝”是结了婚的妇女，没有结婚的一定要称“奥”，这个差别是不能忽略的。陈兴华的三个师父教了很多的徒弟，如果他违背了师父们，那些师兄师弟就要指责他。如果亚鲁王由歌师自己来翻译，那就更加真实和贴切。为了说服别人，陈兴华学会了说道理，他说，既然是从民间来，就应该能够返回到民间，那样才是好作品，如果不能返回民间，那就是纸上开花。

现在，麻山地区如陈兴华这一辈的歌师也还有，有的比他还年长，比如韦老王、杨光顺，但是没有人给他们记录整理，会唱的人不懂汉文化，懂汉文化的又不懂亚鲁王，难题就在这里。当年，一个中国社科院的学者来采访陈兴华，刚巧他出门去了，那学者也不怕苦，追着他到丧葬仪式上去。陈兴华当时很顾虑，唱不下去的时候，他就躲到厕所里，停一下再唱，最后没有办法，只好把自己的本子拿出来。学者把他的本子拿去，冯骥才发现了亚鲁王，陈兴华也因此被评为国家级非物质文化遗产传承人，而他的本子，也进了博物馆。这件事情，给了陈兴华极大的鼓励，他知道，自己写一本亚鲁王，是值得做的。

陈兴华写下的这本书，徒弟们是欢迎的。他告诉他们："你们不用背了，也背不下来，你们照着唱就行了。"

陈兴华的徒弟很多，加起来有三四十人，最终出师的也只有 8 人。在这些徒弟中，有 3 个人的学习过程是很困难的，他们是打望寨的陈仕清、狗寨的陈小安和陈小华。陈仕清的妻子很支持他学唱史诗，但他的记忆力不好，记得慢忘得快。别人用一天就能记住的内容，陈仕清须用三天或五天才能记住。其他徒弟三年或五年就能出师，陈仕清却整整学了九年。到了第十二个年头，陈兴华让陈仕清到葬礼上唱诵史诗，陈仕清扛起大刀，家族的人们期待地望着他，他心里却是一片空白，不知道怎么开口。陈兴华给他起了

亚鲁王唱诵常在苗人家中堂屋进行

头，他还是僵在了那里，陈兴华只好接过他的刀，替他唱了。陈仕清丢了面子，无地自容。唱罢，陈兴华走到陈仕清的身边说："很多初学的人在葬礼上试唱，都会怯场，你已经掌握了史诗的内容，只要克服害怕的心理，就能出师了。"陈仕清回家后，爬上山顶，对着旷野大声唱诵亚鲁王。练习了半个月，又有一场葬礼，师父让他上场，这一次他就唱出了声，又经三次，他就算出师了。陈小安和陈小华是两个聪明人，悟性好，但他们学唱亚鲁王一年后就到广东打工，一去六年才回家，从拜师学唱到出师，也用了九年的时间。

徒弟们静不下心来，都出去打工挣钱。他们打工一天能挣几百元，坐下来学习亚鲁王，一天能给他们多少钱呢？徒弟们要生活，生活是第一位的，他们的生活好了，也接受了外面的文化，有的就开始推托，对师父说："我晓得亚鲁王重要得很，但是还是让别人来做吧。"

所以，还在唱亚鲁王的，就剩下几个老人。

本来，哪个姓氏的人家，就请哪个姓氏的歌师去唱。而现在歌师少了，别的姓氏也请陈兴华去唱了。还有的人家不喜欢自己姓氏的歌师，也会请他们去，这样他们就更忙了。陈兴华说，他有些力不能支了，原来他是能唱一通宵的，现在嗓子不行，中气不足，上气接不了下气。过去，他们至少四个人去唱，加上徒弟有七八人，现在减少到两人，那就愈发困难勉力。瑶山普查的歌师曾经多达三千多，目前有一千七，而这里的苗族有十多万，平均一百个人有一个歌师。多年来，这里的规矩是一族人必须培养出一个歌师，其他族的歌师不能替代，依苗人的习惯，去请外姓的歌师来唱亚鲁王，是很丢脸的事情，但现在已经走到这一步，秋黄不接，原先的规矩就难以维系。

陈姓歌师虽有陈兴华领着，也在逐步减少。陈兴华带着的八个徒弟，现在只剩两个。有一个因为母亲病了，不能去打工，另外一个则长期在外。陈兴华50多岁的时候，虽然场场出面，只是去指导一下徒弟们，他还可以坐下来听，现在必须上场主唱。唱亚鲁王的规矩是必须站着，不能坐，他也坐着了，而且还用一个扩音器，这都违背了传统。史诗有4个部分，一个歌师只能唱一个部分，现在也是通唱了。年迈的歌师也上场，在陈兴华看来就是不正常的，有的人因为请不到苗族歌师，甚至去请汉族的道士先生。

陈兴华的二儿子，在县里的亚鲁王研究中心工作，父子俩说起亚鲁王的传承，都不乐观，感到难度很大。麻山的年轻人现在都读书，他们接受的是汉族语言和教育，要让他们像老一辈那样对亚鲁王怀着格外的感情，是不大可能的。

因为亚鲁王，陈兴华一生辛劳，也有了许多的思考和见地。他想，苗族这样有创造力，是因为苗族居住在边远的高山上，只有依靠自己才能自立，才能创造出丰富的文化，因此他们绞尽脑汁，维持生存，发展和传承文化。而现在开放了，有了大量的外缘和依凭，大家都走出山来，都去学别人的，在物质生活上比过去好得多，但就创造力而言，却是今不如昔。这究竟是进步了，还是落后了，是一言难尽的。

面对现实，陈兴华拿定了主意，他就做好他这一代歌师的事情，不为名利。百年后，若有人能看到他的书，听到他录下来的声音，他也就尽到了责任。

玉屏萧笛刘泽松

古城闻笛

刘泽松是我见过的最快乐的传承人。一个人总能快乐度日，似乎也并不容易，但命运是眷顾刘泽松的。

不知是怎样的天缘地合，他生在了贵州玉屏[①]著名的箫笛世家。他的曾祖父刘万清，谙习道家音乐，能制能奏，自光绪元年（1875 年）始做箫笛。他的祖父刘昆山，成立了箫笛社，声名远播。他的父亲刘文忠，是玉屏国营箫笛厂的创办人之一，一生以箫笛为业。到了刘泽松这里，赶上了商品经济时代，树品牌，销网络，“刘昆山”字号的箫笛遍布了几十个国家的华人地区。

中国的箫笛与西洋器乐不同，外表朴实简洁，音色优美绵长，尤显东方文化的气度和深意。所谓“笛清箫和”，笛是清悠脆亮，箫是高雅郁和，可以绕梁三日，令人魂牵。而“平箫玉笛”，是中国音乐史上闻名天下的器乐之称，正是指玉屏所产的一箫一笛，也是与茅台酒齐名的贵州三宝。

这古城的箫笛，始作于 1585 年（明万历乙酉），迄今有 420 余年的历史。世间珍物，总有传说相随，关于玉屏箫笛的故事是这样的：明初，有一郑氏从

① 玉屏侗族自治县：是贵州省铜仁市下辖县，有“黔东门户”之称，为贵州省的东大门。始建于清朝雍正五年（1727 年）。1984 年 11 月 7 日，经国务院批准，撤销玉屏县，设立玉屏侗族自治县。

刘泽松在他位于玉屏县城的“刘昆山箫笛社”

山东远来玉屏安家，一日，他路遇一位身披鹿皮的老道，两人一见如故，引为知己。郑氏把老道带到家中，忽忽数日，老道突然大病不起。郑家如待亲人，殷勤看顾，老道病愈后，二人相携出城游历。经城北玉屏峰，见到八仙从东方天际踏祥云而至，降至一座石莲峰上，鼓瑟吹箫，仙乐飘飘。郑氏和老道赶到，八仙已腾云而去，遗落韩湘子的箫管一段。次日，二人又到城西飞凤山，眼见满山翠竹葱绿，老道取几根凤尾竹，仿照昨日箫管制成箫笛一对，传与郑家。从此，玉屏城的木楼街巷，船舶水岸，就响起了清越婉转的箫笛之音。

刘泽松还有一种幸运，是生在了玉屏。

玉屏这座小城，水流如玉，青山为屏，是文明昌达、商贸兴盛的黔东门户。这里元代就设了蛮夷长官司，明时置平溪尉，属湖广都司，雍正五年改隶贵州，名玉屏县。玉屏古城有一条明媚清澈的㵲阳河，河水养育两岸稼穑和人家。古城始建于600年前，以石为墙，4条河流纵贯，城内二十余座石拱桥将街巷相连，有吊井数十口，牌坊数十座，寺庙道观18处，其风俗风情，与同一文化带的凤凰边城相类，是耕读生涯里清幽怡人的栖息之所。刘泽松童年时，古城风貌依然，成为他生命中一段美好的记忆。

玉屏风情宛如沈从文笔下的湘西

2015年，69岁的刘泽松，开了一辆

越野吉普，带着老伴走了一趟川藏公路。他们一天驾车七八个小时，七天开到了拉萨。他们在雪山前依偎留影，刘泽松的头发被风吹乱，像一个风度翩翩的指挥家，他很满意这张照片，回到玉屏，放大了挂在客厅。他的家，在临街的“祖遗平箫”店铺后面，店铺很简素，柜台和过道堆满了一根根箫笛。他的家中藏在店铺后面，却是风雅舒适，半明的天光罩着一屋红木家具。早上，刘泽松开门营业，下午，他就去城郊一条山涧飞流旁，在那里打水，闲坐，或引两三好友吹箫抚笛，以潺潺水声为伴。

我找到他的店铺，见他穿一件半长外套，气质脱俗，拿着一根鸡毛掸，清理柜台上的灰尘。问他可是刘泽松，他说不是。他对各种频繁的采访已经抗拒，荣耀光环，在他的古稀之年也褪去了颜色，他想要平常、真实、随心所至的生活。他板着脸，一迭声地推却我说：“我的人生经历嘛，网上多得很，在网上点一下就出来，都重复了。总有人来问这样问那样，已经上百次了，不用再问了。十多二十年，就是这么问，就是这么说！”

人是能嗅出气义相投的，我看到了他故意皱紧的眉头下，一双聪灵明亮的眼睛，猜出他是一个善良、真诚、自负和孩子气的老头。我不再说话，隔着柜台守着他，看他用粉笔、尺子和剪刀，裁剪一块绛红的丝绒。

“我这是在打布袋子，装笛子。我什么都是自己做。”他又开口说话了，语气和缓，“徒弟们呢，都去开厂了，办公司了，还有一个在箫笛厂当厂长。他们都发财了，有车有房有名，我的任务基本上完成了。”

我就站在那里，跟他说这满铺的笛子和箫，说街上的行人和玉屏。他很快放弃了抵触，滔滔不绝起来，时而眉飞色舞，朗声大笑。很荣幸，我被邀请进了他隐在铺后的住宅，他拿出和老伴在西藏的照片，请我品头论足，又取出书法名家赠他的墨宝，考我的眼力。他收藏了一些书法作品，是他 60 岁生日那年，网友们寄给他的。网友说，老人 60 岁了，我们给他祝贺一下吧。他们从天南海北寄来了百余幅字，还在网上评选。

午时已过，刘泽松约我下午一同去看他郊外那飞流三叠，于是，我便跟着他，过了快乐逍遥的一天，日落方归。

祖遗平箫

刘昆山箫笛，并不是玉屏箫笛第一家。郑家的郑芝山，过去最为有名，刘泽松从小就听说过郑家和箫笛的故事。

据说，郑芝山先前在江浙为官，因遭贬谪，到了玉屏。贵州曾是充军之地，郑家落脚玉屏后，生计困难，只好做一点小生意，赶“四八场”。“四八场”就是玉屏乡场，以一五一六、十五十六算日期。后来，就有了路遇鹿皮道人的传说。郑家本来有文化功底，玉屏又是翠竹满山，郑家遂开起了箫笛买卖，挂出“郑芝山箫笛”的招牌，将箫笛光大。

祖遗平箫

到了抗战时期，大量难民涌入贵州，人们把郑家的箫笛带出去，玉屏箫笛的名声就渐渐传开。刘泽

松的父亲刘文忠，那时也到湖南新晃去推销箫笛，他卖了一头猪，换了 80 元，乘船行路去散发小传单。

箫笛制作最繁荣的时期，曾有几十家作坊，城边一个寨子里的人家，几乎全部都做箫笛。其中还有一个故事：有一人姓王，叫王金山，到郑芝山家里当学徒。依照规矩，徒弟学艺三年，出师后再无偿帮助师父三年。王金山很聪明，两年就学会了，他不想为师父做活，自己挂了一个“箫笛大王”的牌子，另立炉灶，还去注册了商标。郑家人把王金山告到了县府，县府撤掉了王金山的牌子，不准他开店。王金山就到城边的寨子里，教寨人做箫笛。后来，寨上一户钟姓人家，做箫笛发了财，到县里买了田地，又被打成地主，赶回乡下。钟家后代很聪明，修锁，配电筒，以此为生，最后进了玉屏箫笛厂，做过刘泽松的师傅。

玉屏的箫笛人家，起落兴衰，是沉浮不定的。刘泽松的七十年，亲历了许多的风云变幻，他对自家品牌后来的伫立不倒，便心怀了一种幸运。玉屏箫笛原有郑家、刘家、钟家，名匠也有郑芝山、王金山、李凤山，他们为了纪念“鹿皮大仙”，分别在名字中取一个“山”字，但是，他们的后人都不再做箫笛，那些曾经的兴盛，只能进入了零星的文献。

刘氏箫笛的三代人，也有一路的风雨坎坷。

刘泽松记事的时候，曾祖刘万清已经去世，爷爷刘昆山也老了。刘万清与道家缘深，据说还一度出家，他懂得的一点音乐知识，在当时社会就属凤毛麟角，离世前传给了儿子。刘昆山苦心经营箫笛小作坊，累积了一生，在县城街道置下两层木楼。楼上做旅社，楼下一间小铺卖箫笛，另一间卖饮食。铺面后面还有一栋偏房，一家人就住在那里。楼前的街对面，就是一个水码头，水岸有城门，是黄金地段。小县城的手艺人，不可能钟鸣鼎食，却也能算上康裕人家，衣食比一般家庭好了许多。刘昆山挣下一点钱，就依照老习惯买田买地，以为有了一份安定的营生，日子自然就能节节向好。

刘泽松小时候，玉屏人口很少，环境清幽，在城边就可以捉鸟。人们砍树建房，砍下的树直径足有 30 公分，大树就长在河边上。玉屏的城墙比现在南京紫禁城的城墙还要完整，明朝时，朱元璋屯兵边疆，玉屏驻扎了一个团，就修了一个牢固的城池，一为戍边防御，二为驻军和商贸。刘泽松后来游历南京、北京，想起玉屏的老城墙，以为两地城墙都不如玉屏齐备。玉屏城墙有坚固的五个门，外加一个午门。城墙用石头建造，是上好的青石岩，再用糯米和石灰砌合，每个城门上都有一个炮楼。在城墙上行走，可通全城，墙道有 3 米宽，轴长有 9 米，依照风水建成。刘泽松每天上学下学，就在这古城墙上走过，从那些门洞钻过，看墙下的流水和人家，捉鸟和玩耍。

但是，玉屏修建第一条公路，就把城墙几乎拆尽了，只剩下一个北门。不仅是城墙，玉屏的夫子庙、观音堂、古戏台、洪家祠堂、曾家祠堂、翰林庙，也一样接一样地被拆毁了。直到很久以后，刘泽松才懂得痛心，如果它们保留下来，定会是中国一景。

“三反”“五反”运动中，刘昆山因为有铺面，有田土，就做了地主。他被一次次地揪去批斗，斗得他挨不下去，就上吊死了。他把自己吊在偏房的后面，被人解下来，刘泽松还记得一群人围着爷爷的情景。那一年，爷爷刚好 60 岁。他那一点殷殷累积的家财早已散尽，只剩下一个老柜子，是他结婚时请木匠做的。“文化大革命”时，这柜子被砸烂了，现在搁在刘泽松铺面的一个角落里。

以后再划成分，刘家只有几亩田，一个果园，达不到地主标准，就把他们划作了小商小贩。刘泽松的父亲刘文忠是家中单传，经历了这一切，他变得谨小慎微起来。在当年的玉屏，刘文忠算是一个文化人，他小学毕业，在国民党政府里当过文书，又当过副保长，家中十几个人的箫笛作坊，一直是他在管理。刘文忠十几岁开始学习制作箫笛，集体化以后，他就进了国营箫笛厂。他对儿女们的希望，就是能吃一口饱饭，自己养活自己。

1954 年，由郑辉丞、刘文忠、姚源汉、李凤山、杨辉、聂凤鸣六人成立

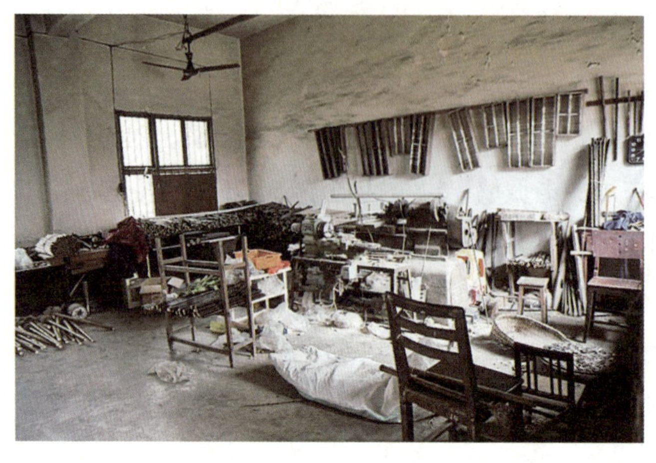

刘泽松在这里度过青年岁月的国营萧笛厂

了箫笛生产合作社[①]（箫笛厂前身）。当时没有房子，就用刘家的私人住宅作为社址。那时刘泽松只有8岁，就和这六人一起玩竹子、打眼、围结花、吹笛子[②]，有时还和他们一起上山砍竹子。刘泽松在这样的环境中长大，受到父亲重视箫笛的影响，骨子里就溶于“箫笛”二字。他上小学时，老师叫他做一对箫笛参加铜仁地区展出，他不小心，还把一根手指头砍了一半，可幸的是获了奖，心里特别激动。天性活泼、喜欢玩闹的他，还体会到了一种郑重，到现在还记忆犹新。

10岁那年，刘泽松还跟着父亲学习吹奏笛箫。旋律一出来，就钻进了他的心底，那是他的血脉里承继下来的某种召唤，也是对他在玉屏古城里领受过的那些风花雪月最好的倾诉。

15岁，刘泽松进了玉屏县箫笛厂，有了一个正式职工的身份。他好学且勤奋，天资聪颖，厂里的制箫名师邹

① 1951年成立玉屏箫笛联营制造厂，有郑辉丞、王金山、刘文忠、聂凤鸣、罗立祥、洪以贵、张仑山等18人（其中原经营箫笛的小业主11人，工人7人）联合经营。

② 玉屏萧笛制作技艺，从伐竹到制成，箫制作有24道工序，调音笛有38道工序，最后在箫笛表面刻以诗画。

叙生和常敦明经常指导他。厂长郑辉丞把他送到上海、杭州、苏州学习，回到玉屏，他当上了箫笛厂的第一任技术组长，开发了很多新产品，比如三支套、龙凤礼品配套合装、长短三口箫笛。刘泽松和陈宏达一起耗时几年，研究校音仪器，但是直到 1984 年，厂里从香港给他买了一台校音器，这个难题才最终解决。

1989 年，刘泽松父子恢复了百年老字号“刘昆山箫笛”。刘文忠是有商业意识的，他想到了注册商标，不然就打不出品牌，没有保护。他亲自设计了一凤一凰的图案，这种有了品牌的箫笛，在“贵州省铜仁地区个体劳动者工艺品竞赛”中获得第一名。2005 年，刘泽松办了“刘昆山箫笛社网站”，还在北京建立办事处，开拓北方市场。2006 年，他制作的龙凤扁箫，在贵州获奖并被指定为旅游商品。2007 年，中央电视台邀请他参加了“风华国乐”，录制了玉屏箫笛的独奏、合奏节目。

刘氏三代人的箫笛人生，也曾沉寂和坎坷，但终于在玉屏城众多的箫笛艺人中延续下来，随时代走到了今天。

凤兮凰兮

刘泽松自然是比祖父和父亲幸运的，回想一生，他更愿意说的，是相随一生的妻子。他说，和她结婚，是他一辈子最满意的事情。

在玉屏这个小城，妻子有着特殊的家世。她的外公是何应钦的秘书，县志上曾有记载，外公在四川巴县、湖南新晃当过县长，是江南学者一流，玉屏玉松寺的两副楹联，就出自他的手笔。新中国成立后，他坐了牢，成分出身也殃及了儿孙。

刘泽松和她是初中同学，两人的家庭成分都不好，在班上抬不起头。刘泽松只读了半年，但对她留下了不能忘怀的印象。她的文化功底好，一笔字写得张弛有度，唱歌跳舞也出色，有一种与众不同的气质，同学私底下叫她校花。后来，他进了箫笛厂，她下乡当了知青。本来，他们也许是“狂游失可人，萍聚我和君”，刘泽松生性跳脱，有几分纯真率直的孩子气，她是端庄稳重、内敛自持的，如果不是“文化大革命”，他们就不会走到一起。

几年过去再相见，他是国营工厂的正式职工，热情、帅气，她是玉屏乡下的知青，忧郁、坚韧。他开始追求她，但心下忐忑，她是那样地出色，曾经是他不敢妄想的。古稀之年的刘泽松，回忆两人当年偷偷的恋爱，用的是三个字：太神奇。

刘泽松在玉屏做箫笛，她在乡下劳动，还在村小学代课，只有星期六才能回县城，星期一必须返回。好不容易盼到了星期六，刘泽松设法在下午三四点溜出工厂，到城外她必经的小路上等着她。路边有一棵枝繁叶茂的大树，数十米高，他爬上去，躲在浓荫里等她。那条她将走过来的小路，他望穿了眼睛。等待是磨人的，她终于出现的时候，他却忽然起了顽劣的心，咚地从树上跃下来，唬了她一下。她嗔怪地看他，他就张着嘴傻笑。

他是一个心无城府的人，她却是非常能隐忍的。刘泽松和她悄悄有了恋爱关系，她是要管束他的。她有很多好品性，从来不说别人的坏处，谦虚低调，站有站相坐有坐相。她对他说，你不能太直了，要吃亏。他对她又爱又敬，自然听凭她劝导。

她从乡下回到城里，没有工作，也不能做生意，就自己买书学习裁剪，做衣裳。不准在城里做，她到生产队打了一张证明，算是搞副业，就在乡下给人做衣服、做嫁妆。她聪明灵秀，自己设计和裁剪，生意越做越好，经常忙不过来。刘泽松就去帮她的忙，给她钉纽扣、熨烫。有几年，箫笛厂也萧瑟了，做箫笛不挣钱，刘泽松就离开了厂子，跟着她做起了服装生意。

又过了一些年，刘泽松恢复了“刘昆山箫笛”的品牌，办了一个小厂，她也跟着他做箫笛。她聪明好学，善解人意，也很会待人。厂里那时虽只有十几个人，事情却繁杂，也时常有别扭和口角，需要一个能人料理才能正常运转。

刘泽松负责业务和销售，其他的琐事就由她担起来。她调解各种矛盾，应对各类事件。她记下了每一个员工的生日，不忘记送上一份生日礼物。员工生小孩、办丧事，她都去照料，员工结婚，她也去主持婚礼。刘泽松自己不善此道，愈发佩服她。

他们两人，都很庆幸自己遇到了对方。玉屏城清流澹澹，他们相携在这里度过自己的一生，还能与箫笛做伴，此时此刻，就正是“谁知白发余年健，得共黄花笑口开”。

余音飘空

世间本没有永远的快乐，一个七十岁老头的快乐，就是对苦难的超越，对世事的旷达。

每天午后，刘泽松都会骑一辆自行车，穿过玉屏新城，去到离家三公里的山间。那里有一条小小的溪涧，从树丛石缝中跌落下来。刘泽松垒了小水坝，将泉水蓄成小池，池里养了两条鱼。他专去听水流的声音，叮叮咚咚，淙淙潺潺，他说，那就是大自然在跟人说话，也是一种箫笛也吹奏不出的音乐。他还在那里观察地壳运动，看大山是怎样一

刘泽松和笔者在他常去城外的山泉边

层层堆上去，又压下来的。那里有很多小鸟，刘泽松用一只木盒装了粮食，上面覆上玻璃，打开玻璃，小鸟便飞来啄食。

风吹着一山的树叶，沙沙作响，树叶们似乎闻风起舞。在刘泽松眼里，山有灵气，水有灵气，树有灵气，鸟有灵气，他就在那里感受那一番灵气。

有了水池，人们用水桶来打水，在水池边坐坐，和刘泽松聊天，像当年的陶渊明，是临水话桑麻。也有过路的人问：哎呀老头，你在这里做什么？他们停下赶路的脚步，歇一歇，给刘泽松说说张村李寨的故事。

刘泽松的一个徒弟，就是在这水边认下的。有一次，他在山泉边打水，遇见一个湖南的小伙，小伙很勤快，两人就聊起来。刘泽松问他喜不喜欢箫笛，他说很喜欢，于是，刘泽松就带着他去了。师父很喜欢这个徒弟，他聪明有礼貌，现在已经在玉屏政府修建的风情园里开了一家箫笛店。徒弟也有过反复，曾到杭州去打了两年的工，最后还是回到了玉屏。现在，他有了五六个员工，准备再招几个，弄一个小企业。刘泽松对他说："你大胆做吧，现在政策那么好，还给你十几万的补助嘞。"

刘泽松自己，是越来越爱箫了。笛子做起来更费劲，也需要力气。箫对竹子的要求不像笛子那样严格，稍差一些的也可用。而且，箫是可以抚慰心灵的，听了箫声，烦恼忘却，心境平和。吹箫也讲究环境，讲究听众，最好是中式的四合院，有八仙桌，太师椅，或者在庙内在山中，静谧空幽，有山水溪流。每年的八月十五，刘泽松都会邀上玉屏的两三知己，聚在一户人家，朋友中有画画的，唱歌的，刘泽松吹箫，友人们写字和作诗。这户人家原是地主，老房幸存下来，是一座四合院，有天井和藤萝，玉屏就剩了那么一家。

不过，刘泽松也是能理解时代的，他知道现在的人工作很忙，不会有这种享受。什么时代做什么事，到了他这个年龄，一切都不计较了，也不说谁对谁错，不争名利，不抱怨社会，什么都看得惯了。只要来到他店里的客人，他都欢迎，买也行，不买也罢。他把自己定位为民间艺人，也不是什么大企业，所以店铺简陋。箫笛做不大，也不可能做大，因为需求量也不大。手工工艺是不容易的，假如做一千支，一万支，十年八年也做不出来。一个人一天只能做几支，十个人就是二三十支，一百个人也才两三百支。就算做出来了，也销不了。现代人很少喜欢箫笛，他们喜欢钢琴和小提琴，民族乐器就难以匹敌。在市场经济里，没有人喜欢，自然只有萧条一途。刘泽松知道，过去中国有一万多家百年老字号，现在只剩下两千多家，还在逐渐消失。铁匠没有了，木匠没有了，补锅匠和缝纫都没有了，箫笛能保持下来，已然是一种幸运。他预测，因为箫笛的需求量不大，学艺及精也需要五年十年的工夫，两三代人后，箫笛技艺也会消失。他说，这不是悲观，历史是变化发展的，国家拿钱来维持也不行，国家那么大，得拿多少钱啊？如果是靠自身，只要没有市场也就垮掉了。这也许就是自然的一部分，箫笛的将来，仍然是走进博物馆里。

箫笛是边缘产业，在这样的时代，刘泽松设想自己若是一个年轻人，也不会选择做箫笛。因为选择很多，每个人要考虑自己的前途，考虑做什么才能挣到很多的钱。何况我们的文化已然改变，外来文化的冲击，让人们轻视自己的传统。刘泽松的兄弟姐妹们不做箫笛，他的儿女也不做，他自己，能做一天就做一天，做不了也就歇手了。并且，他是喜欢箫笛的，喜欢就是快乐，除了箫笛，他也不会做其他的。

虽是这么说，但拿起箫笛，刘泽松心底的万端滋味，却也难尽。一根箫笛做好以后，可以存世百年，北京故宫博物院还有明朝的箫，刘泽松就见过。北方天气干燥，因为脱了水分，那箫有裂处，但它有文字，有图案，是一种文化传承。刘泽松看着那根箫，就想，几人能读懂你，看懂你呢？能经过时光淘洗的，一定是好东西，比如中国文字，一直延续下来，可以抵御外来的文化侵蚀。刘泽松很羡慕书法家，现在，大家都用电脑，字也写不好了，但汉字有艺术价值和文化价值，藏着中国人的哲学，一个字也能解说出天和地。

雕刻与彩画也是玉屏萧笛的必需技艺

刘泽松领悟了许多世事，放下了一些尘劳，但他依然有一生遇到的最难的事情，就是选择徒弟的问题。

过去，玉屏的箫笛传承有门规，不传这个不传那个，现在，这些规矩不知不觉都被打破。网上有很多资料，网友们还有 QQ 群，在里面切磋怎么做箫笛。过去有些秘方，现在也已经遗失，比如仿古的颜色，又比如玉屏曾在百年前获得巴拿马世界博览会金奖的那种扁箫，上面有 6 孔，因为价格低，难度大，销量小，也无人再做。还有很多细腻的技术，现在可以用工具替代，比如 13 毫米做 G 调，14 毫米做 F 调，过去没有毫米的公尺，只有一寸一尺的尺子，误差很大，量不好，只能用手去摸，全凭艺人的一双手一双眼，凭借经验和感觉，而现在已经有了千分尺，就比人工更精确。

刘泽松原来有几十个徒弟，还在坚守的，也只剩下了几个。除了山泉边遇见的湖南徒弟，他还有一个得意的弟子，是他的侄孙，雕刻做得最好。有两个徒弟本来手艺不错，但出去打工了就不再回来，他们的悟性还不够，也坐不住。女弟子做雕刻很细心，而一旦嫁了人，有了丈夫孩子，也就很难再拾起。刘泽松把期望放在了女儿身上，希望孙子大一点了，女儿就来接他的班，把“刘昆山箫笛”

继承下去。

离开玉屏，正是风日晴和人意好、夕阳箫鼓几船归的时分。车从刘泽松的店铺前划过去，“刘昆山箫笛”的匾额一掠而过。

玉屏街道宽敞，新房林立，已是一个现代化的小城，但刘泽松守住了他的箫笛，就是用清幽的乐音，将小城的故事延伸到历史的深处去。

王景才和他的『滚山珠』

贵州的地貌，是高原、山地、丘陵和盆地，仅山地和丘陵就占了总面积的92.5%。

它的文化像溪涧，从中华大历史的变迁中，沿山谷一条条渗流而来；又像层积岩，从几十万年前一层层堆积至今，形成一座座隔山相望的文化孤岛。年深月久，便自成一脉，一道山的山顶、山腰和山脚，也会有不同的民族，不同的语言和风俗。

山也是各有情态的。到了西北部的乌蒙高原①，因为高峻和辽阔，山峰就像瀚海上的巨浪，一浪浪涌向天际，留下深切的壑谷。攀爬它的过程，足以令人脱胎换骨，但是到了峰顶，又会发现一个云端之下、山梁之上的世界，村寨、人家和牛马散布其间。

王景才的家，就在这山顶高原的新春村花银组，一个当地人叫作大麻窝的地方。逶迤的山路走到尽头，跌下去一个小小的坝子，他的几间旧屋就面对着这个坝子。屋檐下躺着几条狗，一只母鸡带着一群小鸡，猫在门槛边踱步，在

① 乌蒙高原：位于滇东高原北部和贵州高原西北部，平均海拔 2080 米，最高峰 4000 米。山间多盆地和深切谷地。

笔者在王景才高山洼中简陋的小屋前与他深谈

这样人迹罕至的大山窝里，它们都像主人一般自在。

纳雍县猪场乡高山顶上的田土

爬上了这里的人，第一个问题一定会问王景才：你是怎么来到这里的？

王景才的民族，是这高山上的小花苗。小花苗的称谓，在嘉庆年出版的《黔书》中可见记载：“花苗在新贵县广顺州。男女折败布缉条以织衣，无衿窍，而纳诸首，以青蓝布裹头。少年缚楮皮于额，婚乃去之。妇人敛马鬃尾杂人发为髻，大如斗，笼以木梳，裳服先用蜡绘花于布，而后染之，即染，去蜡则花见。饰袖以锦，故曰‘花苗’。”小花苗是贵州黔西北花苗的一个分支，他们的服饰以红、黄、黑、白各色彩线绣成，自称“蒙”，当地汉族则叫他们“小花苗”。

新春村有两三百户人家，有汉族、彝族、苗族、蒙古族、穿青人①，村庄属于纳雍县猪场乡②，猪场则以甲子亥日赶集而得名。这里是“开门见山，出门爬山，赶场翻山，种地开山”，山土是浅层的黄棕壤和黄壤，杂以石头，玉米、土豆和荞麦是他们的主要作物。

---

① 穿青人：贵州土著民族。据第五次全国人口普查数据，人口数量约六十七万人，为“未识别待定民族”。

② 纳雍县：位于贵州省西北部，毕节地区南部。猪场苗族彝族乡，位于县的西部，乡驻地距县城 52 公里。

"滚山珠"集芦笙吹奏、舞蹈表演、杂技艺术为一体，难度极大

这一带的苗族支系，还有长角苗①、木梳苗②和黑苗③。根据文献和口传，纳雍县的苗族先民是古代从陕甘一代迁徙而来，公元522—555年，南北朝的梁、陈年间，这里的彝族辖区就有9万黑苗过境，有的定居在总溪河畔。到了元代，湖南宝庆的部分苗族因战乱，又到此避居。1867年（同治六年），毕节的猪拱箐兴起了农民起义，战败后，有五百苗民进入龙场等地定居。

苗族是大杂居小聚居，他们因山地的阻断，各自延续自身的文化，就有了不一样的服饰和习俗。但他们都来自共同的地方：一是上古时期河南、山东、河北交界处的"九黎之都"；二是元时战败，受官府驱赶追杀，迁入贵州后的古"黑洋大箐"。

这个来历，王景才是后来才知道的。时光久长，他的父母也不能说清祖先来自哪里。他们一出生就在这高山之

① 长角苗：长角苗自称"蒙茸"（苗文写作hmongbrongt），多数学者认为其属于箐苗支。长角苗有4000多人，住在梭戛高山上的12个寨子里，在20世纪90年代中期前一直过着与世隔绝的日子。

② 木梳苗：苗族的一个分支，因他们头上都佩戴着一把梳子而得名。

③ 黑苗：也称"素苗"，旧称"栽姜苗"。黑苗自称为"黑族"，将其他的苗族支系称为"白族"。黑苗的服饰通身上下以黑色为主。

巅，沿着山脊刨土种粮。高寒的山地无法种水稻，也没有成片的麦田，他们就种苞谷和洋芋，加上遍山的野菜和野菌，将家族繁衍下去。

王景才的父母生了七个儿女，王景才有一个姐姐，一个弟弟，四个妹妹，他记得，粮食总是不够吃，他们姐弟都是喝稀饭长大。稀饭里掺上了各种野菜，有遍山的红籽母和蕨菜，他说，反正是到处挖，到处吃，饿肚子的时候还是多得很。他们把洋芋、谷糠、荞糠推磨得细细的，掺在一起吃。这样的食物，他们叫作干狗屎、黑粑粑。父母说，能吃这个就是福气了，吃大食堂的时候，山上还饿死了人，一些漂漂亮亮的姑娘小伙也饿死了。

读书也是艰苦的。最难的是没有衣服穿，王景才经常穿一件麻布衣服，裤子总是短短的，跟不上身高。没有鞋子，捡来人家扔掉的烂鞋子，把鞋帮剪掉，再穿上几根麻线，就走长长的山道去上学了。冬天山里常有凝冻，再弄一块破布把脚包起来。学费只要八九角钱，他们家也交不起。他和姐弟们去山上看牲口，一边捡菌子，挖药材，再走上一个半小时的山路去猪场，那里有国营的小商店，野货可以换成钱，换来几角钱，几块钱，就去买书本。山里的娃娃不知道外面的世界，“世界”这个词，对于他们就是连绵的高山顶上的猪场和新春，就是苦中的快乐。重活都由父母做了，他们就漫山遍野地跑，像牛羊一样在这天宽地阔的高山上长大。

10 岁那年，王景才到离家 5 公里的倮倮俚小学读书，吃住在外婆家。他的三舅黄顺强，是远近闻名的芦笙舞高手，王景才就跟着三舅学跳芦笙舞。

这里的苗族世代跳一种舞，叫作“地龙滚荆”，苗语叫“子落夺”。据说，当年苗族战败，千万里迁徙，负芒披苇，在蛮荒的山水间开辟前行的道路。部族里健壮的青年，为了让一族老幼找到一方可以栖息的家园，就用他们的身躯在荆棘丛中滚出一条路来。后人为纪念他们，就在特殊的日子跳这支“地龙滚荆”。

在荆棘中蹚滚，是艰难和勇武的，这舞蹈就格外地刚悍，翻滚腾跃也奇特而高难。他们用梭镖和土碗作道具，围成圆圈，以头为圆心，脚为钟摆，围绕圆圈进行旋转，不能碰到梭镖或水碗。同时，口吹芦笙且乐声不断，“芦笙响，步子移”，身体的旋转越来越快，芦笙还不能乱了曲调和气息。只有高山顶上的小花苗，因为崇尚英雄，崇拜祖先，才能跳出它的气势来。

王景才一遇到“地龙滚荆”，就被它迷住了。舅舅对他要求特别严，要他在凸凹不平、碎石硌人的地面上翻滚，不准有半点差错。如果滚得不好，须得重练几遍几十遍，一直练到动作准确才算过关。

王景才的头滚破了皮，肉里钻进了石沙子，舅舅也不让他用垫子。王景才在这无人知晓的大山上，学着“地龙滚荆”，他不知道学会了又怎样，但他执拗、好强，就想滚得最轻巧，翻得最好看。

12岁那年，王景才从舅舅手上出师了。回到家里，他当起了小师傅，教自己的弟弟妹妹们跳。跳地龙滚荆，是穷苦日子里的快乐，村里没有电，天黑了，他们约上雷打岩（地名）那边的小伙伴，在屋里四角放上煤油灯，一跳就是一整晚。身上的衣裳一次次湿透，又被肌肤的热量烘干，没有鞋子穿，光着脚也跳得人影飞舞。他们互相比试，切磋技艺，期待有一天去猪场的跳花场上大展舞技。

生于1968年的王景才依然可以趿着拖鞋做高难动作

“滚山珠”最重要的舞台，就是猪场二月或五月的花场或

花坡。“跳花节”上，男女老少皆着盛装，装扮一新，带上酒肉好菜，邀亲携友，围聚在山坡上。青年男女是这场舞会的主角，姑娘们头戴鲜艳的头饰，身穿斑斓的花裙，小伙们披上簇新的花背，让山坡变成一个花团锦簇的世界。他们对唱情歌，表演芦笙舞，展示自己的高超技巧。姑娘们把自己所有的花背都带上，由自己中意的小伙子来抢，小伙们奋力争夺，以多抢花背为荣耀。“跳花节”是“滚山珠”能世代传承的动因，王景才说，他当初勤苦学习滚山珠，正是为了将来在花场上取胜。

王景才过早地风霜满面，但他的眼睛依然清亮有神

1983 年，王景才一家接到县里的通知，要他们兄弟到毕节地区参加会演。两兄弟激动得脸发烫，但是，他们需要换芦笙、买服装，父亲王绍华只好卖了家里最宝贵的耕牛。

1984 年，王景才 7 岁的弟弟王景全跳的一段滚山珠，拿到了全国少儿歌舞录像比赛的金奖。新村轰动了，猪场轰动了，县城纳雍也轰动了，这是纳雍民族艺术在新中国成立以来拿到的第一个国家金奖。山外的世界开始知道，这片高山之上藏着一种神奇的舞蹈，它来自一个古久的悲壮的传说，跳起来虎虎生风，笙舞共进，外人难以模仿。文化部门的人，还有学者和记者们不断地到新春来，道路之艰难让他们色变，松软泥泞的路基下，常常是万丈深谷。王家姐弟的眼睛里，也有了一种格外的光亮：滚山珠原是祖先传下来的技艺，他们在山里跳起它，仿佛日子里有了一种依凭，心里也有了一种劲头，而现在，来自山外的人们，渐渐让他们知道了这个舞蹈更多的意义，他们的人生，也因此有了更多的意义。

王景才天生是一个跳“滚山珠”的好手。他不光身手灵动，脑子也活，总渴望到更远的地方去跳，也想学习别人的东西。

乡里的苗人都跳地龙滚荆，他们只是围绕祖宗传下的几个滚荆动作，跳起来时再做一点发挥。地龙滚荆对于他们，不是外人口中的舞蹈和艺术，而是沟通祖先、传承苗族血脉的一种仪式。他们的居住地汉彝杂处，苗族在人口数量和文化上相对弱势，虽然苗族人一直是坚强面对任何处境的，他们竭力执守自己的传统，让自己的语言、服饰和礼仪一代代传承下去，但他们毕竟世代生活在大山的围裹里，很少见到外面的事物，又是种地放牛的农人，地龙滚荆的姿势也就单调而憨拙。读了初中的王景才就不满意了，父母又卖了牛羊，给他们弟兄做盘缠，支持他们下山到县里的文化馆去学习。

那时的王景才 20 岁出头，带着一把芦笙在纳雍的乡镇里闯生活。一眼看去，他是个普通的苗族小伙，黝黑的皮肤，粗大的手脚，结实的身板。但当他跳起芦笙舞，微陷的眼眸里就有一种清亮的光。他跳舞总像拼却了性命，观者看得见他的衣衫被汗水浸湿，这也让他有了一种格外的魅力。

1984 年 7 月，县文化局局长介绍王景才加入了纳雍民族杂技艺术团。这个杂技团，在纳雍和附近的山乡演出，是一个流动的戏班子，靠乡民们几角几块的门票钱维持。

王景才进到团里，除了跳芦笙，还表演钻火圈、顶技，人手不够了，也参加演出哑剧和小品。团里大多是年轻人，来自山里的各个民族，日子是清苦的，也仅是糊口而已，但大家在一起有说有笑，仿佛也不必担忧将来。王景才左手臂上有文身，文了一枝头的花，那是当年跟大家在一起图个好玩，自己用墨水文的，他发了狠心用针刺，疼了很久。他在艺术团里最大的收获，是从剧团的戏曲、杂技、体操、武术中学到了丰富的表演形式，他把它们吸收到他的芦笙舞里，独创了"芦笙技巧舞""滚刀梯""倒锅桩""迎宾舞""斗鸡舞"，还设计了"搭桥""叠罗汉""双飞燕""腹上倒栽桩""朝天蹬"这些招牌动作。他的地龙滚荆，越发地奇妙好看了。

也是在那几年中，小花苗芦笙舞频繁地走出山外，引起轰动。1989 年，王景才将"地龙滚荆"更名叫"滚山珠"，跟着贵州省民族歌舞团到广州演出，一时轰动叫响。省文化厅请了省京剧团的二级演员陈敬良给他们辅导，陈敬良对第一次走出贵州的王景才他们说："滚山珠，要争取打出一个国粹来，争取走出国门。"这话让王景才的心豁然洞开，他原本是乌蒙山中一棵野草的种子，从此找到了一生的土壤和方向。

滚山珠的特点可归为"古""土""活""难""高"

1990 年，滚山珠去北京参加亚运会艺术节，连演了 28 场，是贵州艺术团的压轴戏。专业演员们拿出了最好的节目，但滚山珠更有粗拙的气势，像一股从山顶奔泻的洪流，能掀动观众的情绪。有一回，7 分钟的节目就赢得观众 18 次掌声。国家领导人也接见了他们，把"滚山珠"称作"贵

州省高原明珠”。1991 年，文化部公派滚山珠到中国香港参加“中国少数民族艺术会演”，港澳媒体齐声赞誉。

1992 年，滚山珠随贵州民族民间艺术团到荷兰参加国际民间艺术节。王景才他们从蒙古国到俄罗斯，看了红场、克里姆林宫，又进入波兰，到德国、荷兰、比利时、丹麦、挪威、法国、英国、新加坡，巡演了两三个月。记忆力很好的王景才，以后凡有记者采访，总会说起他们在比利时演出的一次经历。那天，他们和乌克兰一个技艺精彩的民间艺术团同台，观众里有一位老人，70 多岁，一头白发，看了他们的滚山珠，激动得哭起来。乌克兰的演员高挑挺拔，他们的舞蹈也很激越，但比不上滚山珠的边吹边跳。一曲跳罢，王景才他们气力耗竭，观众的掌声和喝彩声却停不下来。他们连连鞠躬，退了场，掌声仍然持续不绝，其他节目也无法上台，主办方有人对翻译说，请他们再演一遍，王景才他们也很激动，但无法再登台，跳滚山珠是将命血拼了上去的，再跳一遍就会断气了。

特殊的际遇，让王景才成为猪场小花苗中一个特殊的人物，不知是他选择了滚山珠，还是滚山珠选择了他。那些鲜花和掌声，开了他的眼界，也把一种使命种植在他心底。

但是，也正是那时候，在山中生活了千百年的人们，开始去外面打工，他们上北京，下广州，加入了打工大军。外出打工的人带回了许多新鲜的娱乐，杂技团便渐渐卖不出票，尽管团长做了很多努力，政府也补贴他们一点，但终究支撑不下去，杂技团只好作散。

王景才回到了新春村，他已经 27 岁，周游了世界，应该回来结婚种地了。他的妻子是邻近寨子的苗族姑娘，她年轻漂亮，笑起来像开了一朵山花。在山道，在乡场，他总会遇见她。他娶了她，把她带回家里。他家里的兄弟姐妹多，老屋旁的一条山涧在雨季时发洪水，水流从屋中直冲过去，他就带着她到坡下选了一处小坝子，开垦种地，生儿育女。

然而，王景才不再是一个普通的农民，芦笙舞，滚山珠，成为他的另一种生活。他经常被远远近近的村寨请去教人跳舞，走到哪里都受尊重，也有人自己背着苞谷来他家登门学艺。别人想着打工挣钱，王景才只想着他的滚山珠。

这时候，滚山珠已经沉寂了下来，从每年演出几十场滑落到几乎无人问津，来他这里学习的年轻人，大多又出门打工去了。王景才不知道，贵州各地的民族民间艺术都受到前所未有的冲击，老艺人们一个个地离开，有的就带走了一门最后的技艺，像某类植物的灭绝。生存的压力和外面世界的诱惑，让年轻人难以选择坚守祖辈的文化，滚山珠，也面对同样的命运。

王景才是不甘心的，他领略过人们对滚山珠的赞美，领略过那些激动的泪花和经久不息的掌声，他代表他的高山小花苗登上过荣誉的顶峰，他不相信滚山珠会销声匿迹。如果没有了滚山珠，也就没有了王景才，他琢磨，唯一的办法，就是把滚山珠跳得更精彩。

王景才的妻子和他从土里背洋芋回家，她一辈子都守着这个时常突发奇想的男人

1996年，王景才突发奇想，要去少林寺学武。滚山珠的优势，正在它的高、难、土、古、活，专业演员跳不了，别的民族也跳不了，如果再加上高险的武术，那就能锦上添花了。王景才只是从书本上看到过少林寺，在家里的一张旧地图上找到它的位

置，就准备出发了。妻子不同意他去，她嫁给他以后，日子也跟滚山珠绑在了一起。他长年累月在外面跑，家里的活路基本堆在她的身上，带孩子，种地，放牛，养猪。他好不容易回到家，还要教别人跳舞，她就给那些学员做饭、洗衣服，一次次接待山外来寻滚山珠的人。

王景才拿着家里的钱，悄悄地跑了。但他在路上就开始给她写信，她嫁的是一个跟这山上别的男人不一样的丈夫。少林寺路远迢迢，王景才也很穷，他仅留下车票钱，一路的吃住就胡乱对付。到了少林寺，那里随时收留各地来学武艺的男女，王景才盘桓了几月，学到了一些新本事，又回到家来。

家依然在天际下的大山上，山道越爬越高，越走越难，云和雾时常缭绕在脚下，人走在其间格外渺小。绕进山里来，仿佛就和外面的世界隔绝了，滚山珠也像一个不真实的梦。山里的人们纷纷地出去了，又一个个地回来，每个人的日子里都有忙不完的事情。

王景才(图左站立者)的滚山珠弟子，都是在高寒沉寂的大山里训练出来的

王景才是坚定而执拗的，他不羡慕别人建起的新房，挣回的钱，只要自己不饿肚子，他就不会丢下滚山珠。

没有人肯来学滚山珠，王景才就去各家动员。有人来学了，他也不挑人，他相信只要能吃苦就能学会。他和妻子安排

徒弟们的生活，把家门前的一个斜坡开出来，用来做训练场，又找来几个旧轮胎，让学员绑在上面练习翻跟斗。一个人学成滚山珠，至少需要一年的时间，山里的孩子能吃苦，流汗流血也不在意。最让王景才操心的，是给徒弟们找生路，他把他们一批批送到贵阳红枫湖、安顺龙宫旅游景点去表演，有了收入，滚山珠才能有良性的循环。

王景才守住了滚山珠，也等来了它枝繁叶茂的时候。他的 3 个儿子 1 个女儿，就在他家门前的斜坡上跳着滚山珠长大，现在他们都做了教练，到邻近的山乡里培训几百人跳滚山珠。方圆百里凡有滚山珠的地方，做教练的都是王景才的一批批徒弟。这些徒弟里，彝苗汉族都有，他们甚至比小花苗还要用功勤奋。滚山珠原本只是祭奠祖先的仪式，现在，它变成了一种生计，年轻人更加懂得为生计需要付出的努力。

王景才的家，依旧是山洼里几间孤零零的旧屋，一块牌匾上写着“苗族芦笙舞滚山珠传习所”。有人远道而来，疑惑地迷了路，站在山梁上大声喊“王景才——”，山下的田坝里，王景才也许和妻子正在挖洋芋，他们会直起腰来长声应答，像唱小花苗的飞歌，然后穿过田垄爬上坡来，满身尘土地把人迎进他们的屋子。

王景才的妻子也老了，但她从来都是满足和快乐的。现在的王景才，弟子满山沟，他终于可以守着她，跟她一道下地。晚上，山里没有电视，王景才就会看看书。他喜欢看故事会和侦探小说，他说：“一个人是要读书的，读书可以学到很多东西。”因为读了书，他会对上山来的记者说：“每一个成功的人后面，都有一个‘狠人’①，我的‘狠人’就是我的老婆。”

屋子实在破陋，客屋的木梁被柴火熏得乌黑，泥地中间无论冬夏都砌着一笼煤火。王景才说，今年的洋芋收了四五百背篼，全是他和妻子一篼篼从地里背上来。他也抱歉地说，房子是老了，一直没有钱修。他家最好的 3 间砖

① 方言，能人之意。

王景才山洼里的两间屋子的确破陋，但他一生都是一个有精气神的苗族人

房，成了“滚山珠”的训练场，学员都是中小学生，白天要上学，做农活，晚饭后就到王景才这里训练两三个小时。路远的孩子，就在王景才家住下，每张床上挤着两三个孩子，有时候猪圈上面的窝棚都要搭成床铺。王景才还掏钱给他们买衣服鞋子，每次训练后，孩子们一身泥土，摔得青一块紫一块，衣服鞋子都磨损得快。

王景才是过惯苦日子的人，土地里刨出了一点钱，养了儿女，也养了滚山珠。1968 年出生的他，年方半百，黝黑的脸上已经布满皱纹，但他的眼睛里，总有跳动的火光，那是一个苗人的倔强和坚韧，从他的民族千年前迁徙的苦难中蜿蜒而来，在滚山珠苍劲的步履和淋漓的汗水中，一直对这个世界倾诉。

山水八音梁秀江

梁秀江腰板笔直，嗓音浑沉，风度翩翩，像一个退役的歌唱家，这在上了年龄的山民中很是罕见，他是一个有心劲的男人。

他现在的家，是位于黔桂交界的兴义市中心僻巷中的一座大宅，足有4层楼高。梁秀江每天在这里出入，开着一辆轿车，却是去劳动，在他们夫妻承包的一千多亩种植基地种植杧果。到了山坡上，他脱下西服，挥锄挖土，让妻子打一把伞坐在一旁守他。她是他费尽周折娶来的，几十年来，他一直宠着她。

1950年，梁秀江出生在80里地外的巴结乡[①]田寨村，是一个地道的布依族农民。

巴结这地方，自古就是沟通黔、桂两省的商旅要津，隔一条南盘江，对岸就是广西。这里地缝嶂谷，群瀑悬练，山体布满碳酸钙壁挂，杂以荆丛和野草。南盘江是一条很大的江，田寨村的左右环绕着汩汩的江水。过去的地理先生[②]说，巴结是“五龙归位”，稻谷长得饱满，山水冲下的腐叶就是很好的肥料。

---

① 巴结乡：现已改为巴结镇，位于贵州省黔西南州兴义市南部，距黔西南州首府所在地兴义市城区36公里，少数民族占总人口65%以上。

② 旧时乡村以看风水为职业的人。

梁秀江组织的“八音坐唱”班，
前排左 4 为梁秀江

梁秀江小时候，江里的鱼有一人大小，站在江边就能看到一群群鱼游来游去，用网去抓鱼，它能挣破网逃掉。有一个老人从河边经过，一锄头砸下去，竟能将鱼打翻。人下河去洗澡，鱼还围过来啄，把人啄痛。后来，不知从哪里冒出来一条阴河，堵了河道，河水渐渐小了，又有一个农药仓库被水冲垮，河里的鱼虾就死得精光。那大江大鱼，都进入了人的旧梦。

田寨还有一个祖先传下的东西，叫作“八音坐唱”①。

中国在周代确立了八音的分类法，为金、石、丝、竹、匏②、土、革、木，是以乐器的制作材料为类。有专家考证说，布依八音最早于北宋时流入布依族，当时的大将狄青征讨南方部落，士兵带来的乐曲就在当地少数民族中流传，布依八音也演变为竹筒琴、月琴、短笛、芒锣、牛骨胡、小钗、小鼓和唢呐。宋人周去非在《岭外代答·平南乐》中说：广西诸郡，多能合乐，城廓村落，祭祀、婚嫁、丧葬，无一不用乐，虽耕田亦必口乐相之，盖日闻鼓笛声也。每岁秋成，众招乐师教习弟子，听其音韵，鄙野无足听。唯浔州平南县，系古龚州，有旧教坊，乐堪整异，时有教坊得官，乱离至平南，教土人合乐，至今能传其声。这大概是对最早的八音坐唱的记述。

布依族有一部古经文《安王》，是布依族摩公③ 主持丧事时呼唤灵魂的歌谣，也是布依戏和布依八音的源头。

当地布依族对八音坐唱的由来其说不一。梁秀江的说法是这样的：田寨唱八音的，最出色的是罗卜英，他是田寨八音的班首。罗卜英也务农，他的女儿名叫阿音，所以布依坐唱就取名“八音”，由罗家代代传习。罗卜英告诉梁秀江，布依八音原来还叫作“八大行”，有长号、唢呐和鼓，老一辈人做了蛇

---

① 八音坐唱：又叫“布依八音”，是布依族世代相传的一种民间曲艺说唱形式，演出队伍 8 人至 14 人不等，所唱生、旦、净、丑诸戏曲，因用牛腿骨、竹筒琴、直箫、月琴、三弦、芒锣、葫芦、短笛等 8 种乐器合奏而得名。

② 匏：匏樽是酒杯的意思，也是中国古代所说的“八音”之一，是对葫芦的称呼。

③ “摩”在布依语中有“念叨”“唠叨”“埋怨”“诅咒”等意思。摩公指布依族念诵《摩经》、主持婚丧等仪式的尊者。

巴结乡紧邻广西，原址已被水库淹没不复存在

皮葫芦、双管勒悠，吹拉弹唱都有，又将布依族的山歌糅在其中。巴结是布依八音的源头，早先只是吹和唱，没有弦乐，后来大家嫌单调，便就地取材，用山上的葫芦、竹子、牛身上取下的牛筋，做成了弦乐器，称作“八音”。过去本地的土司过节给祖公献饭，就演奏这种音乐，其余人家须跟在土司后面献饭，如果谁家抢了先，土司就把他杀了喂鱼。这都是明清时候的事情，那时布依族由土司管理。

巴结也有布依戏。广西那边有一户人家办酒，请人演壮戏，巴结一个姓李的老祖公在外面读过书，会用一种特殊的符号记谱，他去看人家演了三天三夜的壮戏，很是羡慕。田寨有钱的地主知道了，出钱让他把布依族的传说编成戏，让寨里的姑娘小伙子们演，在巴结引起了轰动，以后逢年过节都演布依戏。

八音和布依戏不一样，很少上台，只是逢婚丧嫁娶建新房，才到人家去坐唱，唱的是吉祥祝词。主人家请了八音班，除了酒饭招待，还给工钱，这规矩也传了下来。

梁秀江从小聪敏，爱唱八音，有了机会就抢着帮人背鼓，跟着八音班跑，把那些乐器都学了一遍。别人见他喜欢，也愿意教他，他就一句句记下来。“文化大革命”的时候，不准唱八音，乐器全部被民兵搜来烧了，梁秀江亲眼见到民兵们把乐器堆在院子里，淋了煤油，放火烧掉，他也不懂那是为了什么。一直到1975年，八音才渐渐恢复，村民们自己组织起来唱。州歌舞团听说了，派人来搜集，但他们听不懂布依话，也不会八音乐器，所以无法复制。八音班原来不用女人，都是男角，女声都由男人憋着嗓子唱。到了梁秀江这一代，女人加入了进来，还担了重要角色。

八音坐唱只是田寨日子的一部分，更要紧的，永远是生计。

梁秀江家是贫农，他的爷爷梁光吉是一个屠户。爷爷有3兄弟，二爷爷是个哑巴。大爷爷和二爷爷都富裕，他们把财产占了去，梁光吉只好当了屠户。父亲梁德超读书上进，15岁参加土地改革，17岁就当上了巴结乡副乡长，18岁到兴义干校读书，回来就做第一任乡长。那是新中国成立初期，等着他去处理的问题很多，他不去不好，去了又得罪人。后来巴结建了一个省级糖厂，梁德超就被调到糖厂当保卫科长，又当供销科长和造纸车间的主任。他工作能力强，还当了副厂长和工会主席。

梁秀江9岁的时候，母亲先是瘫痪卧病，后来又早早去世，他下面还有两个弟弟一个妹妹，小的妹妹只有1岁。梁德超一个月40多块钱工资，不够养活一家人，他用了两年时间向单位申请，回到了田寨农村。回到家里种地拿工分，分到的粮食多一些，可以养活儿女。

梁秀江从小是苦孩子，一边种自留地一边照看弟妹，还要照顾瘫痪的母亲，给她送终。父亲回到家，挖出了几大坡的地栽种苞谷，用大竹筐背农家肥上山施肥，孩子们也都跟他去劳动，干苦活累活。晚上，父亲不准他们出去野，令他们规规矩矩坐在火炉边，背要挺直，两手搭在腿上，听他讲故事，告诉他们为人做事要守规矩，不能骗，不能诈，不能乱来。父亲还告诉他们，巴结的布依族是从外面迁来的，有韦、李、王、梁四个大姓。梁家周朝时从山西太原到了河北邯郸，辗转到福建，为了躲避追杀，又到了广东湛江。清朝年间，梁氏祖先在广东府做武都督，被人陷害，发配到云南充军，他们这一支的祖上没有去，躲到了广西。清政府垮了，祖上就从广西到巴结，做了土生土长的巴结人。梁家本有家谱，家谱里规定了不准吃狗肉，不准吸毒，后来木屋起火被烧掉了。

父亲的故事多，絮叨而严厉，梁秀江兄妹整晚坐着听他说，听到眯瞪了，父亲才允许他们洗脸洗脚去睡觉。如果他们调皮犯了事，父亲就让他们跪着，用洗脸盆装了水举在头上，水洒出来就要挨抽。父亲后来也没有再娶，一个人带大了四个孩子。

梁秀江读到三年级，有些生字老师就不会了，因为父亲教过他，他比老师还能识字，直接升到了五年级。他有一个特殊的老师，是住在他家坡坎上的一个男人。那人原来是国民党中统特务科的科长，叫王顺光。王顺光是布依族，小时候去省城贵阳读书，巴结能去贵阳读书的，只有他一人。他的同学去了延安，传说延安吃草根啃树皮，他就没有去，而是跟了何应钦。何应钦后来写信给他，让他去南京谋事，因为他是独子，爹妈就谎称生病了让他回家，回到家就不让他走了。那时巴结不通公路，只能骑马坐滑竿，路远迢迢，他只好守在家里。新中国成立初期王顺光被抓了，因为没有血债，劳改 4 年就回来当农民。王顺光喜欢文学，喜欢读书，一手毛笔字写得很漂亮，梁秀江记得他写的“风波”二字，似乎要飞起来，轻细的地方只有一丝。梁秀江小小年龄就懂得讨人喜欢，没事就去找王顺光说话，跟他学繁体字。“文化大革命”时，有人去搜王顺光的书来烧，堆起来有半间屋子多。他们还搜出一张王顺光在贵阳跟何应钦的合影，就批斗他，用纸折了高高的帽子让他戴上，又做了一块牌子，上写“国民党中统特务科科长王顺光”，挂在他脖子上，他的脖子被勒出了红色瘀痕，汗水直淌。之后，他又被送去劳改，回来被划为“四类分子”，人民公社开会的时候，“四类分子”就蹲在一边，不准跟贫下中农在一起。每一个月，他必须砍一捆柴给公社食堂。

父亲梁德超本来应该有一个更好的前程，因为家计拖累，他回乡当了农民，把他的心血用来教育儿女。他对儿女们说，做人要勤快，不然会挨饿，这是他一生领悟出的最重要的道理。他的儿女都勤快，梁秀江是家里老大，比牛马更辛劳，在田寨这地方，他努力想做一个大家都夸赞的人，嘴甜手勤，见到什么学什么，他自己把这努力叫作“拼搏”。

二十来岁时，除了干农活，梁秀江开始做生意，跟人撑船走上水去广西赶场，把红糖贩到贵州来，一斤挣一角多，还买牛卖牛，挣差价。广西那边的镇街叫作格布，是壮族地方，和江这边的贵州布依族说同样的话，唱的山歌也一样。梁秀江走了不少地方，见了世面，有了一种马帮人的豪气。这里大山大水，又是两省交界，天地宽阔而自由，他常一路唱八音，唱山歌，长发像刺猬，一脸的络腮胡，眼神桀骜，但人缘极好。一路经过的那些民族村寨，他都能跟人说上话，攀上交情，布依族、水族、侗族、壮族、瑶族、傣族，他聪明地发现了这些民族语言的共同处，甚至他们的歌谣，他也听出了相似的曲调。他自己琢磨着这些，世界有时候很大，有时候又很小。

到了 1976 年，梁秀江 26 岁了，还是光棍汉一个，因为他走南闯北行迹漂泊，且眼光高。婚姻对于一个农民，是一件大事，村人们也开始对他侧目了。

父亲请媒人给他找了一个，他不喜欢，那女子比他大两岁。第二次给他找的，小他两岁，他看着也不顺眼，说话不投缘。田寨的妈妈婆婆们总说他：“你怎么二十六七了还不结婚？你不结婚当光棍，膝盖会肿的。”梁秀江骄傲地对她们说：“以后我要讨一个老婆，又高又壮，跌一跤，屁股也要坐个窝窝。我上山去砍一捆柴，她要一边挑柴一边挑我，把我挑回家。”她们就笑他：“你这个家伙挑三挑四，赶快结了吧！”梁秀江说：“找不到漂亮的，我就不结。”

梁秀江的母亲是广西嫁过来的壮族。广西的表姐也说：“你该结婚了，该办酒了，我们还要去你家唱山歌嘞。”表姐家的山顶上有一个苗族集市，那里有一个苗族姑娘特别漂亮，像电影《打击侵略者》里李承晚的秘书，甚至比那秘书还漂亮，脸型像鸭蛋，一粒斑点也没有。这姑娘在街上支了一口铁锅，卖煎粑粑，梁秀江一看见她就想，哎哟，这么漂亮哦！能娶她就好了。他跟表姐说了，表姐说：“你是布依族，不会讲苗话，人家不会嫁给你，再说苗族不爱洗澡。”梁秀江说：“我买两坨香皂给她，去河边洗一下就干净了。不会讲苗话，你教我嘛。”表姐就教他，他心急，学了第二句忘了第一句，也只好放弃了。

终于有一回，梁秀江在赶场时，遇见了漂亮的李亚丽。他对她一见钟情，认定她就是自己等了很多年的那个人。

他有一副好口才，说动了她，让她跟他约会。他们约好在第二个星期四，一同去赶安庄的场，那里离她家有几公里。梁秀江在兴义买好了牛，经过安庄，还要拉到巴结去。他停在安庄等啊等啊，心急如焚，她就是没露面。他就想，如果在水井那里再遇不到她，他和她就是没有缘分了。但是，他恰恰就在水井那里见到她了，她背着包，扬起头，慢悠悠地走着。那情景，过了几十年，梁秀江还清晰地记得。

他和她，从一见钟情到成婚，是一出传奇。邂逅、定情、禁闭、打骂、失而复得、相思、反抗、私奔，简直热烈到壮阔。他是布依族，她是汉族，习俗是不能通婚的，但他终究强娶了她，像一个人奋力抓住命运伸来的一只手。

李亚丽的爷爷是大地主，家里的房子曾经有四个大天井，还架了炮台，养着老虎。“四清”运动的时候，家产都被没收，分给了农民，她的爷爷气病了，死了。她的爹虽然做了农民，但是个子高，自有别一派的威风。她的父母在她13岁时给她定了亲，他们想招一个上门女婿，给她定的那个男子家里有五兄弟，可以入赘。那个男人沉默寡言，李亚丽不喜欢，他上门来拜年，她就设法把他的年礼都退回去。她的姑爹，也想让她做儿媳，姑爹家有三个儿子，是近亲，但乡下人不在乎这个。李亚丽17岁了，为自己的婚姻大事烦心，就去赶场闲逛，正遇到了梁秀江，他个头不高，其貌不扬，但能说会道，落拓不羁，这是她以后相随几十年的男人。

世事磋磨，两家老人都不同意他们的恋情。李亚丽的父母认为梁秀江是个大龄光棍汉，还是少数民族，他们狠下心来打女儿，安排她的二姐盯牢她。梁秀江的父亲也说，汉族说话和生活习惯都跟布依族不同，以后两人闹了矛盾会离婚。梁秀江闯荡江湖，阅历丰富，这回他终遇美人，也铁了心，两人是越挫越坚，竟像戏里的后生佳人，非你不娶，非你不嫁了。

李亚丽的父母把她关在家里，不让她出门和赶场。有一个老太婆介绍她嫁到兴义去，父母连忙同意了，他们把李亚丽哄到了兴义。那个小伙是个泥水匠，家里也不像个样。梁秀江在李亚丽家附近结交了眼线，听闻此事，追到了几十公里外的兴义，四处寻找不见她的踪影。

其实她是全心全意要嫁给他的，想借着到兴义的机会脱身。梁秀江在偌大的兴义找不到她，就到下五屯①她的亲戚家去找。他赶到人家屋里，屋里没有人，门也没有关，他钻了进去，楼上楼下地搜寻，床脚、柜子、箱子都不放过。找不到，又去问邻居，邻居说没见到有个姑娘，他只好垂头丧气地去路边拦车，想坐回巴结。那时的班车少，他等了半个小时，老远看见班车来了，他就想，老天保佑我，让她在车上。车一停，开门的竟是她！他的心都要跳出来了。他说："好了，这回就是你爹妈来找，我半步都不叫你离开了。"

他把她带回家去，她的父母闻信后邀了人，提着扁担来到田寨。梁秀江对李亚丽说："你爹打我，打耳光，甩砣子（拳头）我都认，我都给他打，用扁担铲我我也受。但是他要用脚踢我，我就要反抗，因为那是踢狗的。"他有一个朋友在广西当兵，是侦察排的，教他练过拳脚，打架他从来不怕。自然，他首先以礼相待，去割了肉，做饭招待他们。李亚丽的姑爹马着脸，倒水给他不喝，端饭给他不吃。李亚丽的父亲吃了饭，让姑爹吃，姑爹还是不吃，父亲就叹气道："她都跑到这里来了，怎么办呢？只好嫁过来了。"

她这个美人总算嫁给了他。

她的闺中女伴们说："天，他那么丑，晓得你咋看中他哦！"她也说不清喜欢他什么，反正就是喜欢，就是看他顺眼，包括他满脸的络腮胡，刺蓬蓬的头发。

---

① 下五屯：又常被称为下午屯，兴义市城郊的一个重镇，在国家级风景名胜区万峰林旁。

她到田寨做了新媳妇。有一天，在村道上走，一个开拖拉机的男人见到她太美，瞧呆了，把拖拉机歪到了田里去。田寨的人说："她太漂亮了，你娶回她来，是要给她当奴隶的。"梁秀江说："我就是要当她的奴隶，爱了就是爱了，不爱的找来做哪样？"田寨的人们都笑。他们又说："你很难伺候她哦，看她走路妖里妖气的，又瘦，怎么做活路？"他偏就不让她做饭，不让她洗衣服，不让她去田里干活，自己上坡种地回到家，还给她端水洗脸洗脚，给她的皮鞋擦鞋油。

其实她不是懒女人，她原来不会说布依话，嫁给他一年就学会了。田寨有一个由父辈做主跟梁秀江定过亲的女人，嫉妒李亚丽，经常来找她打架，还叫上自己的七八个姐妹一道来打。都是乡下女人，力气大，她们打李亚丽，她就闪躲，头上还是被打出一个青包，回来给梁秀江看，让他知道自己为他受了委屈。他们俩的自留地在坡顶上，她也争着去种地，让他在家里带娃娃，自己扛着锄头上山。她走路慢吞吞的，爬到坡顶肚子就饿了，只能挖一点。梁秀江说："你带娃娃吧，我去挖地。"她又不喜欢带娃娃，娃娃一会儿哭一会儿叫，她照应不了。

那时候，大家都穷，他们夫妻都要强，就下力干活。家里种上甘蔗，买不起化肥，他们赶着马车去淘羊粪，回来把羊粪背上坡沤甘蔗，甘蔗长得又粗又高，挑起来两头往下坠。有人从新寨赶着马车到他们的地里偷甘蔗，拉到安庄去卖。他们种的菜，也又肥又大，有一次，梁秀江撞见村里嫂子偷自己的白菜，他很会做人，倒担心嫂子脸上下不来，就悄悄退远，大声唱歌，让她闻声自己避走了。

他们没有钱，却过得很开心，一起上山做活，回屋吃了饭，还去码头肩并肩地转一圈，开了田寨的风气。李亚丽怀上大女儿的时候，不能吃油，困倦乏力，没有精神干活，老公公不高兴了，说她偷懒装病。梁秀江爱妻如命，为这事跟父亲翻了脸，分了家。后来梁德超终于说，几个媳妇里，还是李亚丽对他最好，经常给他买水果、鸡蛋、肉和烟，可是另一个媳妇，水果藏在床脚，烂

身着布依族传统男装的梁秀江

了霉了，也不会给老人吃。现在，李亚丽回田寨去看老人，临走，公公突然问一声："你有钱用不？没有我给你。"李亚丽听了，觉得自己嫁到梁家几十年，是值得的。

他们这相亲相爱的快乐日子，除了劳作，仿佛还应该有歌声。1979年，心思活泛的梁秀江在田寨重新组织了八音班，他自己是主角。八音班里都是年轻人，请来八音老人教他们唱词和编排。有一个叫罗天华的老人，早年从武汉毕业后，在巴结供销社当主任，爱好音乐，跟梁秀江做了好朋友。他教梁秀江记谱，这样，长期口传心授的八音就有了乐谱。

外面的世界总在变化，两省交界的僻远的巴结，那经年累月的日子也暗流涌动起来，人们有了更多的挣钱门道。梁秀江和李亚丽是两个聪明勤快人，合在一起，就是要折腾出另一番天地的。他们到乡里租下供销社的房子，开了电影院，放港台录像，赶场天大音箱砰砰作响，山民们看得心驰神摇。挣下一笔钱后，他们修了自己的电影院，每个赶场天放3场，一个星期能挣一千块钱，增加了录像后，又能挣一千多。那时的电影票，刚开始卖两角，后来是五角，再后来卖到1块钱。电影院有470个座位，片子是到兴义去跑来的。

有了钱，梁秀江又惦记起了八音坐唱。从被扫为"四旧”起，八音就逐渐沉寂下去，只零星在村寨里悄悄地唱。他喜欢八音，当地布依族也喜欢，如果丢掉了就很可惜。那时候，一个省文化厅的厅长到巴结来，和放电影的梁秀江谈起了八音坐唱。厅长说：“这是民族的文化，你们把它捡起来吧，现在是改革开放了，民间的艺术也要弘扬。”梁秀江听了很兴奋，跃跃欲试，但是同来的干部说，让他自己想办法。梁秀江回家跟李亚丽商量，她不愿意了，她说：“大家都在挣钱，没有人搞文化，也没有人听八音。”梁秀江说服她：“八音是布依族的东西，是要一代代传下去的，老一辈的唱不动了，年轻人再不唱，将来就没有了。”他们终于拿定了主意，在电影院门口贴了广告，招来了一帮漂亮的姑娘小伙，俊男美女坐两排，加上牛腿骨、竹筒琴、直箫、月琴、三弦、芒锣、葫芦、短笛，唱到哪里都是好风景。

八音班每人每月发 60 元工资，请来老人教唱，一人给 100 元，做服装一次就花几千块。那时候，鸡和肉只要一块多一斤，公社书记的工资也就是 90 元。搞八音就是不断地贴钱，但是这让他们找到了一种无法替代的快乐，他们凭着一己的力量，在乡人都看港台录像、听港台流行歌曲的时候，将落寞的八音撑了起来。

1991 年 5 月，梁秀江挂出了“巴结民族文化站”的牌子。八音班排演了《敬酒歌》《共产党是布依族的大救星》《迎客调》《八音贺喜》等一批节目，还表演布依婚俗的送喜粑、打亲、画花脸、拜堂、跨马鞍、跳转场舞，直至吃喜酒。

八音又在南盘江边唱响了，四周的布依寨流传起一首顺口溜：“走近南盘江，先听八音昂，欲知八音底，要问梁秀江。”

1991 年 6 月，梁秀江的“布依八音班”收到邀请，参加“中国云南东方文化艺术村”的成立仪式，媒体把八音称作“盘江奇葩”，那是布依八音第一次走出贵州。7 月，他们又参加兴义文艺调演，拿到了一等奖。9 月，兴义市文化馆的馆长通知他们，去北京参加首届中华民族文化博览会，所有的民族都去那里会演，他们高兴了整整一天。先忙着选演员，选嗓门大的，音色好的，个子高的，都是巴结人，50 多人里选了 20 多个。李亚丽高挑漂亮，早已学会唱丈夫的八音，她也参加了演出，坐在前排。他们坐了三天三夜的火车到北京，在劳动人民文化宫演出。因为节目受欢迎，他们还当了救场队，上海的一个马戏团，演了两天观众稀落了，组委会就把八音班调去。那次会演，只有 3 个队获得“特别展示奖”，一个是云南的，一个是台湾的高山族，另一个就是贵州巴结的八音班。1992 年，意大利举办国际民间艺术节，八音坐唱的曲目《贺喜堂》又出国演出，得到了极高的评价。

锣齐鼓备时的“八音坐唱”班

八音坐唱声名远播了，外国游客也到巴结来看演出，梁秀江的八音班就到旅游点去唱八音。那些外国人，有的很老了，爬不了坡，八音班的年轻小伙就把他们推上坡，送他们上车，他们感动得流眼泪。上海电视台、天津电视台都来采访，那是八音坐唱的一段美好岁月。

1995 年，天生桥水电站搬迁，江水蓄上来一百多米，八音班的人分散到各处，八音班也就解散了。

八音坐唱，自有它的沉浮，梁秀江领略过它的辉煌，也体味过它的冷清，他为八音激动过，也很多次想放弃。他只是一个爱唱八音的布依人，因缘巧合，将八音坐唱带到了山外，成为国家的非物质文化遗产，他自己也当了传承人。

现在，那些愿意唱八音的年轻人都出去打工了，辛苦培养一个能奏会唱的八音演员，也只能唱两三年便出门远走或嫁人。政府也组织了八音表演，他们觉得原生态的东西土气，掺入了一些时尚元素，梁秀江也不满意。现在，他在巴结民族小学和兴义十中教八音，这是政府的非物质文化遗产办公室安排的。他已经教了 4 年，自己带乐器去，学生们也有笛子、箫和牛骨胡。教学生唱八音并不容易，他们年纪小，也不认真，老师不在就调皮捣蛋。梁秀江只能想，他要让这些孩子对八音有一个印象，将来能够传下去，这就足够了。

梁秀江的三个儿女，都继承了他的脾性，是敢说敢做的。他的儿子年少离家去少林寺，长得朗眉星目，现在香港洪金宝国际影业公司演电视剧。女儿原是八音唱班的主角，嫁了西班牙裔的菲律宾人，给他们带回两个混血的外孙女。大孙女读高中，成绩很好，主动找姥爷学八音，梁秀江让她先把二胡学好。小孙女读小学二年级，梁秀江教她 D 调、F 调，她找音很准，拉了几下就能拉出《两只老虎》的曲调。梁秀江总是满足又抱怨地叹气："这些娃娃哟，他们不听你的，他们有自己的生活。"

他和李亚丽，几十年习惯了劳动，已经是 60 多岁的人了，梁秀江又租下了千亩荒山，种杧果。和新婚时一样，他每天带着李亚丽上坡，几十年过去，她依然是他的美人。几年前，一个路边小杂货店的老板调戏她，梁秀江冲将上去，一脚蹬在那人胸口，又从一个摊子抽出扁担，把柜台玻璃砸了。李亚丽喊："有人打 110 了！"他拉起她一路狂奔，跑掉了。

八音坐唱像他们的一个孩子，长大了，总有自己的路途。他们夫妻渐渐老了，可以一边种杧果一边回忆。在回忆里，他们在这大山大水间唱出的，就是一首恣意怒放的八音。

芦笙匠莫厌学

芦笙[①]是苗族人的神器。几千年的战争、迁徙和避居深山的生活，让他们有太多的故事和心事，但他们没有文字，因此文字之外的声音、身段、器物、服饰和习俗就格外发达。

芦笙源自中原，曾被称为“竽”，是中国最早的乐器之一，在苗族手上延承光大。苗人说，芦笙一响，脚板发痒，芦笙或呜呜咽咽，或激荡昂扬，连通了他们和天地万物。

莫厌学所在的村庄叫作排卡[②]，苗语是“斜坡上的芦笙村”。沿着一条蓝绿色的河流，在黔东南清水江的峡谷里穿行，到了两山间一处稍开阔的河湾，低头见鸭子在鹅卵石滩和碧水中游戏，抬头就见到排卡的屋檐，一片片掩在山坡上的竹丛里。

莫厌学家的房子建在斜坡上，用石头垒成屋基，简朴而结实，进门须先上一道短短的陡坡。木门开了，一眼见到的是莫厌学的工坊兼客屋，小而低矮，

---

① 芦笙：为西南地区苗、瑶、侗等民族的簧管乐器，发源于中原，后来在少数民族地区发扬光大，其前身为竽。贵州苗族村寨素有“芦笙之乡”“歌舞之乡”的称誉。

② 排卡村：位于雷山县城东部，距离县城 7 公里，东与羊苟村隔河相望，南靠雷公山旅游公路，西接陶尧村，北与干皎村接壤，依山傍水，风景独特。

莫庆学在他临山的不足 20 平方米的小屋内，闻鸡而作，日落而息，他的芦笙销往了省内外

莫厌学居住的排卡村紧邻一条水流丰沛的江

有一个小电视，一张陷落不平的旧沙发，墙边靠着几支芦笙。屋外的光从两扇木窗透进来，窗外是山峦和桫椤。

莫厌学系一条长围腰，戴一副老花镜，坐在临窗的一个小木凳上。膝边有一墩黑褐的疤痕累累的大树桩，那是他做芦笙的案子，上面放一只儿子从网上买来的校音器。来找他的人太多，他手里的活路也太紧，通常他只是抬眼看看人，继续干活，一边在嘴里有空时搭搭腔，让人觉得他是冷淡的。

每天早上 6 点，莫厌学闻鸡而起做芦笙，一直做到夜晚。逢苗年、春节或吃新节①，索要芦笙和修芦笙的人踏破了门，他就得通宵达旦地赶活，曾经9天9夜不能合眼。

1951 年，莫厌学出生在排卡，这样没黑没夜的日子就过了 40 多年。他坐成了糖尿病，也患上了膝腿疼，一度站立不起，后来，找到望丰乡公统村的苗族医生，求来药酒，方又活动自如。他的手像老树根，不知结了多少层茧，他说：“我的手这么烂，就是因为晚上做芦笙，打瞌

① 吃新节：也叫“新禾节”，是居住在清水江和都柳江中上游的苗族节日之一，每年的农历七八月举行。当日，来自周边村寨的万名苗族人身着节日盛装，以跳芦笙舞、唱苗歌、斗牛等活动共庆佳节。

睡了，锯子一锯，把手锯烂了。这些疤疤呢，是有时候一恍惚，就割到了，砸到了。”他还说，做芦笙不能看电视，只能偶尔听听，有时听见电视上哭声哀哀的，才觑上一眼。

数不清的芦笙从莫厌学手里做出来，在他的小屋里吹响了，从 5 管到 18 管的，从 A 调到 F 调的。芦笙由笙斗、笙管、簧片和共鸣管组成，制作芦笙，不仅要懂得乐理，还需具备一些物理知识，了解力学原理。莫厌学做出的芦笙寄到全国去，也寄到海外去，在他看不见的那些地方，笙管纷纷，心事托付。他还是日夜不停地坐在那张小木凳上，用一双手，锯、磨、敲、钻，回头一看，就是自己的一辈子。

莫厌学说话，是苗人说汉话，不用复杂堂皇的字眼。假如他打开了话匣子，你会发现这样的语言，朴素得像石头，天真得像孩童，也深奥得像神话。他说得多了，笑起来，忧郁起来，掏心掏肺起来，你也会发现，他的冷淡只是一种假象，他板起的面孔，只是由于长年累月专心专意的活计。他这个深山里的苗人，对世界有一颗不设防的赤子之心，那也是工匠的心。

莫厌学的故事，由他自己来说，才能是最好听的：

……我不会讲话，别人问哪样我就讲哪样，要是叫我自己讲，我就不知道从哪里讲。我这个人，只有别人不招惹我，哪怕你借我一万块钱，我也不找你还；但是，假如你不像话，我先让了你，你还不够，那我打起架来也不怕。所以别人说，那个莫厌学，不要去惹他，如果你跟他好，他就好得很，如果你一句话不让他，他毛[①]起来不得了。我就有这个怪毛病，脾气比较暴躁。

我是 1951 年生的。1966 年的时候搞“文化大革命”，我十五六岁。1968 年停课闹革命，打倒走资派，校长老师都挨斗，我就没有读书了。那个时候，只要你是小学生，在农村就相当于知识分子。我们寨子里没有一个小学生，我当了生产小队会计，一直当到 1980 年分田到户。

---

① 方言，发火之意。

说起芦笙来，我父亲有一个精彩的故事。“文化大革命”时不准吹芦笙，我父亲有一个非常好的朋友，是别的寨子的，这个好朋友让我父亲做一支芦笙。我父亲不敢做，怕被批判，但是那个人又是好朋友。他想了半天，白天跟大家一起出工，晚上回家偷偷地做。做好了以后，又不能试音出声，怕人家说他不听造反司令部的指示，要挨批斗。怎么办呢？他就跟那个朋友说：“哪天，我们两个一起到深山老林去，我把芦笙用衣服包起来，在那里装好，把声音调好，然后我们砍一挑柴，把芦笙藏在柴火里。”那个朋友就用这个办法拿到了芦笙。

“文化大革命”结束了，文化馆把所有的民间艺人喊去开会，把我父亲也喊去了。叫你去开会，自己还要带半斤米，5角钱，去交伙食费。文化馆馆长对我父亲说：“哎，莫师傅，我们文化馆喊你们这些跳舞的、唱歌的、吹芦笙的民间艺人来，主要是让你们回去，重新把这些东西捡起来。”我父亲一听就怕了，说：“哎哟！我不敢搞了，再遭第二次斗争，我抵不住了，我就会死了。”文化馆馆长就说：“莫师傅，你回去搞！如果哪个再拿你来斗争，你就说是我叫你做的，你让他来斗我！”我父亲说：“好嘛，那么我回去试一下嘛。”所以，我们排卡的芦笙才有今天，不然我父亲不做了，我们这里就没有芦笙了。

我们小时候，都是上山劳动计工分，晚上回来吃了晚饭就去学习，没有摆龙门阵的机会。搞集体的时候，就算是下雨下雪也要出工的。一个男人一天是12个工分，一个妇女是11个工分，如果你还背了一个小娃儿，就是10.5个工分。你不出工就没有工分，就没有饭吃。我当会计，就是负责计算整个寨子的工分。整个寨子一年打了好多米，好多红苕，好多苞谷。合起来又拿出3%来交，7%来摊给人口，一个人分得几百斤。我就是负责搞这个，用算盘来算。

我当了会计也不出工，一年365天，一半坐办公室，一半去劳动。排卡现在个个都有钱了，我小的时候呢，饭都吃不饱。搞集体的时候是吃不饱饭的，虽然田土比现在还多，但是一亩只打两百多三百斤的谷子，现在是一亩打一千二到一千五了，这是那个水稻之父袁隆平的功劳。我当会计的时候，一年才收九万多斤稻子，人口有两百多人，就不够吃了，因为还要交公粮，一年要交两万几。一个寨子收八万多斤生谷，交两万多斤干谷，剩下五万多，还要提供储备粮，搞去搞来就饿饭了。现在呢，吃肉当饭，那时候是吃瓜当饭。

我的老伴是这座大山背后的另外一个村的，她也是苗族。她家是上中农，我家是贫农。我们这一带百分之八十几都是苗族，我听老辈说，我们是从中原过来的，中原在哪里我们也不晓得，这是那些专家去研究的问题。那些专家说，苗族的祖先是蚩尤，蚩尤是在中原那个地方，他跟那个黄帝、炎帝打仗，后来就跑到这个深山老林来了。

我 17 岁结的婚。那时候学校停课了，农村嘛，我回到家也不晓得搞哪样，就跟着那些年龄大的去游山玩水，唱山歌，谈恋爱，我们喊叫“游方”①。他们喊我：“跟我们去嘛！”我就跟在他们屁股后面去玩。哪晓得玩呀玩的，还搞成真的了。

我跟她是“游方”的时候认识的。我不会唱歌，就会吹笛子，走到哪里我就把一根笛子一吹。在学校的时候，他们搞些哪样演出，我都是骨干。我们苗族如果不会吹芦笙，就不能进到场子里面去跳舞。姑娘呢，哪怕长得漂亮，没有漂亮的衣服，也不能进去跳。只有进去跳了，人家才看得见你：哦，那个姑娘漂亮！是从哪里来的？小伙会吹芦笙，人家也会晓得你叫哪样名字，从哪里来。

她先看上我了。她要是不看上我，我也不懂，我才 17 岁嘛。她比我还大两岁，是 1949 年的。那天，年龄大的那几个都走了，她就留我下来，不让我走。她说：“你不要走，你留到最后嘞！”我说：“你留我在这里，我还要一个人走回去，我怕。”这里的寨子要走一个小时、几个小时，我一个人走回去就

① 游方：指僧人、道士为修行问道或化缘而云游四方摇身一变，变作个游方的云水全真。也指在黔东南、黔南苗族青年男女公开的社交和娱乐活动。

怕。她后来跟我讲，她要了心眼。我们苗族不是信那些鬼鬼神神嘛，她就拿着米去找鬼师，比出右手给鬼师看。鬼师是个女的，就说："你以后出嫁也不远，就隔一条河，你嫁的那个小伙，比你小两岁，是一个会计。"我恰恰就是会计，对上号了。

她喜欢上我以后，我们苗族的风俗叫作"偷亲"①，一个男的喜欢一个女的，或者一个女的喜欢一个男的，就互换信物，讲好哪一天来男方家。过了两天，男方家又请一个有威信的人到女方家去，告诉女方："你们家姑娘到我们寨子某某家，给他家爸妈挑水，我来告诉你们一声。"这个人还要给女方家带去一只鸡，一坨糯米饭，一瓶酒。女方家如果同意，就留下说客吃饭，请来姑娘的姐妹兄弟们吃鸡喝酒；如果不喜欢，就把你那个鸡啊，酒啊，甩到门外去，不接受你。我老婆又要求说："虽然我喜欢你，你喜欢我，但是一定要按照风俗，找说客来说。过了百天大张旗鼓地嫁过去，穿上新衣服，让大家都看见，大家才说我是光明正大的，不是偷偷摸摸的。"我们这辈子在一起，她那个人就是不会花钱，我找来钱了，就对她说："你这个老婆啊，你去赶场一天，给你 10 块钱，回来还有 12 块钱，多出了两块。"

我还有一个精彩的故事。我们苗族有个规矩，在农历六月十五以前，也就是兔天那天——鸡、狗、猪、鼠、龙、虎、兔、牛、蛇……十二生肖嘛，反反复复，兔就是其中一天，是苗族吃新节。这一天以后就可以吹芦笙，可以跳芦笙了。整个雷山的苗族都过吃新节，有的过得早一点，有的过得晚一点。如果正好十五那天是兔天，那就不能过了，因为十五以后月亮就越走越小了。就像毛主席说，你们年轻人就像早上八九点钟的太阳，早上八九点钟的太阳，就是越升、越大、越热火，12 点以后太阳就下山了，没有生气了。苗族的风俗，

① 偷亲：苗语叫"游方"，对唱山歌，多次接触，情投意合，双方交换信物。订下终身，然后商定嫁娶日期，到期男方备些糯米饭、酒肉、鱼等礼品和一定数额的现金，发给女方送亲的姑娘们作为"草鞋钱"，邀请寨上青年五六人去接，姑娘也早做准备，转移衣物、银饰等物到约定地点等候，待父母睡觉之后即启程。

吃新节以前都不能吹芦笙，也不能跳芦笙，要是哪一个犯了这一条，整个地区的寨老都要去找他的麻烦。因为他在不能吹的时候吹了，我们的庄稼就会长得不好，他就要赔所有的损失，赔那些长不好的粮食，所以大家都不敢犯这一条。谈恋爱跳花也不能吹，只能唱情歌。每个寨子都设有花场，让年轻人唱歌谈恋爱，但是不能吹芦笙，只能吹笛子。

1980 年分田到户。1983 年的时候，中央民族歌舞团的金欧老师找我做一批芦笙到日本去，他要做 50 支。那时候我们正在栽秧，我就说："金老师，不行哦，现在不能做芦笙哦！"他说："搞哪样？我拿钱来给你，你还不愿做？"金老师也是凯里那边的苗族，只不过，他在 15 岁的时候跟着那些解放军跑到北京去了，一直在那里。那时候他小，不懂苗族的习俗。我也不晓得他是苗族，我还以为他是北京来的一个大官。我说："不是我不愿做，我们苗族有一个习俗，现在不能吹芦笙。"遇到吹芦笙的季节，是"芦笙一响，脚板发痒"，不合季节呢，那就是"芦笙一响，庄稼不好"。

我讲了这个道理，他说："哦，还有这个名堂！不要紧，那要找哪些人批准了，你们才能做芦笙呢？"我说："你就去找人民公社的书记，还有大队支书，还有小队长他们那些当官的讲一下，他们同意了，我就给你做。"他说："哦，这个，容易得很！我把县长请来行不？"我说："县长更好。"

他就去把当时的县长李玉仁（音）找到了，李县长也是苗族。还有丹江区[①] 的那些官，大队长小队长，都请来，二十几个人到我家。他们就开会，县长说："我是雷山县的县长，官比你们都大，所以我就先讲。中央民族歌舞团的金欧老师来雷山，跟莫师傅要芦笙，走日本去搞演出，这个是我们雷山县的光荣。什么地方都有芦笙，他为哪样不去别处要呢？他就是喜欢我们的芦笙，看中我们的芦笙。所以我宣布，从今天起，你们民间遵守你们民间的风俗，什么时候该吹，什么时候不该吹，但是莫师傅这里可以不遵守。因

① 丹江区：丹江镇是雷山县政府驻地，是全县政治、经济和文化中心。

为他这里是工厂，不是民间，所以他365天，天天都可以做芦笙，吹芦笙！哪个也不要对他有意见，哪个也不要找他的麻烦，要是找他的麻烦，就来找我这个县长！”县长一表态，所有他们那些小官就说：“县长这么讲了，我们就没有说的！”

莫厌学的小屋总是被芦笙堆满

从那个时候，我就一年365天都做芦笙、吹芦笙了。我一天到晚做芦笙，也相当于人家坐办公室，而且熬夜多。特别是过年过节，比如苗年节、春节、吃新节，跳7天7夜，我就要7天7夜不睡觉地做芦笙，如果是9天9夜不睡觉，我就要9天9夜不睡觉做芦笙，有些地方是11天11夜跳芦笙，我就要11天11夜不睡觉，给人家做芦笙，修芦笙。那样的时候是很热闹的，特别是刚刚分田到户的时候，有些年轻人一个人就有十几把芦笙。你想想，一个寨子有好多个年轻人？有好多把芦笙？从两寸多的，到两尺多的，A、B、C、D、E、F调，还有半音的芦笙，每个芦笙的调都不一样。他们喜欢啊，所以就要这么多。大家都在我家门口排起队，排到路边下去，他们都不睡觉，我也不好意思睡觉。

其他的人呢，现在也不遵守了，也365天都吹了。你像朗德上寨① 是旅游村，他们搞旅游的时候也遇到这个问题：你不准吹芦笙，游客来看什么呢？游客又不吃是吃新节以后春节以前才来，其他时间他们也来，他们来了，你也不给人家表演？所以朗德也去找县长，县长说："越吹芦笙，老百姓越有钱，客人来了不就是拿钱来了？吃的喝的不就都有了？所以是越吹芦笙越发财嘞！"大家听了，就不相信老一套了，都吹芦笙了。现在，是"芦笙一响，黄金万两"，你看西江② 那边，光是一个"五一"黄金周，就有上亿的钱，不是黄金万两啊？

做芦笙的人太少了，雷山县整个县城境内，就只有我这里做。我什么芦笙都做，云南、四川、广西，贵州的安顺、毕节那边，都来我这里拿芦笙。我们家一年要消耗 7000 斤竹子。我天天坐着，得了糖尿病，应该锻炼，但是我每天 6 点钟起床就一直做一直做，没有时间锻炼。

我做芦笙的这个木墩墩，都是第三个了，前面两个都烂了，第一个还是我父亲留给我的。这个呢，是洪水冲下来的，可能是青杠树。我这窗子看得到外面的山，人家都说："哦，那个山是个金元宝嘞！"

我做的那些漂亮的芦笙，都被专门搞收藏的人拿走了。芦笙的簧片是我自己做的，用旧铜锣，还有镲，做成铜片，这些废铜烂铁多得很，废品收购站就有。如果没有了，我就买一个新锣来做，废品收购站的一斤几十块钱，新锣一斤一百多块钱。做哪一行的都有哪一行的门路，那些收破烂的，也会把这些东西送到我们家里来。民族学院的杨昌硕教授还帮我收这些破锣，收到了他就给我打电话："莫师傅，我又收到了好几个嘞！"我说："你就叫个车子带过来嘛！"

---

① 朗德上寨：属贵州省黔东南苗族侗族自治州雷山县，是一个有百户人家的苗族村寨，距凯里市区 29 公里，距县政府雷山 15 公里。朗德上寨古建筑群被列为我国第五批重点文物保护单位。

② 西江千户苗寨，位于贵州省黔东南州雷山县东北部的雷公山麓，是一个保存苗族"原始生态"文化完整的地方，由 10 余个依山而建的自然村寨相连成片，是目前中国最大的苗族聚居村寨。

笙斗是用红木做的。红木不受热胀冷缩的影响，其他木头在干燥天就收缩，下雨天就膨胀，音就会变，像一个人穿了紧衣服动不了。但是红木太贵了，不是我们这里产的。我的红木是从云南西双版纳拉来的，州歌舞团 20 世纪 60 年代到西双版纳拉来了一大汽车，做了好多芦笙。现在那个师傅老了，就给了我好几桶红木，我现在就用它们做。他们州歌舞团、省歌舞团用红木做的芦笙，到现在都不变。这个竹管呢，三五年就朽了，因为吹的时候有水汽，会发霉。

我只会做芦笙、吹芦笙，它的历史啊文化啊，就等那些专家去研究吧。

雷山县的其他地方都需要芦笙，但是不做芦笙。文化局管我们这个叫作特种行业，它不是随随便便都能做的，不是捡一块砖头就能砌一堵墙的那种。你要有听力，还要懂得哪个音要好长的管子，那个管子上的空隙要好大，就像那个消防队的高压水枪，如果压力不够，水就冲不远，如果口太小了，水也就小了。做得多才有经验，但是讲不出来。我的父亲也不教我，他就是说："你就照我这个样子做，你做满 120 个芦笙，就是师傅了。"其实我的想法也一样，我也不晓得咋个教别人，我就晓得说，1 要好多公分，2

经年不变地坐着做芦笙，莫厌学患上了糖尿病

要好多公分，3 要好多公分，那个管子上的簧片，1 要好长好厚，3 要好长好厚，我就教这个。你做多了就自己会了，我也不晓得咋个教。

做芦笙的竹子要老竹，但是太老了也不行，太老了抵不了开裂，太阳一晒就破裂了。你看年轻人的手脚不开裂，老人的要开裂，竹子也是这样。太嫩了呢，就像海绵，把一部分声音吸掉了，它的声音就没有爆发力了。我从选材就注意，要空隙好的，别人送来了竹子，我自己选自己验收。一般民间的芦笙，选材上可以将就一点，但是做那个多管的芦笙，音乐演奏的那种，必须每一根主管都仔细挑。因为民间这些，有问题了可以找我修，那些送到北京上海去的，有问题就不好找我，所以选材一定要好。

金欧老师去日本演出了以后，又回来找我要芦笙，要我做多管的。我做了多管的，他也觉得很好。他对我说："莫师傅啊，我到日本去，日本有一种手风琴只有火柴盒那么大，一拉起来还有声音，一放在口袋里就带走了。你这个芦笙能不能搞成小的，也放在口袋里就带走了？这个是个发财的机会嘞！"我就研究，芦笙越小，里面的簧就越小越短，很不好搞。我试了好多回，才做成了 20 厘米的小芦笙，一下子就火了，整个寨子都在做。但是现在这个小芦笙也不行了，你卖 1 百块钱，人家不买，你卖 15 块钱，又不如出去打工。所以大家都做 6 管，一个声，很低档，我就不愿意做那个。

我做芦笙的名气大，外面想要芦笙的首先奔我这里。他们一般都是打电话来：莫师傅，你给我做 F 调、C 调、A 调、G 调，做多少支，多少管的。我说："行，你把钱打进来，我就给你做。"他把钱打进我的存折，我一做好了，就交给快递公司。现在快递公司快得很，你看那个顺丰公司，你今天晚上交给它，它明天就给送到了，像这么大的芦笙寄到北京去，也就是 50 块钱左右。

那些吹芦笙的人，一个个的也保守。比如你晓得我莫厌学的号码，别人向你要我的电话，定做几把芦笙，你就不会给他讲我的电话。香港中乐团有一个郑老师，是首席笙演奏家，他来给我要芦笙，说："哎哟，莫师傅，找你好困难哟，找了你十来年才找到！"我说："怎么搞的，找十来年才找到我啊？"他说:“唉，就是现在那个某某某，本来我们都是好朋友，我想要你的电话号码，他都不告诉我，一直到今天才告诉我，因为他现在不演出了，不吹芦笙了，所以才告诉我!”我问他:“你找我有哪样事嘛?”他说:“我给你要几把17管芦笙。”我那时候正在跟一个抢注了芦笙专利的人打官司，就对他说:“不行，现在这个芦笙不准搞了。”他说:“为什么不搞了?我给你钱嘛。”我说:“给钱也不行，不让我搞了，人家正在跟我打官司。”他说:“咦，芦笙是我们中华民族的东西嘛，是哪个还去搞专利呢?是哪个?是哪个?”我说:“是省歌舞团的××。”他就说:“怎么搞的?不行!你现在最需要什么?”我说:“我现在最需要钱打官司。”他说:“你需要多少?”我说:“需要5000。”他说:“好，明天我就给你寄5000块钱!”我都不认识他，他就从香港弄了5000块钱给我嘞，帮我拿给律师打官司嘞!所以我跟他一直保持联系。我到香港去搞展示的时候，他还请我们代表团好吃好喝。他们是好人，那个抢注专利的就不是好人。

我打的这个官司啊，从2000年打到2006年，7年的时间，10次上法庭，弄得我连死的心都有了。他们就像玉皇大帝，我就像那个董永一样，太渺小，是个小小老百姓。事情是这样的:我是做芦笙的，××是吹芦笙的，他是省里吹芦笙的老大。我做的芦笙，虽然我自己说不是最好的，但是大家都说是最好的。人怕出名猪怕壮，猪一壮，就要拿去吊着杀来吃了，人一出名，好事坏事都来了。

××把芦笙拿到国家专利局去申请了一个专利，专利包括1、2、3、4、5调安排在哪个位置。他是芦笙演奏家，所以就申请了这个专利。他来给我说:“多管芦笙我已经申请专利了，你不能再做了，你要做就要交给我专利费。”我说:“这个芦笙我已经做了十几年了，你现在才来搞专利，我不同意交这个钱给你。”他说:“你不交我就起诉你。”他就起诉我了。他说:“你不愿意给我专利费，你就给我做芦笙，你一个星期可以做1把18管芦笙，那么一年有52个星期，你一年给我做52把。”我都不晓得一年有52个星期，他早就算好了。我说:“哎呀，那我要是生病了，要是亲戚朋友大家喝酒高兴了，走亲戚过年的，我咋能给你做 52 把芦笙呢？”他说：“那就做一半吧，一半就是 26 把。那也不行，一年你要做 30 把。”我做一把 18 管芦笙要 100 多个小时，现在卖 1000 块钱一把，他一要就是 30 把。

这个故事太长了。他让我 1 年给他做 30 把芦笙，而且把价钱压到 120 块钱 1 把，那时候要卖 350 块一把，多出的钱他就去交专利费。他自己把合同签好以后，就叫来两个律师。那两个律师还戴着像公安局那样的肩章，雄赳赳的，我也有点怕，就答应了。可是签好合同以后，才一个月他又反悔了。我们过去是很好的朋友，他来我家，我还杀鸡杀鸭给他吃，好得不得了，哪晓得他有这个心。他一个月后又说：“莫师傅啊，我找不到市场，我们那个合同就取消了吧。”我听了当然喜欢了，你才给我 120 块钱一把，我不做了当然高兴了。我就把那个合同撕了，因为我们都是好朋友。他说：“我回贵阳就把合同烧了。”恰恰明天合同到期，今天他就把我起诉了，他还篡改了专利证书。他那个专利是保护 18 管芦笙，17 管以下他就不保护，19 管以上他也不保护，但是他篡改成 8 管一直到 18 管都在保护之列，我做的 15 管也包括在里面了。我哪里想到有这样的事。

人家都说他是吹芦笙的泰斗，最后官司打到北京国家专利局的时候，我还没有出过门，怕得很。那个法官说：“搞哪样名堂？你们一个是吹芦笙的老大，一个是做芦笙的老大，你们两个应该好得很，怎么搞成这样呢？”人家还当成笑话。现在想起来真是笑话，可那个时候苦恼啊，哪样事情都做不了，人都瘦了。这个官司 4 次在雷山县法院打，4 次在黔东南州法院打，第九次是在贵阳市中级人民法院，那里才有管辖这个专利的权力。他们那些法官也弄不懂是怎么搞的：既然只有贵阳市中级人民法院才有管专利的权力，为什么雷山县人民法院又去管呢？你没有这个权力啊！打了 8 次官司，8 次我都要出钱给那个律师。最后 ×× 的官司打败了，在国家专利局的时候他都不出庭了。法律规定是说，哪个不出庭哪个就是输，不管你有没有理由，所以他输了。

那时候我还不是国家级传承人，官司打到 2006 年的时候，我就评上传承人了。那一年县文化局来找我做传承人，我不知道这个传承人还有工资，他们只是问我有好几辈人做芦笙？你是跟哪个学的？做了芦笙都卖到哪里？你们这个寨子叫什么名字？我呢，以为是第二次要遭官司了，怕得不得了，不敢讲，不讲又怕有麻烦。如果他们告诉我要去当传承人，还发工资，我就不怕了。

后来我才知道，× × 的那个专利，在他起诉我 20 天以后就失效了，因为他不交专利费，就作废了，他就是想起诉我，发一笔财。他让我交 15 万块钱给他，那时候我做一天才挣 15 块钱，我卖房子也没有这么多钱啊！所以我苦恼死了。这件事情都惊动到王朝文省长了，王朝文省长跟他是老乡，还有贵州民院的杨昌硕老师也是他的老乡，他们都批评他。杨昌硕老师给我出了好多力，还给我找来一本书。

还有省歌舞团的黄廷会老师也批评他，好多好多吹芦笙的都批评他，北京民族歌舞团的那个金欧老师也批评他，大家都支持我，我高兴啊。我打了这么一场官司，出了 5 万块钱，律师费、差旅费、伙食费，乱七八糟的，但是得到了大家精神上的支持。大家都说，你应该向他要那 5 万块钱，但是专利法又说，不能追诉，所以我是输了钱了。我苦恼了好多年。当时我还没有现在这个知名度，所以心里有点虚。那时候《贵州日报》有一篇文章，叫《18 管芦笙专利背后的新闻》。

打官司的那些年，我人瘦了，也黑了。家里人都怕我心情不好，我老伴还拿米去找那些鬼师，让他们看看我这官司怎么搞。我呢，就去找律师。想起来，这是我遇见的最倒霉的事情。

我还没有当国家级传承人的时候，就带了二三十个徒弟，现在都跑光光了，只剩了五六个了。他们去打工一天，能挣 200 到 300 块钱，做芦笙一天是得不到 300 块钱的。我们这里的一个妇女，从早上 8 点打工到 12 点，回来做饭吃了，下午两点又去打工到 6 点就收工，能挣一百五到两百块，男人能挣两百到三百块。他们搞建筑，帮人犁田，做什么都是这个价钱，做芦笙就不

莫厌学闻鸡起舞而制笙，守在树墩前，但他心里流动着很多的故事和记忆

可能。

我还在做芦笙，因为失传了就太可惜了。我家两个姑娘，两个儿子，两个儿媳，还有一个弟媳，都跟着我做芦笙，他们想去打工，我不让他们去。如果让他们出去了，外面的世界很精彩，回来他们就不想给你做芦笙了，可能也不回来了，这个活路就死了。你出去打工，不是要好几千块的路费？吃喝？还要找工作？所以我就不让他们去。我做这个芦笙，也养得起一大家人，基本上一个人每天能挣一百多块钱。打工呢，虽然一天能挣两三百，但是下雨天没有活路干。做芦笙只要你有力气，下雨我们也能做，晒太阳我们也能做。太阳一大，有三十八九摄氏度的时候，他们打工的就做不了了，下雨下雪了，他们也不做了，我们呢，365 天，天天都有活路，天天都有钱。总体来说，他们比我们多挣一点点，但是我们轻松一点点，也稳定，还不受老板管制。

我这里的游客太多了，特别是“五一”、国庆节、春节、苗年节、吃新节，来的人太多，一个“五一”起码有上千人来，天天来。我把门锁起，不让他们进来。我这个房子小，只能站 20 个人，20 个人进来看了，又出去，然后又 20 个人来看，一天来几个大巴车，我的活路都做不成了。都是旅行社带来的，有的有导游，有的没有导游的他也来，影响我的工作，误工了。他们一来，我又给他们表演，又拿板凳给他们坐。以前没有水泥路，他们一来就把屋里踩得稀巴烂，全部是泥巴，他们走了以后，我媳妇他们又扫又拖，哎哟，搞得乱七八糟，我就懒得接待了。特别是老外，老外来得太多了，有些老外没有导游也来，有些是导游带来两大中巴车的老外，可能有百来人，我那一天的活路就搞不成了。他们倒是讲："哎呀，莫师傅，麻烦你家啊，给你个 20 块，30 块，补贴一下你。"我不要他这个钱。

现在的媒体太厉害了，每一个来的人都说："哎哟，我们是从网上找到你哟，你给我们做！"云南的、湖南的、湖北的、重庆的、四川的，都是一个电话过来：我要好多管的，我要哪个调的，你就给我做。

你看今年，湖南芷江庆祝日本鬼子投降，他们就要几十把芦笙，他们季节性很强，庆祝打倒日本鬼子，这个是好事啊，你不做？不做不行啊！还有今年过苗年节，搞 600 支芦笙，规定只有一个月，都是我们家做的。我们实在承受不了，不愿意做。文化局说："莫师傅，不是不给你钱，不是叫你搞空的，这是政治任务。"他上升到政治层面了，你还不是辛辛苦苦地搞？毛病都搞出来了。

我找不到徒弟，就想搞一个培训班，招一些弟子来教半年。我跟那些老人说："你去喊你家崽来学做芦笙嘛，我教他嘛，以后可以养家糊口。你现在可以出去打工，等你老了，打不了工了，你还有这门手艺，可以搞到 60 多岁，还可以找钱。"他们说："咦——，哪个去搞你那个哦！不晓得几年才搞得出来，搞出来了也不晓得人家还要不要这个东西了。要不，你说，你一天给我们好多钱？我们来跟你学，等我们学会了，做出来了，就卖给你！"唉——

现在要当传承人，要村组推荐，村推荐，县推荐，州推荐，然后推荐到省里和北京去，我把这个位置占了，我儿子就不好推荐了。听说两年才能评一次，从村组一直排到国家级，恐怕都老了。

我得国家级传承人的时候，还没有 50 岁，是和做银饰的杨光宾一起得的。人家说我和杨光宾："你们两个是坐直升机去的，我们现在要爬楼梯，爬到死

前来访谈的人踏破了小屋，莫厌学习惯了一边做笙一边说话

也爬不到喽！”我和杨光宾经常见面，走哪里我们都一道走，我两个非常好，就是都太忙了。苗族有银子就有芦笙，有芦笙就有银子，两个东西要配起来，一跳芦笙就要做银子，所以过年过节他也忙，忙得不得了，要想过年都过不了哦！他的徒弟，有北京的、上海的、苏州的，哪里的都有，都来找他。

那个奥运会，我是代表我们苗族去的。我听那些专家讲，苗族有 170 多个支系，我们雷山就有 3 个支系，一个是长裙苗，一个是中裙苗，一个是短裙苗，还有什么花苗、白苗、青苗、花溪苗，乱七八糟那些支系，我就代表我们苗族去出席奥运会。也不知道怎么搞的，我这个人是好在哪里呢？他们说是网上投票，一个是我，一个是唱歌的阿幼朵，一个是农村医生，我们 3 个只选一个。那个网我不会弄，但是选上我了。我不愿意去，结果连县委那个宣传部部长都说：“你啷个搞的哟，你还骄傲哪样哟！你代表苗族 170 个支系，你代表苗族去出席奥运会，你还骄傲还不去？你不光是代表我们雷山，是代表整个苗族嘞，你搞哪样哦！”

我为什么不想去呢？我就是怕去那里搞丢了，他们是让我一个人到北京去，没有人带我去，我怕我丢了，找不到路回家呢！我说："我一个人走，我丢了怎么搞？"人家告诉我，还有一个侗族，是黎平文化局的局长，他是代表侗族大歌去的。他先到贵阳，然后我又从雷山赶到贵阳，找到他，他带我一起坐飞机去北京。那个首都机场太大了，把我一个人丢在那里，我找不到出口的，太大了！你想贵阳机场才有七八个口，那个北京机场有几百个口呢，等你找到那个口，飞机早走喽！我怕哦，找不到路回家咋个搞哦！

我看奥运会开幕式，就像看阅兵一样。我们在北京还到处旅游，看长城，看十三陵，看毛主席纪念堂。五十六个民族啊，每个民族一个代表，汉族的代表是射击的那个许海峰，那个人我在电视上看过的。还有布依族啊，水族啊，都有的，但是现在撞到也认不到了。有一个云南佤族的小伙，特别有印象，脸黑黑的，一跳舞就甩起那个头发，我就记得他唱的歌是"啊瓦——"那样的。那天我们到天安门去参观，哎哟，突然下起雨了，我们苗族的衣服不是染的嘛，一下雨把我的那个衬衣全部染黑了，这里黑那里花的，洗也洗不掉。大家都东跑西跑，那个领队就喊啊喊啊，喊不应，又没有雨伞和雨衣，也没有躲雨的地方，哎呀，简直是！等一下大家聚在一起了，那些侗族啊，布依族啊，衣服全部都花里胡哨的，好玩得很！

我什么地方都跑过了，什么香港、澳门、台湾、苏州、山东、北京、上海，世博会，奥运会，深圳文博会，去得太多了。我们出去，国家还给我们补贴，一天给几百块钱，比我们干活还挣得多。

我现在最担心的，就是以后芦笙没有人做，没有人吹，芦笙都进到博物馆了。我想子子孙孙们都做芦笙，吹芦笙。我儿子这一辈我还不担心，但是孙子那一辈呢？他们那一代，可能就没有人吹芦笙了。就像我们刚刚分田到户那时候，红红火火，一个寨子有百来支芦笙，现在呢，哪怕是过苗年节，我们给政府做的芦笙都是假的，因为没有人会吹。我们寨子会吹芦笙的，也有 80 多岁了，前两年政府喊去搞苗年节，每天给 50 块钱，他们还去，还吹得动，现在给 1 万块钱一天也不去了，吹不动了嘛。我们寨子是最有名的芦笙寨，都找不到人吹芦笙，其他寨子就可想而知了。唉，随他们吧，这个也不是我一个人能解决的问题。

反过来我又想，有苗族的地方就有芦笙，你看现在也有人回家创业了，在自己家门口打工，那么他就有时间学芦笙了。这个也是好现象，我想到这个，又不担心了。

……

莫厌学说，苗族人是相信命运的，他的命运，像一个树墩，常年在小窗前做芦笙，若不出意外，是要做到做不动的那一刻的。他形容自己，是一个小小的老百姓，小得像地上的小虫虫，但仓颉造字夜有鬼哭，他以竹造笙，就是以悠悠的音律，连通了小窗外那广大的世界。

他习惯了一边说话一边干活，不时举起手中的笙管吹响，这样的时候，他闪烁的眸子里，便有了一些凝重。

2016年的两个造纸匠：王兴武和刘世阳

石桥村王兴武

王兴武高挑贤惠的妻子患了癌症，在贵州省肿瘤医院治疗，我就在医院里见到了他。他刚去深圳考察投资情况，回到贵阳来看病榻上的妻子，下午又要跟着贵州省委书记去韩国，参加“山地公园省多彩贵州风”的文化推广，他带着自己的古法造纸①，去那里做演示。

王兴武是个精干的男人，瘦削而好动，明亮的眼睛透着灵敏善思。他说话很快，语句跟不上思想，声音也大，很快就吸引了周围的病人和家属，大家都围到不大的病房里来，饶有兴趣地听他说话。我发现，每个人都笑盈盈地看着王兴武，他是个天然有号召力的人。

王兴武居住的石桥村，在贵州省黔东南苗族侗族自治州丹寨县南皋乡，村里有一条碧绿的好水流过，还有一座天然的石拱桥连接了两岸的山崖。石桥村

---

① 古法造纸：石桥白皮纸制作属唐代造纸工艺，它是石桥苗族借鉴汉民族的造纸技术，利用当地丰富的构皮、杉根和清澈的河水为原料制作的。石桥古法造纸作坊生产白皮纸和彩色皮纸两种，其生产工艺流程，与汉代宋应星的《天工开物》记载的图解基本一致，距今已有一千四五百年的历史。

意气风发、心怀梦想的王兴武

的苗名叫作“liangdiu”，汉语意为“一条街的汉族”。新中国成立以后，村子才改名为石桥村。

石桥的造纸，很久以前就有了，中原人为躲避战争迁到石桥，将造纸的技艺带了过来。原来的人们用毛笔写字，用纸很多，造纸和经营纸的人也多。当地苗族不书写，也不用字纸，所以造纸是汉人的手艺。

王兴武的家，是从湖北武冈迁到石桥来的，到他这里已经是第 19 代。他的父亲是汉族，母亲是苗族，妻子是苗族，儿子也就是苗族了。

石桥最早开始造纸的是哪一家，已经无迹可查，有的说是梁家，有的说是赵家。过去石桥不通车，人们都到都匀① 去造纸，那里的技艺就是石桥带去的。王家祖祖辈辈造纸，王兴武生于 1966 年，是家里的“老满”②，他记得，家里的造纸量很大，销量也很大。那时候石桥村的家家户户都造纸，共有一百多户人家。造纸人很辛苦，一年四季都在忙，石桥在 1958 年以前不通公路，全靠人抬肩扛。但是，石桥依然是丹寨交通最方便的地方，位于丹寨到凯里的交通要道上，离两地都是 37 公里。

石桥造纸声名远扬，主要因水质好。王兴武去过贵州另一位国家级传统造纸传承人刘世阳的家，他自豪地打比方说：“两处的水差别很大，石桥是一条河，贞丰③ 是一条沟，石桥是大海，贞丰是小河。”石桥还占着一个得天独厚的优势，即这里的水是天然带碱性的，而别的地方，就只能用化工碱来替代了。这个优势在造纸的过程中，显得越来越重要。化工原料造成了河流污染，把河水染得乌黑。过去凯里一家有名的造纸厂，就将碧绿明净的挂丁河污染了，中央电视台做了报道，以后就关闭了。石桥造纸的水，却是可以放到田里养鱼的，一点污染也没有。因为这个优势，王兴武才能造出国家博物馆的用纸。

---

① 都匀：简称“匀”。贵州省南部政治、经济、文化中心，黔南布依族苗族自治州首府。

② 老满：方言，幺儿之意。

③ 贞丰县：隶属于贵州省黔西南州，始建于唐代贞观年间，境内有双乳峰等景点。

石桥村造纸依势而为，以山崖下的溶洞和暗河作纸坊

石桥能够坚持不用化工原料，最关键的原因就在这里。王兴武现在做的纸张，是他多年研究的结果，能达到宋朝、元朝的水平和品质。国家博物馆经过检测，标准是在7.5到8之间，这个标准非常的严苛，在正常情况下只要不受潮，1500年也不会变化。中国元朝、宋朝的纸能保存到现在，正因为没有用化工原料，而这也就是王兴武的造纸之路，他说：“这条路，我这么一走，就走到天上去了。”

王兴武说得神采飞扬，病房里的人都笑起来。妻子在病床上用毛线编鞋子，一边温柔地看着他。其实，他们的日子，曾经忍受了长时间的压力。

王兴武和妻子是唱歌认识的。她的村离石桥不远，两人在歌场上互生情愫，就“偷亲”① 回家来了。他们结婚的时候，他20岁，她19岁，生了两个男孩。现在，两个儿子都读了贵州大学，毕业后一个在财政局上班，一个在联通公司上班。

两个儿子并没有学造纸，因为造纸是一桩艰难辛劳的

① 偷亲：苗语叫“游方”，对唱山歌，多次接触，情投意合，双方交换信物。

事情。王兴武要求两个儿子一定要考上公务员，他说，造纸的人没有文化，下一代就应该是有文化的。

1990 年以前，石桥村的造纸，主要用于制作鞭炮和茶叶包装。那以后，化工和机械纸张大量出现，古法造纸受到了严重的冲击，销路萎缩，产量迅速下滑，石桥村百来户人家，基本没有人再造纸。王兴武一家靠妻子开的一间小卖铺维持生活，王兴武自己，则守在家里，琢磨问题，研究新的造纸方法。

他把这一段日子，叫作“穷则思变”。他想，那些做传统的普通纸张的人，为什么难以为继？因为普通纸大家都在做，市场已经饱和了，而且完全没法和工业造纸竞争。别人一天是几吨的产量，手工造纸无论怎样做，一天也仅有几张的产量，在这样的情况下，就要重新考虑市场。市场的问题有时也很简单，就是别人要一个碗，而你却做个杯子，那就会被别人遗弃。

1996 年，王兴武 30 岁。这一年，一个香港人找到了他。香港人的第一个要求，就是让王兴武做出不用一点化工原料的纸张来。他给了王兴武样纸，让他自己去研究怎么做。香港人没有付给王兴武订金，制作方法也让他自己去琢磨，这对于一个深陷市场困局的农民，是一件非常冒险的事情，不知前景，看不到未来的结果。但是，拿到纸样的王兴武，却感到了兴奋，似乎看见了石桥造纸的一线曙光。他像押宝一样，几乎把不多的家当都押了进去，老底也被他卖光了，就连妻子小卖铺的一点盈余，都被他投进了新纸的研究。

王兴武本来对纸浆如何上色并不懂，用什么颜料，也让他一筹莫展。他不断地看书，做实验，在家里摆了上千只碗，用来调色。当地的苗族过节时蒸一种花米饭，王兴武找来了黄饭花、栀子花、枫香叶作颜料，无数次地调色，两年后，他终于造出了有 36 种颜色的“彩霞纸”。

石桥是清流潺潺、林深洞奇的地方。王兴武将他的纸作坊，放在一个天然洞内，洞口被倾斜的山壁遮挡，避风避雨，是一座天生的造纸坊，洞外就有清透的河水流过，水也是奇水，带有弱碱性。古法造纸仿佛酿酒，是需要严格的工序和周期的。石桥造纸，包括了采树、削皮、煮料、漂洗、碓料、抄纸[①]、压纸、晒纸等十多个步骤，百余道工序，逾月的工期。

有一次，王兴武造纸的时候，树叶和草叶被风卷起同时落到了纸上，这让他突发奇想，做出了叶纹的传统纸，有一种古朴雅致、回归自然的效果。后来，这样的纸大受欢迎，行销甚广。

也就是这一年，政策对传统造纸有了保护和支持。石桥几百年的造纸没有人做了，只有王兴武还储存了原料，他造出纸来，便赶上了时机。但是，传统造纸业受到的冲击太大，即便恢复了造纸，也只能根据客人的要求做出新纸，销路依旧是艰难的。

到了 2004 年，贵州的一个领导傅迎春到石桥考察，恰好看到了王兴武做的纸。傅迎春在国外见过类似的手工纸，比较下来，并不如王兴武的纸好。他记住了石桥纸，后来再出国，专门给王兴武带回了一些纸张和工艺品。这给了王兴武极大的启发，他努力地钻研，开发出了很多种新型纸张。有

山里的树叶被嵌入纸中，形成古意天然的效果

① 将纸浆制成纸张的一项工艺过程。

一位法国游客到石桥旅游，帮助王兴武用叶子、草和花瓣造出了漂亮的花纸。自那以后，王兴武对研发新纸的兴趣一发不可收，平时只要在家，他就不停地研究，因为客户对于纸张是各有所爱的，他总想实现他们的各种要求。此后几年的时间，王兴武开发出了 10 个系列的 100 多种纸，包括白皮纸、彩纸、国画用纸、古籍修复用纸。

同年，国家图书馆准备修复古籍文献，他们在全世界寻找纸张，发现了石桥王兴武的纸。他们让王兴武把水质和纸张原料寄往北京，进行了检测，结果全部达标，便交给王兴武来制作。王兴武给他的纸注册了商标，一种是专门修复古籍用的纸张，叫作“迎春”纸，他想感谢傅迎春对他的引路之功，也取吉祥之意；另一种叫作“贵纸”，因为他是贵州人，在贵州造纸。这两种纸，均须经过 120 多道工序，没有污染，没有化学物质，韧性强，弱碱性，洁白绵密，耐虫防热，不易变色，保存时间可达千年。

生活在山里的王兴武知道，许多画家，是希望自己的作品流传百世的，他们需要品质长远的手工纸，就因为这个，他对自己的纸是有信心的。许多年里，作为一个被工业生产取代的手工艺人，他顽强地为自己寻找一条出路，哪怕是一条狭窄的出路。他坚持不沾化工原料，那就只能走一条少有竞争的路，回到石桥的传统里，研究那独有的蹊径。

被评为国家级非物质文化遗产传承人以后，王兴武走出了国门。他去过日本、法国、荷兰等地，每到一处，他最心系的就是别人的造纸。对王兴武触动最大的，是日本的传统造纸工艺。世界上古籍修复的用纸，常用日本的小仓纸，小仓纸以机械辅助，制作很精细。在日本，王兴武参观了造纸工厂，他看到那里也是一个村庄，手工则是在家庭作坊里完成。日本的造纸有极精确的标准，纸张的质量可以做到直接铺成一道墙，造纸人做人做事的态度，也给王兴武留下了深刻的印象。日本也有非遗文化传承人，他们得到了政府的支持，不仅传承，还做研究、开发和推向市场的工作。好胜的王兴武又有了新的目标，他不服石桥纸只卖 35 元，而小仓纸卖 135 元，他想做出比小仓纸更好的纸

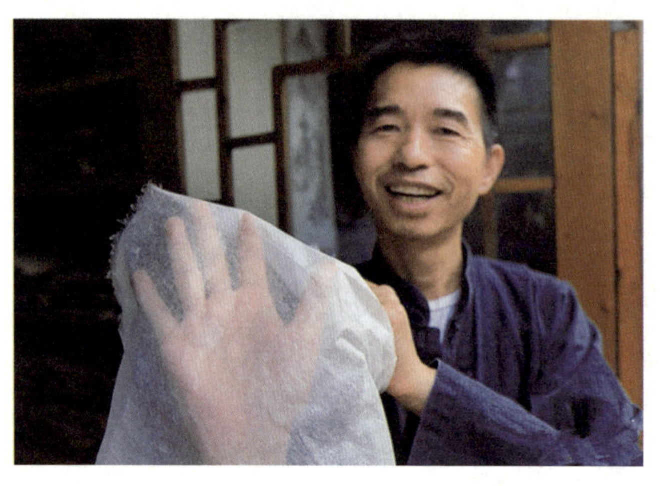

王兴武向媒体展示他的古法造纸

来，他要跟小仓纸比一比。

2008年，为了扩大产量，王兴武把石桥的村民带动起来，成立了“黔山造纸合作社”。由于政府对王兴武的支持，对石桥纸的推广，王兴武的纸开始销到世界各地。

有一天，一个冰岛的游客来到了他的作坊，拿出一张精致的贺卡，问王兴武能否造出这样的好纸。王兴武接过贺卡一看，认出就是自己的纸，他的纸销到中国香港后，冰岛买去加工成了贺卡。石桥的造纸也带动了旅游，每年有成百上千的外国游客来到石桥，王兴武懂得，他们万里迢迢到了中国，是想看中国的文化。他常常伸出自己的一双手，他的手，还是细皮嫩肉的，不像一个工匠的手。他向他们解释说，那是因为石桥造纸用的是纯天然的原料，而化工原料腐蚀性强，不会有他这样的手。他还幽默地对他们说：“石桥的造纸原料，比女人的化妆品还好。”

到了2011年，“黔山造纸合作社”被评为国家首批非物质文化遗产传承保护基地，除了为美国国家书馆、中国国家图书馆和国家博物馆生产专用纸，合作社的各类纸张也行销各地，总销售收入有500多万元。

王兴武见过了世面，有了开阔的眼界，他的目标尚不在此。他想将传统造纸产业化，有一个专业的团队，有一个品牌形象，最后还能发展成一个上市公司，可以和世界上最好的日本造纸一较高下。

石桥造纸的原材料是构树，石桥人叫作“楮树”，他们造出的纸就叫“楮纸”。“楮纸”可用于图书馆和文物馆的古籍修复，也可做极好的打印纸张。构树过去生长在山野里，产量小，采集难，王兴武最大的愿望，就是在石桥拥有自己的构树园，而这需要政府的支持。过去，政府支持的是大企业，小企业得不到眷顾，石桥的造纸也长期停滞在了作坊的规模上。而现在，王兴武有了更大的目标，他就期待着更大的力量，他需要三千万的资金来办产业，需要理念、技术和经验，需要政府的支持和投入。

这一次在深圳，王兴武见了两位有愿望投资文化产业的商人。王兴武希望他们到石桥投资，把石桥纸业提升一个高度，也利用他们的销路带动石桥纸业的发展。他谋划好了，如果有了条件，他现在的80多人，就扩展成258个人，真正办出一个产业来。

并且，王兴武领悟到：“非遗传承人，一面要坚持自己，一面要结合市场，才能有出路，单靠国家的补贴，是传承不下去的。”

悠悠万事，从眼下做起。王兴武的目标，就是把自己的造纸技艺和作品，带到省委书记的面前，带到韩国去。

龙井村刘世阳

刘世阳在龙井村的造纸作坊已经被关闭了。

他的家在村道一侧，两层的小楼。不大的临街的院子里，有一个石臼，那是过去造纸用的。

刘家的家世源流久远。他们从江西来到贵州贞丰县龙井村，已近三百年，来的时候就带着造纸的技术。明朝初年，由于朱元璋的杀戮，刘家祖上从江

刘世阳在龙井村家中与笔者交谈

苏沛县逃到江西。后来，江西有三年洪灾，三年虫灾，刘氏先辈就到了贵州。他们先在黔东南黄平[1]落脚，以后就定居贞丰龙井，也许是因为这里有一条水沟，可以造纸。刘世阳已是刘家移居龙井的第 9 代。

龙井的刘家都说自己是刘邦后裔。有一副代代传下来的对联，就在刘世阳家的堂屋悬挂着，写的是：

彭城余庆家声远

沛境流芳嗣者长

刘世阳的父亲叫刘继志，他从祖父那里学习造纸。刘继志一辈有两弟兄，刘世阳一辈也有两弟兄，兄弟就住在刘世阳隔壁，他也造纸。龙井的人都造纸，钱赚得不多，但能维持生活。过去的人和现在不一样，他们是老思想，抱团生活和做事，能维持就满足了。现在，龙井村四五十岁这一辈人走不出去，就是被这个习惯束缚，他们以为，只要读了初中，回家跟老人造纸，一辈子都可平安无虞，不用像别人那样四处打工，还可在家照顾老人和孩子。

龙井人造的纸是乡村的民用纸，主要用来祭祀。民国前远到贵州六盘水、四川、云南宣威，都用龙井的纸，垫棺材，烧纸钱，供不应求。刘世阳家过去就跑昆明，有一天，他在贞丰县著名景点双乳峰[2]遇见一个昆明人，他心情复杂地问："你晓得堡镇街不？"昆明人说："知道，我家就住堡镇街。"刘世阳又问："你晓得红旗里不？"昆明人也知道，过去那里是个商行。刘世阳的父亲，当年就是把纸一肩一担地挑到近千里外的那里去。

父亲曾经是个读书人，龙井很难出一个高中生，父亲就是。那时正遇上"文化大革命"，刘家的成分又是地主，父亲就只能回家种田造纸了。祖父呢，还是一个看风水的地理先生，刘世阳听他说，原来刘家挑纸去南京参加赛宝大会，头一天晚上，将纸料打了，第二天早上又重新打，因为搁置时间长了会生

---

① 黄平县：为贵州省黔东南苗族侗族自治州下辖县，有苗族、革家人等少数民族。

② 双乳峰景区：位于贵州省贞丰县者相镇。

筋，所以是现做的。刘家的纸在南京赛宝会赢了奖，清政府时去进贡，也拿了奖，如今，奖状早都毁了。

父亲刘继志这一辈子，几乎都是困苦艰难，他当“四类分子”的时候，只有 18 岁，一当就是几十年，临终之前，他还在叹息着自己的命运。他年轻的时候，有一支部队路过龙井，部队里有一位营指导员，叫作陈文奇（音），他让刘继志跟他们去当兵，并且说：“如果你不跟我们走，你有三十年的日子不好过。”刘继志没有跟他们走，但他死前对儿子说：“这个陈指导员说中了，恰恰就是三十年！”

刘世阳十一二岁就跟着父亲做纸，14 岁开始抄纸。那时是大集体，造纸算生产队副业。刘继志买了树皮，把料拌好了，但生产队又不让做了。怎么办呢？刘世阳的舅舅家在山后的另一个村，那里情况好一些，父子就去舅舅家抄纸。刘世阳到了那里，才学了两天，遇上了大检查。村支书看见他们就说：“怎么在这里做纸？已经不让做了嘛！”他又指着刘世阳说：“这个小伙是哪里的？走走走，把你的架子和帘子[①] 提起，提到公社去！”刘世阳回答：“我是龙井的，我们那边不让做了，我也没有书读了。”村支书说：“你这是地下工厂，这不行！走，提起走！”刘世阳的舅舅也是大队干部，刚好看见了，就对村支书说：“这是我二姑爹家的娃娃，他拌了料，他们村不给做了，拿到我们这里来做，你喊人家去哪里嘛！”这样，刘家父子才没被叫到公社去。

龙井的造纸一共被强令停过三次，一次是“文化大革命”，一次是“割资本主义尾巴”，到第三次因污染而禁停，龙井人是真的心疼了。

曾经，龙井村用传统的草木灰做的纸，是取自自然的，任何东西都代替不了。龙井人吃面条加土碱，用的就是这个灰，一村的人都会做。人家说，“花姑娘，纸缎子”，形容那个纸就像姑娘的皮肤。造纸还必须有水，而且要清水

---

① 帘子：用马尾把细而圆的竹条连缀起来，上部边缘处加上直径 1 寸左右的梨木杆儿，以便在抄纸时涌出厚边。下部边缘加上 1.2 寸宽的竹劈子，以便在下托子时用手提携。

和好水，水质不佳或死水都不行。龙井的水就是好水，刘世阳记得，父亲每天早上去井里打水回来，就用竹帘子捞一下，一点渣子也没有。

1982 年，外国游客第一次来到了龙井村，参观这里的古法造纸。乡里面给村人提前打了招呼，让大家站远一点，不要凑近围观。那时候刚刚改革开放，外国人在这山里更加稀罕，大家兴奋了很久，刘世阳的父亲还说了几句英语。从那以后，刘世阳家的纸就有了销路，而英、法、美等各个国家的人，也是一团一团地来，到 1992 年，村里就来了一千多个外国人。

有一个从日本来的女人，给刘世阳留下了深刻的印象。她原本是广州美院的老师，嫁到日本 40 年了。她专门到龙井来看造纸，看了这里传统的黑皮纸，然后对刘世阳温和地说了一句话，她说："这个纸，在日本是垃圾。"刘世阳听了，心里很不服气，当即用他的大嗓门反驳她："何老师，这是你们日本人的看法，造纸是我们中国的四大发明，就是这个垃圾，全世界都有名！"何老师的男人是半路出家学造纸的，现在他们夫妻将造纸做成了艺术。他们的纸很漂亮，把照片给刘世阳看了。那样的纸，一平方米卖 40 元人民币，也就是 800 日元，很贵。

他们在日本的作坊有二三十个学生，用一个小槌，还有一个很小的槽，一个学生面前放一个，一槌一槌地做出来。她拌料，一次只拌 18 公斤，而刘世阳一次就拌两三千斤，最少也是一千斤。刘世阳说："说句实在的话，各国是各国的国情，我们中国的国情就和你们日本的不一样，有了传统才有新东西。你这种新东西，我也能做出来，但是如果像你这样做，我吃什么呢？我得生活下去呀。"

那一次，刘胜阳嘴上占了上风，但是，龙井村延续了几百年的传统造纸，来到 21 世纪，也来到了它的末路。首先，机械和化工造纸的冲击，让古法造纸处境艰难。此外，龙井造纸在 2005 年进入国家非物质文化遗产名录后，因为政府支持，游客增多，销路扩展，村里的人家便蜂拥来造纸，到 2008 年前后，一个村竟然有几百户人家在造纸。传统方法产量低，赚不到钱，他们就纷纷用了氢氧化钠。

氢氧化钠是龙井造纸的罪魁。过去，一千斤造纸原料，只能产 50 斤纸，用了氢氧化钠后，产量就增加了一倍。但是，水变成了黑色的，流到哪里黑到哪里。传统的方法是用石灰蒸，蒸了一道，又蒸第二道，需要 10—15 天的时间，龙井人叫作“火碱”，现在用了氢氧化钠蒸道，一道就成功了。几百户人家沿着水沟造纸，大大小小的煮料池，一年要煮几百万斤，水被污染成什么样，是可想而知的。终于，几经反复，政府下决心取缔了龙井村的造纸。

刘世阳家二楼堆满了还未售出的各类造纸

龙井村小河沟边曾经密布数百家小纸坊，现在因环保考虑已荒弃

刘世阳是国家级非物质文化遗产传承人，也是贞丰县名人，来他这里的各级领导和专家常年不绝。人们来了，都在给他出主意，想办法，希望他手里的国家级非物质文化遗产还能延续。终于，有一家公司承包了双乳峰下一个

新建的文化基地，在那里做非物质文化遗产展示，就把刘世阳请去了。

这个展示中心，不开工资，也没有原料。本来对方让刘世阳出 6000 元场地费，经过还价，刘世阳交了 5000 元。每天，刘世阳乘坐乡间的小巴士，从龙井村到展示基地，又从展示基地回家，车费 18 元，吃饭 5 元，这一笔花费就不少，加上每天往返时间 3 小时，3 小时足够他做 300 张纸，这样一算，他的成本就增加了更多，收入也比过去少了许多。只是，他在基地的小作坊，用的是地下水，方法是真正传统的，所以也没有污染了。他明白，在展示基地造纸给游人观看，对传承和发展是无益的，但是，走到了这一步，他也无可奈何。

初冬，清冷的空气中有零星的雨沫，刘世阳带着我，从龙井乘车到双乳峰的展示基地去。因为冷，刘世阳的双手蜷进袖笼里，他的手，骨节凸起，手指粗大，指甲硬而厚，是一双常年劳作的造纸工的手。车忽行忽停，不时有乡民上下，转过了弯曲的山道，驶上一条开阔笔直的景观路，终于到了目的地。

现在的刘世阳只能在旅游点为游客表演造纸

展示基地，就是围成一圈的各种铺面，有做布依族服饰和香包的，有做竹编鸟笼的，有做民族乐器的，因是冬天和旅

游淡季，冷清无人。刘世阳走到他的作坊，作坊用柱子支撑，四面透风，方便参观。他抽出两手，去推动石槽上笨重的木榨，背影孤独而沉重。

一辆旅游客车停在院外，陆续下来二十多个港台游客，他们从排成环形的一溜铺面前浏览而过，有人举起相机拍了照片，但并没有停下脚步，也没有人向刘世阳问询。我想，走过了千山万水的游客们，在旅途中这偶尔的一瞥里，是不会深究眼前这位眉头紧锁的老艺人的心事的。

刘世阳的心事，结了许多解不开的疙瘩，漠漠地浮沉在宽广的山风里。

马尾绣家庭博物馆掌柜宋水仙

2018 年，宋水仙当选为全国人大代表。我在媒体上见到了关于她的报道。她带了 6 套马尾绣服装，去人民大会堂开会。在宾馆里，她从行李箱中取出衣服，一套套摊开来，每套价值在 3 万元左右，6 套服装近 20 万元。她对记者说，这些服装之所以昂贵，因为一针一线都是手工绣出来的，绣一件衣服，要花费半年到 5 年的时间。

镜头前的宋水仙，端庄，自信，朴质。在两千多公里外的贵州三都水族自治县，那些依山傍水的村寨里，有她带动起来的千百个绣娘，她代表着她们。

三都水族的马尾绣[①]，据说已经有上千年的历史。在这样山高水长，民族杂居，千百年远离汉文化中心的地方，马尾绣的历史已无籍可考。但水族最盛大的节日端节[②]，依然有赛马的习俗，男人赛马，女人盛装竞美，马尾绣或许正源于此俗。

---

① 水族马尾绣：起源已不可考，这种水族独有的民间传统工艺分布在三都境内三洞、中和、廷牌、塘州、水龙等乡镇的水族村寨，是贵州省三都水族自治县一种现存最古老而又最具有生命力的原始艺术，主要产品形式有马尾绣背带和马尾绣花鞋等。

② 端节：贵州水族又称“借端”或“借瓜”（“借”，水语“吃”的意思，“借端”“借瓜”即吃端、过端之意），相当于汉族过春节。

宋水仙在自办的水族家庭博物馆里向访客介绍藏品

马尾绣的绣娘，都是山村里的姑娘媳妇们，她们用马尾绣制作小孩的背带和自己的绣花鞋、围腰和胸牌、童帽、荷包、刀鞘护套，美和实用是密不可分的。独有的图案和色彩，在水族女人们中间代代相传，没人想到有一天马尾绣也登上大雅之堂，更不知山外早有闻名中国的四大绣品。也许正因为这样，马尾绣就有了自己无可替代的风格和品质。

水族马尾绣娘很多，村村寨寨都有，而宋水仙只有一个。若不是那些曲折的机缘，就不会有今天的她。她的故事，也像三都的土地，山环水绕，溪谷交错，夹着起伏的丘陵和平坝。

宋水仙的马尾绣家庭博物馆，在三都县城的民族村，是一栋木制的二层小楼。小楼的藏品有上万件，主要是古老的马尾绣绣品、水书古籍、传统生活用具、经年的银饰。每天的迎来送往，宋水仙已经习以为常，她上万次地给中外访客讲解每幅藏品的来历和年代，这让她欣慰，同时也成了负担。2016 年我见到她的时候，她最深的期望，是有人能出高价买走藏品，但这样的机会寥如星辰，人们总是鱼贯而入，夸赞惊叹，又鱼贯而出，时日久了，宋水仙终于免不了倦怠和失望。

那一天，我赶到三都县城，用手机联系上了宋水仙。不知何故，从电话中听出她心绪不佳，她说自己在三洞乡赶场，让我去那里找她。

三洞离三都县城近 40 公里，沿路是开阔的稻田和宽阔的河流。到了乡场上，宋水仙在电话里给我指路，终于，我在一个卖丝线的小摊边找到了她。一时，我不太相信这个拎着塑料袋、神情木然的妇女就是她。宋水仙说，她前一天到三洞来，帮人做法事。按照水族的习惯，若有人感觉家人诸事不顺，就会挑一个好日子，买来肉菜、水果和香烟敬祖先，再请一个会说吉利话的水书先生[①]来驱邪祈福。她就是来帮人做此事的，法事做完了，顺道买了丝线，正准备返回三都。

---

① 指水族中能看懂“水书”，能与鬼神对话的人，被称为“鬼师”或“师人”。

三洞是宋水仙人生起步的地方，也是三都县马尾绣最富集的地方。她这一生和马尾绣结缘，也要从三洞说起。

宋水仙生于1965年，她的身份证上是1966年。她说，自己是从那个年代过来的，知道那个苦，别的不说，仅仅是道路不通，日子就有许多的艰难。宋水仙的父亲，原本是荔波县①的财政干事，做了县长的秘书，人家说，那曾是一人之下万人之上的。1958年大炼钢铁的时期，人们开始饿饭，父亲就带头上山去砍树种小米，然后，他把乡村困厄的情况写成一些材料，反映到中央去。因为这件事情，他被三四个同伴揭发，在牢里蹲了一年。坐牢期间，他一直申述说自己没有反党，只是反映一下基层的情况。一年以后，他终于被无罪释放，但是丢了公职。

宋水仙从县城回到家乡，参加一个亲戚依水族旧俗的“驱邪”仪式

那时，宋水仙还没有出生，家中孩子只有她的姐姐。爸爸回到了老家荔波县芳村乡，母亲也自动离职，跟着丈夫到乡下务农。母亲没有上过一天学，但她在荔波县城工作了很多年，卖民族商品，有手镯、玉石、丝绸丝线。她的记性很好，月底盘账时，她售出的货物和别人的盘账没有误差，所

① 荔波县：隶属黔南布依族苗族自治州，位于贵州省南部，面积约2431.8平方千米，人口18万人（2016年）。

以一直做这份工作。丈夫发生了变故，她就带着女儿跟他一道当了农民。

在荔波芳村老家，汉族的爷爷并不喜欢宋水仙的妈妈，认为她是个水族媳妇。爷爷很固执，想把媳妇赶走。那时，宋水仙 1 岁大了，她的舅舅在老家板告村① 拆了一个牛棚，搭成茅屋，让他们一家搬到了这里。宋水仙的舅舅曾经参加过抗美援朝，是退伍兵。水族的规矩，嫁出去的姑娘是不能回娘家居住的，村里就有人带头来拆这间茅屋。舅舅扛了一把刀站在茅屋门口，凶狠地说："谁敢拆我就砍谁！"就这样，宋水仙一家在那茅屋里住了 8 年。

父亲是一个有头脑的人，他一边种田，一边做副业，到河里打鱼，到山上伐木卖给林业站。他一直寻谋着另找地方安家，后来终于选中了一处交通便利的地方，砍下一片竹林，修了一栋房子。

在新居，父亲开始弹棉花，在宋水仙的记忆里，当地只有她一家弹棉花，用脚踩动木械来弹。再后来，父亲又在村里开了一家打米机房，那也是村里的第一家。他们又舂米又弹棉花，带动了村里的一帮人搞副业。以后，父亲还买了擀面机做面条，磨麦子，就连压花机也有了。宋水仙从小在父亲的作坊里帮忙，一直做到 17 岁，对买卖生意耳濡目染。她读书读到初一，对学习并不热心，之后政策松动，土地承包了，她在返回荔波读了 3 年书后，依旧回家务农。

因为父亲不会说水族话，宋水仙和姐弟们在家里都说汉话，但他们生活在水族地区，出门还是说水话，这也让宋水仙以后做生意、搞收藏，比当地女人多了一分优势。

1986 年，21 岁的宋水仙嫁到了母亲的老家板告村，丈夫跟她是同学。宋水仙的丈夫也是水族，就在马尾绣之乡板告出生的，他的祖奶奶潘水英是当地有名的马尾绣能手，宋水仙嫁到他们家后，便跟着奶奶和婆婆学马尾绣。

---

① 板告村：位于三都县南面，距县城 32 公里，距三荔油路 3 公里，水族人口占 99.9%。是水族马尾绣的发源地之一。

宋水仙虽然是水族，也有汉族的习惯，他们和老人分了家，得到了一亩三分地。丈夫家还是银匠之家，公公生前是做银饰的，靠给人打银子谋生。宋水仙说，她这个人懒，两人一道在田里干活，丈夫做得多，她做得少。后来，他们花一千多块钱，买了一个打谷机。她给人家打稻谷，100 斤 8 毛钱，早上打稻谷，其他时间就做马尾绣。晚上，她点亮一个红红的灯泡，靠在墙上绣，累了就睡，醒了就绣。马尾绣在水族中是地位和财富的象征，有些人家不会做马尾绣，也一定会去买，马尾绣是可以买卖的。宋水仙并没有想到，她日后会成为一个马尾绣的买卖人和收藏者，她那时做刺绣，只是为了自己使用。

宋水仙从父亲那里学到了经营的本事，她不安心做一个种田煮饭的农村妇女。为了养家，多挣钱，她去乡场上做小商品生意。刚开始，她还不会吆喝，卖的货物也是她自己喜欢的东西，没有生意，她就常常在摊位上打瞌睡，一天只挣 5 块钱，有时候还没钱吃饭和坐车，去哪里全靠走路。后来，她有些开窍了，看别人做什么挣钱就卖什么。那时流行看古装片，女孩们都喜欢模仿明星戴耳环，宋水仙就做无痛穿耳，卖耳环，这个生意最能挣钱。

她有做买卖的天赋，渐渐地，乡集上的其他人就赶不上她了，他们有的，她都卖，他们没有的，她也有。有一次，她去独山县进货，在一家化妆品店进了 24 件货，拉着板车拖回家，那些香水、丝瓜洗面奶卖得很好。她还卖头花夹子，生意最好的一天，她能挣 200 块，那时乡村老教师工资也就 1000 块，宋水仙一个月的利润算下来，比乡村老教师的工资还多，这让她对自己的能力很满意。

闲暇时间，她仍然在家里和女人们绣马尾绣。水族女人绣花，并不影响自己的生活，天晴了，她们去砍柴，割猪草，雨天就聚在一起绣花。板告的女孩都会绣花，全是从自己母亲那里传下来的，别的村寨也做马尾绣，但不像板告女人这样一天不辍。别的民族和村寨的女人做贴布绣、平绣、变绣，而板告女人只做马尾绣。宋水仙聪明，她的手艺也很不错，她们绣着祖辈传下来的传统图案，到了 2000 年以后，就开始从外来商品中借鉴图案了。

有一年，水族过端节，板告来了外国游客，这是宋水仙第一次见到外国人。板告的水族女人背孩子，都用马尾绣的背带，家庭条件好的用新绣的，经济拮据的用旧的，女人们都羡慕新背带。但是，一条老旧发暗的马尾绣背带竟被老外看上了，他花了10倍的价钱买走了那条背带。宋水仙在一旁看着，这事对她的影响很大，她这才知道，马尾绣是个好东西，旧的绣品倒有更大的价值。

姑妈（中）是一位水族风水师，这一天她来到宋水仙的博物馆做客

宋水仙的生活，从此有了改变。

因为每天在集市上摆摊，宋水仙就有机会弄自己的收藏了，她开始动员别人把家里的旧绣品卖给她，这还不够，她在市集上眼观六路耳听八方，一旦有了老绣品的线索，哪怕人家住在深山里，她也要翻山越野走一趟。她的绣品收藏，就是这样获得的，一般说来，她去了十家，只有一家的东西满意，但她从来不泄气。也许最初，是挣钱的期望支撑着她，到了后来，就变成了她的一种人生寄托。

有一回，宋水仙看中了一件绣品，绣品的主人每次来赶集，她就对那个人软磨硬泡。终于，人家同意卖给她了，宋水仙脱了高跟鞋，穿着袜子爬山路到了那人家里，她凭自己的经验一看，绣品是件宝贝，赶紧买了下来往回赶。回到家里，天已经黑透了，但收来的东西是真的，这就令她很安心。

每到一个村寨，宋水仙都去打听，问人家有没有老旧的绣物。有一天，一个寨子里有人给她指路，她到了一户人家，发现这家的门板已经取下来，进去就见屋子中央停一具棺材。正逢饭点，这家人都去吃饭了，屋里空寂无人，宋水仙有些紧张，赶紧给逝者磕头烧香。这家人回来了，她送了10块钱，说这是她给老人的香火钱，这家人受了感动，把老人用过的绣片卖给了她。如果她不去，这绣片就会随老人烧了。

宋水仙执拗地收藏着乡村里的老绣品，没有人懂得她在做什么。一次次孤独地走在山路上，她也不知未来会怎样，但是，这就是她很多年的生活。

在三洞接到了宋水仙，我和她一起回到了三都县城。一路上，我们不停地说着话，她似乎摆脱了某种忧郁的情绪。她的家庭博物馆，在一条政府出资修建的古街上，青石板的道路，木瓦的小楼。进了敞开的门，四面墙上都是用玻璃木框镶嵌的饰品，古雅精致，这是宋水仙几十年走遍三都的收藏。

宋水仙带我楼上楼下地看了她的收藏，这些收藏，用了她20年的时间。跟她的藏品在一起，她变得快乐和骄傲了，四面八方来参观的人对这些藏品的评价，也让她学会了一些用词，她说："我知道，这些东西随着时间的推移，会越来越具有文化价值。"她还说："我就有喜欢收藏这些艺术品的脑细胞，哪怕现在没有给我带来什么经济效益，哪怕生活上碰到什么困难，我的这份执着都没有改变过。"

但是，等她坐下来，这一天心底一直盘绕的迷惑又浮了上来。她的心病，和马尾绣有关，因为，马尾绣就是她现在全部的生活。

2000年以前，宋水仙只是在农闲时绣花的乡村女人，而随后的十多年，马尾绣成了她的职业。她是三都最早开始经营马尾绣的绣娘，也最早开始想一些新思路，发现新市场，做一些新设计，她早已不能只顾着自己绣了，那样事业是做不大的。

她从自己提早进入市场的经验，思考了关于马尾绣怎样发展的问题。乡里的年轻人，在饭店或者洗车场打工，收入在2000元左右，宋水仙希望马尾绣娘们也能挣到同样的薪水，还能在家照顾老人、带孩子。如果是高级绣娘，应该挣到更多。她还想，马尾绣发展好了，这样的绣娘可以有几百上千人。

宋水仙多年跋山涉水收藏来的水族民间文献

家庭博物馆也是绣娘们交流绣艺、交换绣品的地方

但是，她面对着很多的困难，首先是对绣娘的培训。乡村绣娘想要通过绣花挣到钱，培训是第一步的事情，让她们成为合格的绣娘。三都县每年都组织培训，但是绣娘们绣出的产品参差不齐，到了真正和外面公司签合同、拿订单的时候，对每个作品的要求是很严格的，这就是最大的困难。宋水仙虽然是培训师，但培训的主动权不在她这里，而在县人事局手上，他们请她去培训一天，就给她一天的酬

劳，培训的资金不由她来分配，她也没法培训出自己需要的绣娘。在她看来，这样的培训是浮泛的，没有市场针对性，也不能培训出能适应市场的绣娘。

2012年，宋水仙办了“水仙马尾绣有限公司”。她懂得刺绣，也了解市场，想利用自己的经验和信息来组织绣娘，对外宣传推广，对内带动绣娘们绣花。最令她头疼的，是公司在资金上跟不上发展，更缺乏成熟有能力的管理人员，她只能靠自己。大儿子愿意帮她，可是他不懂马尾绣。做这一行，首先要懂得刺绣，还要懂得管理和经营，如果宋水仙有一个懂管理、懂刺绣，可以去跑项目的人，她的很多问题都能得到解决。但她找不到这样的人才。她期待着有人来跟她合作，一个负责设计，一个负责市场，一个做经理，大家是合作而非雇佣关系。

没有设计人员，宋水仙就经常去找韦桃花① 交流。韦桃花当年和她在板底一道绣花，是个心灵手巧的绣娘。以后韦桃花的命运遭遇变故，在生下5个年幼的儿子后死了丈夫，就拖着儿子们到了县城。韦桃花画画的功夫最好，每一次宋水仙有了想法，都去找韦桃花来画，画好后再交给绣娘们。宋水仙说，自己是红花，韦桃花是绿叶，韦桃花是无条件地支持她的人，不像许多人是为了利益。宋水仙这样评价韦桃花，是很不容易的，她们的关系，经历过一次震荡。那一次，省里举办多彩贵州能工巧匠大赛，两人都有作品去参赛，宋水仙拿出了自己最好的作品，但她没有被评上，而韦桃花获得了全省的特等奖。那一阵，宋水仙的心很乱，不知道怎么办，她去九龙寺抽了一支签，上面是梅花魁，她很不甘心，又到青岩去抽了一次签，仍然是梅花魁，梅花是开在冬天的，说明她的路途就是曲折不易的。命当如此，她的心便平复了一些，后来她带着马尾绣到了香港，遇到了一个会算命的老先生，她就问他梅花魁怎么解，老先生给她写了一张条子，大概是说，她须忍耐寒冬，会有春天的到来。这一

① 韦桃花：1964年出生在三都水族自治县三洞乡板告村，三都水族自治县的知名马尾绣艺人，国家级非物质文化遗产传承人。

张条子，宋水仙至今还保存着。有了这个寓意，她心底就有了对未来的等待。

宋水仙的家庭博物馆和她多年网罗的绣娘们，就是她独有的资本，三都县将“马尾绣研究基地”的牌子，也挂到了她的博物馆。终于，有一家深圳的文化公司在网上看了她的信息，老总带着一个团队到了三都，请宋水仙吃饭，又让她带他们去各个村寨考察，最后确定了跟她合作。这家公司实力雄厚，他们在短短几个月时间考察了马尾绣、苏绣、湘绣、蜀绣，迅速有效地做好了对接，首先在深圳办了一个展会，让宋水仙带着最好的绣品去展出。公司说，他们要做的是一线品牌，有整个策划团队，准备包装马尾绣，签订的合同也是长期的。

宋水仙说，只要对推广马尾绣有好处，谁来找她她都愿意合作，她就盼望市场早些发现马尾绣。可是，合作的机会来了，她又有了很多的顾虑和烦恼，觉得很累，进也不是退也不是，所以这几日，她忧心忡忡，唉声叹气。宋水仙的妹妹开导她：“有事说事，不能老是叹气，遇到问题就去解决，你这样也会影响我们的心情。”但是，宋水仙依然叹气。

她本是一个能人，想自己撑起一片天来，能够做出自己的马尾绣品牌。但是，这样来跟大公司合作，在她想来，仍然是给别人打工。而且，绣娘的培训是她自掏腰包的，每一次，她先培训几个手艺好的，再将从外面接到的活分派给她们。她打算以后有了条件，就让她们自己去培训新手，这样，马尾绣才能传承下去。如果有大订单了，她再就把很多人集中起来培训，第一批培训出来的人，就做下一批的管理。想起事情繁杂，自己的能力和理想之间仍有差距，她就不由得叹气了。

我们谈了一个下午，宋水仙重重的心事似乎云散了。她终于想通了一点：给别人打工，是向别人学习，也是提升自己，再忙再累，也比躺着不干束手无策好。于是，宋水仙的脸上晴朗起来，重又变得爽朗干练，她高兴地说起了自己的二儿子。二儿子在上海学习动漫，宋水仙说：“对于马尾绣，他的要求太完美了。”儿子说，母亲达不到他的要求，他就不想回到三都，还说毕业以后，他要在外面打拼一段时间，多学一些东西回来。宋水仙又喜又怨道：“这个人哦，我看他都想办护照出国了。”

在三都，宋水仙第一个搞马尾绣绣品收藏，第一个在县城开办马尾绣工艺品店，第一个办了家庭博物馆，第一个和大公司合作推广马尾绣。马尾绣几十年的发展路途，是时代变化的促成，也是她用一个农村女人的两脚蹚出来的。每临抉择，宋水仙总会思前想后，左顾右盼，但她也发现，一步跨出来了，渐渐地就是另一片天地。

乌江傩头刘胜扬

傩 师

贵州黔东北的乌江流域，巫傩之风千年炽盛，支配了乡民们的娱神娱人、生老病死和灵魂安顿。

2014年盛夏，我在乌江峡谷的贵州思南县城街头见到刘胜扬，他从龙山村① 赶来，正是燠热的天气，我们都汗涔涔的。他穿一件干净的蓝布中山装，挎一只人造革旧包，像云游四方的老道，眉眼在瘦削的脸上陷下去，有两抹清朗的翳影。如果知道他的龙山村离县城有80多公里，须坐车换船，顺流而下，我就不敢请他来县城了。

他是山地的日子里常见的那一类老头，看见他，那些世道和人心，就立在你面前，带着一切都沉淀后的温度。我是一眼就喜欢他的，可是也生疏，不停地问他："打伞不？喝水不？擦汗不？坐在花台上歇歇不？"他沉着脸说："不要，不要。"他跟着我走，布鞋无声。

我们坐了一辆突突响的改装摩托，到了我在那里参加一个学术会议的宾馆。前台姑娘有些疑惑，刘胜扬不像能住这里的人。但是我知道，他是这条大

---

① 龙山村：位于思南县文家店镇东南部，有耕地面积846亩，田730亩，土116亩，荒地89亩，森林207亩。村中有小学一座。种植水稻，玉米。养殖业有猪、牛、蛋鸡等。

平日的刘胜扬像一个彬彬有礼的乡塾先生，装扮起来便威风赫赫

江边的珍宝，抖落泥土就光泽熠熠的。

他抽烟很凶，语速很快，赶了一天的路，仍能说到深夜。他瘦得像阴沉木，傩戏、花灯、山歌，三皇五帝，上下数千年都在他的脑子里。他经历过的事，桩桩件件，人名地名，历历数来，是天才般惊人的记忆力。但是，他自己并不察觉，因为那就是他的人生。

我们对坐而谈整整两天，慢慢地，两人都沉浸在多年的风雨世事里，有些恍惚，也彼此亲切。有时候，我觉得他就是我挚爱的祖父，他是很多中国人的祖父。

终于要分别的时候，我心里总想流泪，但还是对他笑着。午后，思南作家张进开着他的车，和我把他送到县城客车站。熙攘的人流，从这里沿着山道和河流，去到黔东北的丛山中。我看着他那蓝布中山装的背影，想起他告诉我的傩师们的名字：王清连、倪荣财、邱承之、欧永成、欧福国，刘家华、李明松、刘绍坤、杨秀明、陈华安、陈仕俊、杨打卦、罗华高、蒋春和……他说，他们都离世了，就剩我一个了。

寻找非遗传承人，也是一种告别。每一次看他们的背影走远，我都以为是永别，向他们，也向他们守护的文化。但是，我已学会不悲伤，我们和这个世界，终会永别，记忆随风飘散，就是花的姿态。

龙　山

刘胜扬的龙山村有一座庙，庙里供了一条龙，所以叫龙山。

他的父亲名叫刘昌凡，光绪二年（1876）生人。爷爷是邻县石阡人，从小被人抱到龙山来。那个时候，爷爷的几个弟兄被抽壮丁，爷爷还只有八九岁，却占了家里的地份，有人就想把他弄死，丢到田坎脚。可他的命大，被人发现捡了起来，抱到了龙山。那时的龙山叫作堡，是第三堡。

家境是贫苦的，但是父亲刘昌凡聪明，长大后当了傩师。贵州东北的各家傩戏班都有一张“司坛图”，他们尊奉的傩戏祖师，名叫马法记。文家店龙山的傩戏，则奉刘法清为“开教师”。

刘法清又名刘子元，号刘太保，是马法纪的师父。他祖籍江西，后来搬至思南塘头的刘家湾居住。到了他的弟子刘法生、刘法全一辈，又搬到长坝乡刘场坪村，文家店傩戏班便是师出其门。

各地傩戏班开坛作法时，都要朗声叫刘子元或刘太保大名，事毕之后，还要将“愿主”所奉的猪头、羊头带回家去祭师父，称作“回坛”。刘昌凡做了刘门弟子，可以说，是承续了黔东北傩堂的正宗香火。

过去人们把傩师称作“老师”，现在都改叫“先生”了。刘昌凡后来成为思南有名的掌坛师，龙山和他一辈的另一个傩师叫马理仁，附近还有两个傩师，分别叫杨发全、张卓施。马理仁的傩法不是出自家传，是后来学的，所以他只能“跳滑坛”，就是你跳我帮你，他跳我帮他，没有“请职”，也没有“抛牌”，只能跟着别人做，自己领不了头。

文家店的傩风巫舞延绵千百年，体现了乡民们的宇宙观和生命观

刘昌凡没有田土，家计全靠跳傩。他天赋高，掌坛唱戏远近闻名，就不做农活了。等儿子刘胜

扬长大，他更是甩手不做，上坡去望牛，只是把牛放到那里自己吃草，也不受累。

刘胜扬两岁死了母亲，跟着奶奶长大。1943 年，刘胜扬 7 岁，开始跟父亲学傩技里的武坛。从那时到现在，他当“老师”当了 70 多年。

跟他一起跳傩的，思南的，石阡的，一个个都相继离世。他仍然记得他们的名字：本地的王清连、倪荣财、倪荣学、倪荣忠、邱承之、欧永成、欧富国；思南的刘家华、李明松、刘绍坤、杨秀明、陈华安、陈仕俊、杨满、杨打卦、罗华高、蒋春和。

武 坛

刘胜扬开始跳坛的时候，人很小，只有 7 岁，别人都叫他“小先生”。父亲天天跳坛，他跟了父亲五六年，专学“武坛”。

在乌江，“武坛”就是傩戏，“文坛”则是佛与道。刘胜扬从小就知道，文坛从印度传来，它的“大乘经”就来自印度，从释迦佛那里而来，释迦又叫如来。武坛供的是傩公、傩母，也叫傩爷、傩娘，傩戏是他们传下来的，角色都戴着面具。刘胜扬家传的一套面具，由国家收藏了，还有一套在思南县博物馆，他就用别人换给他的一套。文坛也有案子，供的是释迦佛、如来佛、文殊、大势至。如果死了人，就供文坛，祈愿死者往生净土。活人有了灾病，则开武坛，施法做戏把人救活。

傩坛上供奉的傩爷傩娘，只有头没有身，这源于一个传说。傩神爷爷是水葛藤成的精，傩神娘娘是杨柳成的精，他俩都是精气投身的。傩爷和傩娘双方的父母，并没有给他们牵线搭配。他们一见钟情，互通了名姓和住地，第二天就去找对方。找对方的半路上他们又遇见了，一同行走，被人看见了，报给双方家里，父母一发怒，就把两人砍了，扔在河里。河里有一个打鱼郎，把他

刘胜扬的傩坛戏班

们的头砍下来供在家里，因此就有了“供傩头”的说法。当然，这是刘胜扬这一支的说法。在这个传说里，傩爷傩娘虽是植物成精，却也受世间理法的约束。

除了供奉傩爷傩娘，还要供奉历朝历代的傩坛师父，包括后来入门的，仅是名字就有两百多个，都要逐一记住。一坛法事开坛，必须首先“请师”，将那两百个名字一一念出来，一个也不能遗漏。这些名字共有七组，傩班师父的名字只是其中一组，还有各路神圣的名字，地傩会上的，华山宫中的。一开头，就是牛凡王，他生了5个儿子，5个儿子改成5姓，大儿子是本姓，叫魔牛王，二儿子叫柳树王，三儿子黄秋王。接下来是张安安盘古王，张安安又是张荣和的父亲，他有两弟兄，哥哥名叫张先师。宝盖王是第二家，他的最小的兄弟称作盘古王，姓齐，又叫齐始王。柳树王的儿子是柳立明。接下来，才是东海神公，南山神母，也即是傩爷和傩娘。外面还有二十八宿，这些神仙都要给他们挂牌。往下又是三元法主、三元教主、三元讨教，桃源洞中一十二宿二十四喜。这二十四喜，还愿就用不完，冲傩只用到了一半。

请神以后，就是开坛，开坛了才立楼。立楼后面是架桥，架桥后差兵，往后是打替。打替回来后，招兵，收魂，安灶，领牲，才算是圆满送神。然后是还愿，礼请，请水，安灶。最后是合神，合三堂神，先合紫铜菩萨，再合五岳菩萨。合神时须把神的名字唱出来，比如神名中有“好”字，就这样唱：

一个女子不害羞吔，说是吔，她和男子来碰头吔。那女子要将呀哎呀手呀来抱，男的正要把呀脚来勾吔。这个是什么字？“好”字吔。

东山神宫、南海神母是这样报名的：

我的爷脸生得红，好比前朝赵子龙哎，长坂坡前保啊哦保阿斗，万马丛中称啊哦英雄哎。

刘胜扬很小就学会了七八出傩戏，有“安安送米”“南山耕田”等，可以唱 3 天，也可以唱 5 天。开坛的时候，他们夜里十二点睡觉，早上五六点起来，点香跳傩。刘胜扬没有上过学，戏本上的字全靠一个个地记。父亲教他也是用嘴说，从来不写，就是这样，他也装了一肚子的戏，唱几本大戏都不用看戏本。现在他也能读报纸，读一半，猜一半。

傩戏里面有旦角，都由男人演。比如打柴娘子、秦童娘子、仙锋娘子。又比如“买猪”这出戏，生旦净丑都齐全，里面的秦童是个帮工，甘生去赴考，请的就是秦童。秦童有三弟兄，二哥叫冉童，腿瘸不能走。这出戏须由 9 个人来演：运童、冉童、八龙、秦童、秦童老者、卖猪娘子、刘高先生、笑和尚等。

关于傩戏有一个说法，唱得越活泼，傩头傩神越喜欢，所以跳傩是比花灯更活泼张扬的。

1953 年土地改革，龙山人聚会跳舞，刘胜扬记得不是跳当地花灯，而是跳外来的秧歌舞。

以后村里成立了初级社，刘胜扬当了青年队长，他一家被划成贫农。他也和父亲一样聪明，农活做得好，还识文断字，成了龙山的能人。大集体的时候，他当过生产队会计、保管、生产队长，带着大家搞生产。后来他又去挖煤，是煤厂的厂长。以后大队办林场，公社让他当了林场的场长。1958 年到 1960 年，他还在龙井公社卫生院当院长，药盒上有说明书，他就照着说明书给药。

从1953年开始，傩坛就被禁止。傩是千百年的民间信仰，没有了傩，人死后就不知皈依。乡民们趁着晚上来请刘家父子，刘胜扬和父亲就等天黑了才去开坛，只悄悄地做一晚上，收5角钱，那时候的大米是7块2角钱一百斤。后来，就是1块钱一天，又到1块5角、3块、5块、8块、10块，现在是150元一天了。粮价提高了，酬劳是跟着粮价走的。若是去救病人，一晚上就算两天的钱，因为那是要跳一通宵的。

龙山的人也知道刘胜扬悄悄“搞迷信”，但是没有抓过他，他们替他挡着。别的先生就遭了抓，挨过斗。文家店街上有一个名叫文玉安的阴阳先生，被押着全区游街，每个生产队都把他押去斗一次，让他低头站在那里，大家揭发他，不过也没有打他。刘胜扬当煤场场长的时候，有的工人在下面蛆蛆拱拱[①]的，议论他当傩师的事情。

牛角法螺用水牛角挖空，安上合适的木制口哨制成。牛角在傩堂戏中是人神相通、阴阳交感的信号，也是传奏玉皇大帝指令调动神兵神将的信号

2013年，刘胜扬做了七八十堂傩法，2014年仅半年就做了五十堂。大的活路，比如还愿和埋人，占了一半，小的活路，比如隔门、砌土、打替、冲傩，占了另一半；文家店一带，50

① 蛆蛆拱拱：方言，说三道四、风言风语之意。

家就有10家要冲傩。冲傩，就是人病了衰了，眼看不行，就请先生去“打替”。“打替”是扎个茅草人，将它烧了，意味着替病人死掉。病人过两年好了，就不再“打替”。这一年，一条公路正从刘胜扬家旁边修过去，他和徒弟们不知通了公路后，傩事还会怎样。

刘胜扬近80岁了，他是个机灵的人，懂得变通，所以能健康地活下来。他常给家人徒弟们说：“从旧社会，到新社会，大跃进，困难时期，‘文化大革命’，改革开放，都经历了。人的一生就是这样，你要焦愁也愁不了，在世上要活得好要一点，要快活一些。”他自己7岁跟父亲跳傩，遇到的事情总是高兴的居多，走到哪里都受人尊敬的。但他是自己养自己，生计要自己去挣，他总结说：“我就是这个骨头养这个肠子，也没有剩余下来的。”

婚 姻

刘胜扬18岁结婚，妻子是石阡人，姓南，叫南晚妮。她家离龙山有半个小时的路程，是一个土家族的大家族，也有苗族。她从小被从吴家抱到梁家，所以亲戚众多。南晚妮家跟刘胜扬家也是亲戚，两人结婚前就认识。他是老实人，如果不老实就不会要她，她从小就是个“病壳壳”[①]，当姑娘时就患了哮喘，人长得也一般。但是她读过两年书，学过语文和算术。

结婚的时候，刘胜扬正在队里当会计，那时候是供给制，大家都穷。婚礼上不准吹唢呐，只能抬轿子，因为吹唢呐属于迷信。她家的嫁妆，就是桌椅板凳和一个衣柜。刘胜扬当新郎的那天晚上，还去大队开会。

结婚才3年，她就生病了。夫妻俩感情还好，接连生了8个娃娃：5个姑娘，3个儿子。刘胜扬说：“这又不是坛子口，封也封不住的，你想不生了，她

① 病壳壳：方言，体弱多病之意。

还是生。”他们没有吵过架，还一起去看过电影，用大背篼把娃娃们背着去，看的是露天电影《南征北战》。一大家子的人，加上爷爷、奶奶和父亲，衣服都是她做的。当地不产棉花，她先买棉花来纺成布，再做成衣裳，这些都是她的活计。她很辛苦，哮喘病也不能累着，幸好娃娃们渐渐长大，还能帮着她。

南晚妮 50 岁出头就病死了。那一年大旱，旱了一百多天，河里的水都干涸了。她去世的那天晚上，大家来帮忙，刘胜扬想给每人煮一碗米酒喝，井里没有水，只好走远路去河里挑。

她走了，刘胜扬很伤心，她病了三四年，之前还怀了第九个娃娃，生下来不到 1 岁就死了。她因为生病，没有奶，他们把娃娃送到那些产妇家去，这个喂两口，那个喂两口，娃娃吃了就吐。那时刘胜扬的大姑娘也生了第四个娃娃，大姑娘就把这小妹妹背去吃奶，因为她吐，大姑娘就把小妹妹倒转过来，她反而死了。大姑娘自己也生了 8 个娃娃，刘胜扬现在已是五世同堂。

刘胜扬的第二个妻子姓向，是他和徒弟郑登科去买鸽子的时候认识的。郑登科的侄女婿跟向孃孃是一个队，那里叫上坝。她小刘胜扬 3 岁，男人死了就守寡，也有 8 个娃娃，死了 4 个，都是长大后才死的，她的娃娃们都姓朱。郑登科做了他们的介绍人，他们没有办婚礼，没有下书，没有讨年庚，只是领了结婚证。他跟她结婚的时候，她的娃娃们都成家了，她就一个人到龙山来。她来的那一天，正逢刘胜扬给奶奶和父母安碑，人客很多，每人发两个饼子，就算他们结婚了。

向孃孃跟刘胜扬生活了 20 年，他们也没有吵过架。她本来跟他的儿子媳妇们相处还融洽，但是有一次，为了一句话，儿媳和她吵起来，她忽然昏死过去，倒在地上。他们以为她死了，棺材都准备好了，结果她自己悠悠地醒过来，还问儿媳：“你是望着我死吗？”儿媳还在斗气，就说：“你死了我也不管你。”

然后向孃孃又活了 3 年，还是遭了一场病。她病倒的时候，别人来请刘胜扬去做法，他也不去了，就在家里守着她。她没病的时候，儿女们让她做饭，她病了，他们也就不叫她了。刘胜扬让她自己的儿女们把她接回去，他把自己预备的棺材给了她，还拿出500斤谷子分给那些请来埋她的人。她的儿女们都喊他，这令他很欣慰。他自己的儿子也拿出一百块钱，买火炮放了给她送葬。她入土以后，刘胜扬儿子还去跪了，行了孝子礼。

刘胜扬的第三个妻子，是他70多岁的时候娶的，姓张。向孃孃走以后，徒弟贾二就给他介绍了张孃孃。张孃孃的腿摔坏了，请他们去给她“打替”。刘胜扬说：“这是她自己摔的，不用‘打替’。”他知道徒弟的心意，犹豫着不想应承，但是贾二说：“传法的时候，师父师母都要在，师父传法，师娘传印。现在向孃孃死了，没有人传我们的印，那怎么行？”贾二的意思是，师父必须有一个老婆，这傩坛才算完整。

张孃孃有5个娃娃，3个姑娘两个儿，她比刘胜扬小十二三岁，是张家山人。过去，张家山的人都说她脾气坏，人很凶，自从跟了刘胜扬，她的性情就全然变了。

张孃孃没有到龙山来，只是刘胜阳到张家山去看她。每个月，刘胜扬拿三五百块钱给她。她不跟他一道生活，因为她有娃娃，刘胜扬也有娃娃，待他死的时候，儿子媳妇、姑娘女婿，光是孝衣就要穿24套，加上徒弟，就得四五十套了。张孃孃的儿子叫刘胜扬去张家山住，刘胜扬说：“我不去，我去了你们承不起。”

他们没有领结婚证，只是名义上的夫妻。他是喜欢她的，若是不喜欢，也不会给她钱。他替她交电费，交电话费，她家里的打米机、洗衣机也是他买的。徒弟来传印的时候，她就做师娘。徒弟们出师的时候，给师父师娘各买一件新衣，她已经有了5件新衣。

他想，等他到了80岁，他去不了她那里了，但是每年还要拿一万块钱给她，这是他的良心，不管怎么样，人家也是担了师娘的名誉。他对她说：“不管我是不是活到90岁，只要我走得动，我就会慢慢地爬着去拿钱给你。”

花 灯

花灯令乌江两岸的人们格外痴迷，相较于请神还愿的傩戏，它更有千般丰富的人间气息。

除了跳傩，刘胜扬还学花灯。每年正月间，龙山都要跳花灯，一直跳到大年十五，足足有半个月。刘胜扬还只有五六岁，就由大人背着去看跳花灯了，到了灯场把他放下来，跟着人家跳。山里的路狭窄崎岖，他们追着花灯班看戏，从一个寨子追到另外一个寨子，打着当地的“糍粑灯笼”，乐此不疲。

到了1958年，邻近的石阡县还在演花灯，有龙灯、狮子灯、贝壳灯等。刘胜扬他们去那里跳灯，赢回了一面“大红旗”。花灯的唱词都是七字句，由艺人自己编，有“九板十三腔”，一个调子一种词，刘胜扬也会编。

过去龙山人人会唱花灯，现在还能跳花灯的、拉二胡的，只剩下几个老人，如陈再富、陈再华、陈德唯、周德凡，他们比刘胜扬小一两岁，是他的同代人。

花灯同样有男旦，女的不能上去演，因为怕别人笑。过去的女人都裹小脚，刘胜扬的母亲和姨妈就是小脚，姨妈的脚小得叫人惊诧。龙山的风气很封闭，花灯里面有一些男女情窦初开的唱词，互相调侃，其实是正经的，并不浪，但是女的也不准看。父母教育女儿，就说“好女不看灯”。直到1956年，才有了一个女人来演旦角。

刘胜扬男角女角都演，还跳丑角。他们在文家店一个叫迷洞的地方跳花灯，一演便是两三天的戏。花灯里的旦角叫作“幺妹儿”，有的叫“情小妹”，有的叫“情幺妹”“干妹子”。旦角须上装，一手执扇子，一手拿帕子，头上戴一个假髻子，穿花裙。动作是一代代人传下来的，比如“犀牛望月”“膝上栽花”“黄龙缠腰”，走的步子叫作“丁丁步”。男角唤作“干哥哥”，他反穿皮袄，扎腰带，戴一顶瓜皮帽子，右手拿大蒲扇。干哥围绕幺妹转，互相旋转唱跳，女旦唱“正月里来呀是新年呀哟嚯”，男的就和“哎嘿咿呀嘿哟嘿”。

女的声音要尖细，男的则要粗犷。假如男人演的是测字先生，就有念白道：“一点一画呀长，一字在中啊央，十二字才唱哎歌，八字抬上啊堂。”

花灯由二胡和锣鼓伴奏，如果是一半锣鼓一半二胡，就叫“半截灯”。假如是跳锣鼓灯，比如“送寿元”，就这样唱：

一是寿元嘛细细索呀嘛汉灯呀，二送富贵铛铛磁呀磁铛哪铛磁呀，两双呀钱哟两双呀钱哟……

另有一首这样唱：

一送呀寿元嘛千哪百岁吔千哪百岁吔，二送里格富贵吔两呀双钱呀，花开哪石榴花呀，呀呀咿呀嗨花开，哪石榴花呀……

刘胜扬的花灯也唱得婉转曲折，意味绵长

刘胜扬记得一些老花灯。花灯开唱前，有一段词叫作“散花籽”，是这样唱的：

正月是新年哪咦呀喂，我姣进花园哪哇喂。手啊拿花籽咿儿哪咿呀，散在满花园呀哎。

二月是春分哪咿呀哎，花儿更则生哪啊，吩咐那梅香咿呀呀咿呀，斩草去除根呀哎。三月是清明哪咿呀哎，花儿长出林呀哎，吩咐那梅香咿呀呀咿呀，挑些水来淋呀哎。四月是立夏咿呀哎，花儿在发岔呀哎，吩咐那梅香咿呀呀咿呀，扒些刺来巴呀哎。五月是半阳呀咿呀哎，花儿长出墙啊哎，吩咐那梅香咿呀咿呀，隔是隔墙望呀哎。六月天气热呀咿呀啊，太阳大呀晒死草一把呀哎，吩咐那梅香咿呀咿呀，站到阴凉下呀哎。七月秋风凉啊咿呀哎，八月桂花香啊呀哎，还哪到九月咿呀呀咿呀，过了重阳呀哎。十月小阳春呀咿呀哎，冬月要来临呀哎，冬啊腊二月一个呀咿呀，降下雪花来呀哎。

花灯开了场，则唱二十四节气，从一月唱到十二月：

正月里小灯哎放哎光啊，二月那个芙啊蓉呀百花香哦呀咿哎，三月清明哎祭古宗哦，四月我们立啊夏忙哎栽啊秧呀啊咿哟……

哥哥和妹妹谈交情，是这样唱：

姊妹呀谈交情哦，情哇情哥哥你是哪州人嘞，哥哥要盘问嘞站在这旁来，站在哪旁喂听我嘞说话晓是晓地名嘞，打破铜锣思哎州府啰，想请你同路我是元州人嘞。

刘胜扬唱了几十年花灯，他说“盘五更”最是好听，若是两个角色声气[①]好，那就更加委婉动人。花灯里还有一种“说行文”，说蛇蚤、蛤蟆的，就很有趣：

一呀更一点我问妹妹事哎，有脚的无毛是哪样哎？有啊脚无啊毛是那跳蚤，它又不是那孙悟空，然何呀它走路打呀筋斗哎花开那石榴花，呀呀咿呀嗦花开那石榴花吔。有脚无毛是青蛙，它又不是那孔夫子。然何它咯哇咯哇去教书哎……

花灯还有祭祀的功用。唱一出花灯，可以把一年的瘟疫都带走，所以花灯的最后一节叫“扫荡”，即是把霉运扫出门去。哪怕这户人家不喜欢花灯，他也要遵从这个风俗。

在龙山的花灯班里，刘胜扬唱旦角，石登全唱丑角。刘胜扬的儿子也演旦角，动作身段都好，但是声音不如父亲，人也显胖。刘胜扬的灯词都是装在肚

① 声气：方言，指嗓音。

子里的，信口而来，各村都有不同的唱法，他走一处学一处，会的就更多了。

但是，现在的正月，年轻人都出门打工去了，他们不学傩，也不学花灯，政府组织他们来跳灯，他们也只能拿着唱本唱。

徒弟

刘胜扬跳的傩，跟思南其他傩堂的大体一样，许多傩艺也是从龙山传出去的，传到马家、柏家、罗家、陆家、吴家，又分别传给各自的徒弟。德江、松桃、沿河、石阡县的傩，则从塘头[①]传出，祖师刘法清当年就住塘头。

有一年，德江县的一个傩师到思南来参加会演，刘胜扬已经坐下了，他还在那里运气，他法力不强，被刀割伤，就来拜刘胜扬为师。各个傩戏班的师承不同，靠师父口传心授。师父死了，徒弟做法事时想不起来，也就自己临机改变了。徒弟再收了徒弟，以为师父的东西是正宗，其实已经发了岔，这么传下去，很多内容就不尽相同。

刘胜扬的徒弟大多家境困难，也因此才来学傩谋生。现在，他最大的弟子杨昌权已经年过半百，最小的杜满只有 20 岁。他们来了，上台来喊一声师父，也不用搞仪式，刘胜扬的入门很简单。徒弟们跟着他，现场看，现场记，帮着敲锣打鼓，大概背得了就可以上场。刘胜扬也不挑人，笨一点的学得慢，聪明一点的就出师快。

徒弟出师那天，刘胜扬和东王母的牌子坐一条板凳，张孃孃和西王母的牌子坐一条板凳。另几条板凳上，坐着接法师、引进师、唱读师、证明师、保举师，还有大金刀。唱读师要唱：

大金刀，十方门下斩鬼头。

---

① 塘头镇：思南县第一大镇，是思南县河东片区经济文化中心，总人口 55046 人。

引进师对刘胜扬说：“我今天带某某来跟你学法。”刘胜扬问他：“你如何知道老君有法？”引进师答：老君几人几弟兄云云。唱读师又唱阵法，有大金刀、小金刀、大排君、小排君、中排蜡烛、阴九牛、阳九牛、天九牛、地九牛、天应、地应、狮子口等，共 20 个阵法。阵法以手势来表示，是祖传绝法，阵法一比出来，邪魔鬼神就被镇住了。

师父传徒弟，是一桩郑重的事情。但是刘胜扬有一个徒弟，随便就去传给了别人，刘胜扬不高兴了。徒弟拿刀去做“上刀山”的时候，把脚割破了，算是师父对他的惩戒。

那个叫贾二的徒弟，有一年去一户姓曾的人家做 7 天法事。刘胜扬本来是安排他去的，他倒自作主张，安排刘胜扬的儿子去。本来，曾家人给了 120 块钱，其中 60 块给上刀山的人，下面的每人 10 块。贾二把这 10 块给了另外一个徒弟，自己没有要。“下火池”（把砖烧红了，光脚从上面踩过去）的时候，每块砖 5 块钱，最少烧 24 块，贾二就把这钱留给了自己，刘胜扬生了气。“下火池”的时候，他的儿子和另外一个叫华山的徒弟都顺当地踩过去了，轮到贾二走砖的时候，脚就被烫破了皮，又痛又肿。贾二过去“上刀山”“下油锅”，从没有伤过，这一次他受了教训，以后也就不敢了。

刘胜扬认为，自己是又小气又大方的。他一共收徒 21 个，死掉的有 7 个。这些徒弟，乡坝的有两个，场坝上的有两个，石阡的有四个，其余都是文家店的本地人。傩师很讲究徒弟忠与不忠，徒弟犯错误，三次五次尚可，师父还能给他讲道理，七次八次还不改，师父就把他撂在一边，不让他去做法事，徒弟也就明白自己有错了。刘胜扬最聪明的徒弟，叫石添全，师徒间已经几年不来往，刘胜扬认为石添全的毛病就是不忠，跟师父唱对台戏，总想自己挑班子。张家的孙子出师的那个春天，师徒俩遇见了，石添权跪着给师父认错，刘胜扬这才原谅了他。现在石添权自己开坛，也有了一个徒弟。

刘胜扬家的人口多，平常开饭，连同重孙就要摆两桌。假如全家都到齐，需七八张桌子。他的小儿子是 1970 年出生的，1973 年才搞计划生育。3 个儿子都读过书，大儿子没有读初中，他就是不愿读书，送他到石家寨学校，他自己又溜回家来，但刘胜扬认为，儿子的傩艺强过了自己。小儿子读初中的时候，跟人家谈恋爱，结果双方都辍学，也回家来学傩法。刘胜扬的大孙子，已经去“杀广”①，另一个孙子跟着他学傩法，走到哪里跟到哪里。

刘家的傩法传了下来。刘胜扬期待着，只要还有生老病死，傩法就能继续传下去。

每当傩坛开坛，刘胜扬戴上面具，就是这千百年习俗中神灵的代言人。他出入阳世阴间，以桃符调遣天兵天将，他也跳戏酬神，忽男忽女。他的世界，是连通了天地、人神与古往今来的。

① 杀广：方言，意即到广东打工。

银饰大师杨光宾

2011年，来自黔东南雷山县控拜村[①]的苗族银匠杨光宾，站在巴黎卢浮宫丛林般的雕塑间。

参观者川流不息，仰头俯首，皆是满目缤纷。杨光宾是个沉静的苗族男人，天然有一种持重温厚的神态，面对那些目不暇接的古典绘画和雕刻，他是矜持的，他想，这些油画是很好，但这是别人的东西，我们用不着。我们的文化也很好、很多，我的东西，是祖先传下来的。

杨光宾所在的控拜村，是黔东南苗族古老的银匠村，离县城100多里，离州府80多里，离省城500多里。少年时，杨光宾跟着父亲，挑着工具挑子，走村串寨去给别人打银饰。山道难行，他哭过，绝望过，被父亲骂过。脚下的路，他一步步地往前走，不曾想象有一天就来到了卢浮宫。

和他一路的，还有几位贵州民间艺人，做刺绣的张桂英，做蜡染的王阿版，做傩面具的王国华，他们随贵州省文化厅到欧洲作“中国贵州苗族服饰展”，已去了比利时和荷兰。他们几乎是从未走出过大山的，他们手上的技艺，

① 控拜村：主要由上寨、中寨、下寨三个部分和新寨组成，有202户人家，总人口1292人，有李、穆、龙、杨、潘五大姓。农业以稻鱼生产为主，村民拥有精湛的苗族银饰锻造技艺，形成了独特的苗族银匠群体。

夜以继日，杨光宾总是坐在他的工作台前

是祖先的传承，更是糊口的工具，但现在，他们飞过重洋来到欧洲，就有了一个新的身份：苗族艺术家。这个身份让他们新鲜、震动和惶惑，所见所闻，所触所感，全然是另一番天地。内心掀起的热闹过去后，他们想着家乡、苗族和自己，心底有了一种肃然。

澳大利亚的历史学家格迪斯说："世界上有两个灾难深重而又顽强不屈的民族，他们是中国的苗族和分散在世界各地的犹太民族。"苗族先祖是九黎部落，首领为蚩尤，是中国最古老的民族，数千年中，他们经历了悲壮的五次大迁徙，从黄河下游和长江下游间的平原地带，一路向南，流散到了五大洲。而他们中最大的部族群落，走进了贵州的崇山峻岭，开荒耕耘，顽强地生存了下来。时至今日，他们成了全球化时代里最多样的文化景观之一。

苗族有完整丰富的文化系统，溯源到炎黄时期，他们就有了刑法、武器和宗教。苗族的古歌[①]，像圣经一样细致描述创世情形，是人类对宇宙世界诞生的憨拙奇丽的想象。而他们的各类俗世艺术，有着悲情和乡愁的指向，更有独

控拜银匠村

① 苗族古歌：是在苗族聚居区普遍流传的一种以创世为主体内容的诗体神话，俗称"古歌"或"古歌古词"。

特、真朴和多变的面貌。到过贵州苗乡的人，会惊异于这样一个僻居山岭、道路艰险、长期刀耕火种的民族，竟拥有灿若云霞的银饰和刺绣，当苗人聚而歌舞，那华美到繁复的一层层、一叠叠的银与绣，就是一个苦难民族的自由和诗意。

杨光宾所在的控拜村虽然山高路远，却是中国唯一的银匠村。

苗族古歌里唱："以前造日月，举锤打金银，银花溅满地，颗颗亮晶晶，大的变大星，小的变小星。"住在控拜村的苗人，大多都是银匠，但他们的日子，并不似古歌里那样银花金星般富足，却是杨光宾记忆里的两个字：穷和苦。

2006年，中央电视台《中国记忆》摄制组在控拜找到杨光宾的时候，他住在简陋隙缝的干栏木屋里，赤着脚，一双手粗糙得像钳子。泥地上挖了一口火塘，他就在火塘边捶打银片。

控拜在苗话里，是"锅巴"的读音。老人们在火塘边给后代讲故事，说很久以前，控拜出了一个人才，他会飞，从控拜飞到凯里去讨盐巴来吃饭。这个会飞的神人，有了绝技，也只是为了吃饭，可见日子是穷苦的。后来，清军曾经进山烧了控拜，这里一度无人居住，以后才有人陆续迁来，就叫作"控拜"了。

听村里的老人说，控拜最穷的时候，是1958年。杨光宾生于1963年，他记忆中的日子仍然穷苦，家里的主食是蕨菜粑。蕨菜根长在山坡上，即使当柴火，人们也懒得砍来烧，只等春天里长出了枝芽，杨光宾就跟着父亲和哥哥去采摘了回家充饥。蕨根表面粗糙刺手，里面含有淀粉，做起来费时又费力，他们先用粑槽来捶，捶烂了再过滤，然后放在缸里，第二天把沉淀出的东西淘出来。蕨根煮出的稀饭，就是一家人的主食。

父亲是杨家的第四代银匠。控拜每一家都做银饰，各家的工艺和图案不一样，因为苗族银匠是流动的，走村串寨，见闻习染，掌握的图案和技艺就不同。杨光宾读到小学三年级的时候，两个哥哥不愿意做银匠，都去当兵了。父亲对小儿子说："你学会了打银子，是饿不死的。"杨光宾便跟着父亲学。

做银匠需要基本功，手镯必须要打成六方的，打不成六方，那就不能出师。杨光宾没想到这样难，他经常弄得一头大汗，筋疲力尽，也不能成功。他发了狠，把手里的银子甩掉了几次，不想干了，父亲又说，你不想做也行，但是这是我们民族的东西，我们生在这个地方，没有哪样发展，只有靠这个手艺吃饭。杨光宾体会不了这些道理，他又摔过一只手镯，父亲终于发火了，对他吼道："你不做了，杨家的手艺到我这一代就失传了！"杨光宾只好捡起来，继续学。

苗族为自己选了银子，来做一个民族的财富和美的标志，但黔东南的山里并不产银。银子很珍贵，是山民的家产，也是女儿的嫁妆，需要一家人面朝黄土背朝天的劳作来换取。银子还可以辟邪，预防寒凉侵蚀身体。苗人上山劳动，渴了要喝山泉水，他们用戒指和手镯在水里搅拌，如果银饰变黑了，水就不能喝了。银饰对苗族家庭有传承的作用，房子是儿子的，银饰就归姑娘。假若姑娘嫁出去了，生活得并不好，缺吃少穿，男方也没有权利动女方的银子。

很久以前，北京的圆木、枕木都到黔东南来采买，商人们用银子跟苗人换木材，苗人就搜集了元宝和袁大头来做银饰。一身的银饰，需要 10 斤银子，苗族人家哪怕瓮牖绳枢，家徒四壁，但箱子底下却拿得出层层包裹的银子。杨光宾小时候见过元宝，一只元宝大约有 10 两，他也见过袁大头，以后，它们都化成各家祖传的银饰，或者只能在博物馆里见到了。

终于出师了，等待杨光宾的是真正的艰辛。他开始跟着父亲出门讨生活，父子俩的工具很简单，只是一个锤，一把剪刀，一根吹管，走到哪家就用哪家的火。遇上自己带的工具不齐全了，当地也有铁匠，向他们要一点铁来加工。

山道寂寞又漫长，荆棘、荒石和泥泞，是他们每天面对的，常常走得腰膝发软。杨光宾记得，他第一次跟着父亲走村游寨，是到县城雷山① 去。他们在家里煮好了糯米饭，带着糯米饭上路。从控拜走到雷山县城，要从凌晨走到天

① 雷山县：位于黔东南苗族侗族自治州西南部，县境内世居苗族、汉族、水族、侗族、瑶族、彝族 6 个民族，苗族人口占总人口的 84.78%，少数民族人口占 92.32%。

黑，他们先从控拜到坎脚，再从坎脚到西江，从西江到乌仰，从乌仰到黄里，从黄里到陶尧，最后才到县城。杨光宾走到半路就哭了，不想走了。父亲并不同情他，说："你哭哪样？你要哭就回家，我不要你走了！"杨光宾只能跟着走。到了雷山县，他们在舅舅家住一晚，第二天，又走到丹寨[①]和雷山交接的一个地方。那时候苗人都穷，家家户户吃红苕饭，杨光宾吃不惯，可是也只能吃。晚上睡觉，睡在别人家的炉火边，铺上一层稻草就睡下了。杨光宾想，这家人这么困难，一定拿不出银子来。可是人家拿出了银子，父子俩打手镯、耳环和发簪，在那里住了一个多星期，才又上路。

有一回，他们到了一个一百多户人家的苗寨。路上就已经断了粮。父亲在路边等着，让杨光宾去寨里讨饭，交代他说："你讨到了，就喊我去吃，讨不到就不要来喊我。"杨光宾还是一个少年，面皮薄，他磨蹭着，终于熬不住饿，到寨子里敲了八家的门，也没有讨到，谁家也没有余粮。敲到第九家，一个中年男人开了门，杨光宾求他说："伯伯，给你讨口饭，我饿得很，走不动了。"男人问："你是哪里的？"杨光宾说："西江的，我是来找银子加工的。"男人说："就是你一个人？"杨光宾说："还有我爸爸。"男人说："你叫他一起来吃吧。"男人是寨里的一个主任。杨光宾和父亲在他家住了一个月，给他做银饰。他们心里怀着感激，那男人是个好心人。

杨光宾是从父亲手上出师的，数十年后，当他成为苗族名匠，几乎走遍了中国，还游历了国外其他国家，见识了许多山外的人与事，他再来看父亲的手艺，便觉得平常了。父亲连铜坯也没有，只是带一块松香板，每到一个地方，就靠松香板做不同的模子，图案都装在心里。父亲告诉他，爷爷更聪明，走到什么地方都不带工具，也比他们走得更远，曾经还去过广西。爷爷和父亲的年代，做一个银匠有自己的方式，但都只是山里的生计，只有杨光宾获得了机

---

① 丹寨县：隶属黔东南苗族侗族自治州，县境内多民族聚居，有苗族、汉族、水族、布依族等 21 个少数民族。丹寨县苗族蜡染、古法造纸、苗族锦鸡舞、贾、苗族苗年、苗族服饰、苗族芒筒芦笙祭祀乐舞七个项目被国务院列为国家级非物质文化遗产保护名录。

会，来重新审视和估量苗族的银饰文化。

每当这时，他就想起了父亲那些散落在风中阳光中的话，想起父亲对自己的斥骂，那其实都是在教导他。现在，他常常回想起父亲的那些话，琢磨里面的道理，发现父亲的话正是他在变幻多端的世事间的立足之本，他也用这些话来教育自己的徒弟，希望他们能穿过诱惑和歧途，回到苗族的文化，守住世代的手艺。

父亲常年翻山越岭，衣食无当，没有落下一个好身体，但他离开这个世界的时候，也许心里是满意的，因为杨家的银饰手艺，终于有杨光宾来承续了。父亲当然不会想到，在他走后不久，时代就发生巨变，一点点地渗进山里来，控拜偏远而宁谧的日子渐渐喧闹了，人心也喧闹了。

那是90年代，杨光宾已经成了家，妻子也是控拜苗族。他说，自己不是聪明人，聪明人都改行了。他们出去造房子，当瓦匠，挖土方，什么有钱做什么，后来寨上的劳力全都出去打工，一天能挣几十块钱。他们能挣钱，也能花钱，买回许多控拜从未见过的东西。他们邀约杨光宾说："哎，你跟我们走嘛，大家一起有个伴。"杨光宾守着简陋的木屋，心里并不动摇，他想，到很远的地方去给别人干活，照顾不了家庭，写一封信要一个月才能收到，生了病家人也不晓得，你们有钱我不眼红，我也不动摇。

做银匠不挣钱，杨光宾还是继续做，他一边养牛养猪，种地种菜。那时，黔东南的银匠们，纷纷用白铜替代了白银，白铜成本低廉，用氰化钾来清洗，用机器来打制，挣钱就快。杨光宾寂寞地守在控拜山上，他坚持用纯银和手工做银饰，用枫香来处理。他的木屋被大山围裹，他的技艺也被潮流围裹，他的神情却总是一如既往的平静。

一个真正的匠人，注定是孤独的，杨光宾不害怕孤独，那些山道上行长路的孤独，已经沉潜在他的血液里，让他能够心无旁骛地面对他的松香板，他的炉火，他的锤子、凿子和刀子。他也没有等待什么，40多年过去了，他的日子里并没有什么奇迹。他的客户很少，却是奔着他来的，知道他手里的是真东西。

2005年，国家启动保护传统文化的工作，中央电视台到黔东南寻找苗族银匠，他们到处见到的都是白铜，几乎要失望而归了。最后来到控拜，见到老人们留守在家，年轻人都出去了，他们也很沮丧。正准备姗姗而返，听见坡下的一间寒陋的木屋传出叮当的锤打声，他们寻声找去，就见到了赤脚打银的杨光宾。

他们在他家拍摄了一个星期，不久后，文化部评选第一批国家级非物质文化遗产传承人，直接向贵州省点了杨光宾的名。县里的人来到控拜，让杨光宾填表，他说他不会写字，来人坚持要他自己写。那一批的国家传承人有226个，杨光宾43岁，是最小的一个。

父亲曾经说："你要坚持，哪怕苦一点也好，挣不到钱也好，你也要做，将来你一定有好处的。"父亲的话应验了。

苗族银饰有银角、银冠、银项圈、围腰链、银手镯、银衣片等百余种，手工制作有30多道工序，包括铸炼、锤打、焊接、洗涤。杨光宾的铜刀，是用铜锣做的，走起线条来很光滑。他去山上取松树油来做松香，用木炭来化银，他的作坊其实很简单。那些机器制作的银饰，线条从下面凸出来，手工的则是从上面

杨光宾作品之一

打，线条凹下去。机器做的对称而整齐，手工做的蝴蝶翅膀，两边却不可能相同。杨光宾要的就是这样的效果，一个点一条线，都藏着心思和手艺。图案是控拜的老人一代代留下来的，杨光宾把它们做得更细致，他也想着去创新，但他更明白不能脱离，脱离就是背宗忘祖，就不是苗族的东西。

当上了国家级传承人，杨光宾的世界倏然间打开来。他到贵州民族大学和苏州美院去上课，到北京科技职业技术学院做指导，除了东三省，全国各地他都去过了。他接触了许多，也比较和思考了许多，最终，他获得了一种前所未有的文化自觉和自信。许多公司以各种名义找到他，要跟他合作，他说，如果我跟你合作，你就控制我了，我不干。他们笑他，说他是疯子。他说，我不是疯子，我是尖子。

儿子跟他学做银饰，他的要求更高了，他说，一个人要做一点东西留下来，才对得起自己的一生，这是最起码的。他的徒弟们说，打出银饰，就怕找不到出路。杨光宾说，你不要去找路，总有一天，路会来找你。只有人家来找你，你才是宝，你去找别人，就是一张废纸。

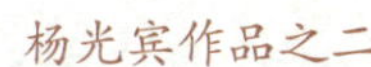
杨光宾作品之二

他总觉得自己说不好汉语，但他的这些话，是一个工匠对世事的参悟，徒弟们兴许要用一生去领会。

做一点东西留下来，变成了杨光宾后半生的人生目标。他用数年的时间，给中国美术馆做 12 套黔东南各支系的苗银盛装。这项工作辛劳而漫长，两年过去了，杨光宾只完成了 4 套，台江的、丹寨的、雷山的、凯里舟溪的，还有 8 套在前面等着他。

这是近乎修行的工作，杨光宾仍然很辛苦，但他内心更加明净了。他的老花镜已经换了 3 副，除了去散步活动，他不抽烟，不喝酒，不看电视，从早到晚坐在他的台案边，用一只录音机放苗歌，一盏孤灯照着他。他说:“做工艺的人，有很多无法向别人说的东西。”

在千万次的铸炼、锤打、焊接、编结、洗涤中，杨光宾凝神定气，也心事浩茫。他手中每一个图案，都有一个故事，都有苗族几千年的悲喜，看着它们，他看到了他自己、他的民族和这个世界的路途。

石阡木脑壳戏：付正华和饶世光

木偶担子

两个花桥[①]和坪山[②]乡下来的老头，真是老了。

石阡县[③]清透的冬寒里，他们的棉袄臃肿，神态瑟缩地走在挤满商铺的街道上，冻出了鼻涕，用手擤掉，抹在衣襟上。这一年是2014年，付正华83岁，饶世光80岁。忙碌的人们来去匆匆，各种车辆穿梭不停，没有人能够留意到他们。

我们转进一家火锅店，吃牛筋火锅。店面不大，装修简洁，看上去还干净。他们有些局促，四下里张望。待坐定下来，冒着热气的茶摆上桌，付正华端正了心神，用见多识广的语气说："我知道，这个是苦丁茶，苦丁茶好得很。"其实，这不是苦丁茶，只是店家用大壶冲泡的廉价绿茶。

① 花桥：花桥镇，石阡县东部，全村辖14个村民小组，总户数532户，总人口2232人，面积5.9平方公里。

② 坪山乡：坪山仡佬族侗族乡，位于石阡县县城南部，距县城28公里。全乡总户数1969户，7836人。

③ 石阡县：贵州省铜仁市下辖县，位于铜仁市西南部，有仡佬、侗、苗、土家等12个少数民族，占总人口的68%。

2014 年深冬，饶世光（前）和付正华（后）走在县城的街道上

付正华双目有神，那一双陷在皱纹里的眼睛，偶尔闪出审视人的意味。他嗓音粗哑，他说："这是唱了 70 年的木偶戏，把嗓子唱烂了。"

石阡这个县，是黔东北腹地以温泉闻名的山间小县，沟谷纵横，属于岩溶地貌。付正华和饶世光生活了一辈子的地方，离县城都不到 30 公里，大山连绵无尽，到这里却仿若丘陵，有大小河流经过，算得上是适宜人居的地方。人们种烤烟、茶叶、桃李，吃油桃、酸汤豆腐和红薯泡粑，他们的来源枝杈纷繁，盘根错节，像丛林里的山道，看不见来路和去处，他们的族属，大致有汉族、侗族、苗族和仡佬族。

付正华和饶世光，是石阡木偶戏仅存的几位老艺人，都进入耄耋之年。他们唱了几十年的木偶戏，虽从三皇五帝唱到唐宋元明清，也仿佛将随着他们几位的老去，湮没在文化逝者如斯的长河里。

我和他们相处了两天。他们抽烟厉害，白天，烟雾把斜进宾馆房间的阳光搅得浑浊，夜晚，灯光也在烟缕间流动。他们说一阵，唱一阵，笑一阵，叹一阵，到了后来，我也感到房中一日，世上千年，一颗心随着他们游荡了千山万水，也跟着他们历经了山里的春秋。

小时候，我在一家木偶剧团做过业余报幕，长大了，便觉得木偶只是幼稚孩童的乐趣，但这两位乡间老头的木偶戏，却让我很是惊讶，原来他们的木偶戏，是源远流长、郑重丰厚的教化娱乐。乾隆有诗云：瞽目先生小说流，稗官敲钵唱街头。村翁里妇扶携听，傥为欢欣傥为愁。在中国的文化版图上，偏远如石阡花桥，也有承袭了中华历史文化传统的木偶戏，让它的一代代的乡村观众们，获得了文化的滋养。

木偶初为"俑"，在殷墟中就已出土。关于它演变到木偶戏并兴盛，学界普遍认为是"源于汉，兴于唐"。石阡木偶戏的远祖，就是这一脉的延承，它可以追溯到汉魏时"刻木人像"的"傀儡"，司马迁《史记·孟尝君列传》篇中载："见木禺人与土禺人相与语。"这里的"木禺"便是"木偶"。木偶戏在中国民间有多种，比如布袋木偶、提线木偶、杖头木偶、铁线木偶等，石阡木偶在当地俗称“木脑壳戏”，因与高台戏相较，又称“矮台戏”，属于杖头木偶。杖头木偶是宋元时发端的，石阡木偶就是此类木偶戏的珍贵遗存。

贵州的木偶戏，历代鲜有文献述载。明代心学大儒王阳明在贵州龙场悟道，尝作《龙场傀儡戏》七律一首：处处相逢是戏场，何须傀儡夜登堂。繁华过眼三更促，名利牵人一线长。稚子自应争诧说，矮人亦复浪怨伤。本来面目还谁识，且向樽前学楚狂。石阡靠近土家族、苗族聚居的酉水①上游，是湘、鄂、川、黔四省的毗连地区，在这一区域，辰河高腔木偶班曾经极度盛行，从二月一直唱到秋后，如此，石阡木偶戏从湖南辰溪，到四川秀山，再落户石阡，也就是情理中的事情。

对于木偶戏的具体传入，花桥的付正华有一个 7 代人以前的故事。

故事说，付家木偶最早的老师，是来自湖南辰溪的吴法灵先生。吴法灵有一套齐备精致的木偶箱子道具，可是无人能唱，找不到生计，于是，他只好当了捡瓦匠，以给别人翻瓦捡漏为生。有一年，吴法灵到付家捡瓦，付家家境清贫，仅够维持温饱。农历六月十九，天气炎热，花桥举行观音会，付家人去看戏，吴法灵也一路前往。看罢，他对付家人说：“这样的戏算不得好戏。我有一副戏箱子，唱的是木脑壳戏，可惜没人能玩。”付家听了，出钱让吴法灵回家去把木脑壳戏的箱子运来。箱里的木偶穿的衣服，都用金线盘成，龙兽图案活灵活现，演将起来，人人称奇爱看。吴法灵于是把木偶戏传给了付家先祖付登象。付登象学了 3 年，才出去表演赚钱，而吴法灵没有后代，最后老死在石阡。

自那以后，付家从付登象，到付为士，到付荣任（法名付法荣），到付庭佩，到付应举（奶名付童妹），到付银洲（又名付朝金），再到付正荣、付正

---

① 酉水：又称更始河，位于湘鄂渝交界处，长江支流沅江的最大支流。发源于武陵山区，流域为土家族、苗族聚居地区，流经宣恩（湖北）、龙山（湖南）、来凤（湖北）、酉阳（重庆）、秀山（重庆），至高桥入湖南省保靖县境，再经永顺、古丈、沅陵等县，全长 477 公里，流域面积 18530 平方公里。

华（法名付法旺），现在到付正贵，整整8代人，延续了“木脑壳戏”两百多年的血脉。

石阡木偶戏，村道田边就是剧场，妇孺老幼就是观众

饶世光的家，则在坪山乡沙坪村盐井坝组，他的这一路木偶戏，祖师叫作黄思民，来自重庆秀山。黄祖师传戏，也有一个故事，约是1855年，黄思民逃难到了沙坪村，村人们对他这个外来户很是友善，他见村人善良，就把自己的木偶戏传给了饶家。

饶家班的剧目，有《薛仁贵征东》《乌泥河救主》《秦王夜探北平关》《打韩将官收樊梨花》《磨坊会》《谢文清南山放羊》《文王访贤》等40余出。饶家木偶戏辈辈相传，也有了6代艺人，在传承谱系的记载里，他们是道光年的饶廷愉（法名饶法兴）、咸丰年的饶文斗（法名饶法开）、光绪年的饶财源（法名饶法灵），其后的饶光龙（法名饶法清）、饶光显（法名饶法镇）、饶光有（法名饶法明）、饶世凡（法名饶法文）、饶世印（法名饶法权）、饶世光（法名饶法用）、饶泽木（法名饶法扬）、饶泽椿。

这一支木偶戏，也在石阡上演了近两百年，给山里人讲述着外面世界的庙堂与江湖。

付正华

付家班的木偶戏，可追溯到明代，之前，付家的祖上就从湖南到了贵州，一直住在花桥。

1931 年，付正华出生，他的父亲是付银洲，叔父是付银清，两兄弟把木偶戏唱得红红火火。但凡有瘟疫、病痛、保家护院、庄稼驱虫，乡邻们就请他们挑着箱子去唱木偶戏。一年到头，他们几乎无法在家里落脚，都在外面辗转演出，只有过年才能回家，腊月二十几回来，初一初二又挑箱启程了。

付正华从 10 岁就开始学戏。父亲付银洲在花桥赫赫有名，是上了书本的人物。从民国到 1941 年、1942 年，花桥的道具箱和戏班有两三个，除了付家班，还有姓张的、姓周的、姓权的、姓徐的各一班，几家戏班也会在一起演出要闹。

那是石阡木偶戏的鼎盛时期，名角就有付银洲（生角）、周辅廷（武生）、张德宣（老生）、张伯岳（小生、吹打）、黄玉清（小生）、全应斗（旦角）、李学海（旦角）、付云清（二花腔），严平周（花腔）、梁河清（小花腔）、张伯高（打场面）、周祖寿（打场面）。那时候并没有木偶戏这个称呼，只叫作“担子”，乡人们邀约去看戏，就说“去看担子”。木偶戏班的男人在外奔波，女人是不能出门的，便守在家里。

付正华小时候，花桥的担子戏观众很多，男女老幼都喜欢。花桥人也请道士做道场，叫他们“老师”，道场做三天三晚就结束了，而担子戏可以唱十天半月。除了娱乐，它还另有一种功能，就是替人还愿，还的是“戏愿”。比如花桥的大小两江间，每年到了五六月，秧子栽在田里，生了虫，是一种“倒播虫”（音），人们许了五天、十天的愿，担子戏班就去唱，唱过了，那虫子就自己跑掉了。此外，红白喜事，庆贺生辰，做寿酒，接媳妇，都要请担子戏。还有的寨上遭了瘟疫，人死了不少，牛羊牲畜也倒毙了许多，寨人许了愿，也

付正华在戏班里，从事配乐、施乐及文戏武戏表演、演唱、编辑剧本、排演节目

会请来担子戏班。因由不同，上演的戏也就各异。这小小的担子戏，承担了庄稼人的各种愿望。

戏班就住在愿主[①]家里，由愿主搭设舞台，提供吃住。在付正华的童年记忆里，生活总有无穷无尽的快乐，担子戏班的收入也令人满意。用粮食来折算，一天一人十碗米，五人五升米，八人八升米，所以，担子戏艺人的家境比周围的农人好。

付正华有 3 弟兄，两个兄弟学了木偶戏。父辈们去演出，就在台子上教他们手法，那些台词唱词，则是任何时候都可以教的。那时候，学木偶是为了生计，一个人学会了，就能挣钱养活一家人。他们在铜仁、江口、印江、思南这一带演出，常常进出岑巩、镇远[②]边界。过去交通不便，山高岭大，担子戏也就是在四乡演出，一个寨子扺一个寨子地演，这里演完了，那里又来接，所以一年也走不出很远。他们去演戏，木偶都是挑着，有时请人用角篮（篾条编制）来挑，多的有两挑，少的有一挑，起码也需七个人，才能演一出戏。那时还有土匪，在山道上堵着人抢钱，付家班运气好，倒从未遇见过。

在那些唱戏学戏的山道上走着，付正华兄弟长成了年轻人。他们在外面演出，不能接触年轻姑娘，因为风气所致，父母是不让姑娘们出门看担子戏的。年轻姑娘也不能轻易出门，实在喜欢了，只能姑娘媳妇老太太站在一伙，远远地看。戏演完了，她们也就走开，话都说不上一句。

付正华的婚姻，由老人做主，媳妇也是花桥姑娘，是老人谈下的。她姓石，叫石明仙，和付正华在 1951 年结婚，那时候他 19 岁。结婚前，双方没有见过面，直到轿子抬来了，付正华才第一次看到自己的新娘。他说，见面了，喜不喜欢都是她了，但她是见过他的，他去她家送彩礼，她躲在一边偷偷地看了他，心里喜欢。

① 愿主：请愿的主家。

② 铜仁、江口、印江、思南、岑巩、镇远，与石阡接壤的各县。江口、印江、思南县属铜仁地区，岑巩、镇远属黔东南州。

木偶戏让一代代的乡野百姓知道了历史与善恶

付正华会唱一百多出担子戏，但他仍然觉得自己没有学好。他唱戏的时间并不长，年少懵懂，多亏了父亲严格，才多少记得一些。1949年新中国成立后，担子戏就禁止唱了，也没人敢唱，戏班都回家种地。1952年土地改革，付正华所在的花桥村大塘组经济贫寒，也没有地主。成立农会以后，他当了民兵，还当过几年生产队队长。1955年办初级社，付正华24岁，那一年“百花齐放”，付家班的担子戏又唱过一阵，到石阡全县去演出，随后又办擂台赛，到地区去演，付正华兄弟也跟着父亲一道去了。1958年搞深耕，付正华在民兵突击连，还当了副连长。自然灾害的时候，花桥人挖野蕨菜充饥，也死了人，死掉的是劳力少、吃饭人口多的人家。人死，是没有个准头的，付正华当时只有一个孩子，挖来蕨菜还可以养他，所以付家没人饿死。以后，他当了生产队队长，一直当到1979年，石阡文化馆成立木偶队，把他叫去唱戏，他为了唱戏，把生产队长也丢了。所以，前后算起来，付正华唱戏不到10年。

父亲付银洲是癸卯年生的，去世的时候78岁。付银洲后来脑筋坏了，不知高矮冷暖，也不会说话。父亲的一些戏，付正华只是听过看过，却没能学到手。

1979 年，付正华他们去镇上给军人家属送柴。花桥大队支书问："你们的那套工具还在不？"他们这才知道，他们的一套木偶放在县文化馆里，"文化大革命"时被一把火烧了。支书说："你们演木偶，我给你们记工分。"他们就到县文化馆去找自己的木偶。

文化馆馆长姓杨，叫杨和胜（音），付家两兄弟去石阡找他，馆长安排他们到湖南去雕了一堂木脑壳，又到贵阳做了服装，成立了"石阡木偶剧团"。

他们演了一阵的木偶戏。那时候演戏，20 块钱一场，由邀请人供伙食，节目也由人家随心点。那是花桥木偶戏兵强马壮的时候，人数齐备，心气也高，还有一些老辈艺人掌班，付正华只能打下手。木偶团的节目很多，有两三百个节目和小戏，别人点什么，他们就能演什么。

到了 80 年代，木偶剧团遇上了一个棘手的问题。他们在县里演木偶，但还是属于生产队的人，到县里演出一次，须向生产队请假，生产队同意就能演，不同意也无法，而且，生产队还让他们交钱回去。付正华的大爷就想申请"农转非"，脱离了生产队，将户口从生产队转出来，往后靠演木偶戏来养活自己。但是，文教局不批，让他们哪里来哪里去。付正华的大爷生气了，跟文教局木偶团的经理吵起来。杨经理是一个拗性的人，他说："人家还有国家干部都没有转过来，你们这个就想农转非啊？你们也不想想，你们是由哪里来的？"付正华的大爷脾气暴，说："由哪里来的？由生产队来的，由农业上来的！你还怕我不会做农活咯？要走就走！"他们就把木偶甩在县里，赶夜路回到了花桥村。

他们走了，木偶团也就散了。又过了一些时候，县文化馆把木偶还给了他们，但是花桥木偶的老辈艺人东一个西一个地离开了人世，花桥人叫他们"老杆杆"，他们带走了许多的本事，那些曾给了花桥人无数欢笑和泪水的技艺，也随风散去了。

到了 2002 年，石阡的文广局长是坪山人，他知道坪山有木偶戏，就把木偶戏申报上去，后来，他才听说花桥也有木偶戏。花桥的副书记姓黄，就是县城南门的人，局长让黄书记找到花桥木偶，说要来参观。黄书记给付正华说了，还说县委宣传部也来参观，让他们搭一个台子。付家班此时人手凋落，只是简单地围起了围布，装扮起来，也弄得很费力。下午3点，宣传部的部长、副部长，文广局的局长，还有镇里的几个领导终于来了，付正华他们打起精神，给他们演了《三讨荆州》和《芦花荡》。

付正华说，他们肚子里的戏有两三百出，从三皇五帝到如今，但是传不下去了

《芦花荡》说的是周瑜战败后，在芦花荡遇张飞的一段。

张飞是花脸戏，一出场，他是这样唱的：

从来未悔这一仗
杀得天昏少日光
战鼓不停咚咚响
战锣不停响当当
战鼓咚咚要人丧
战锣当当要人亡
供案埋伏黄老将
将领埋伏魏文长
处处埋伏是好将
杀得周瑜无躲藏
徐庶丁奉不见往

悉皆失守当路旁

一马儿来在呀芦花荡

哎呀，芦花荡，芦花荡，芦哎花荡

遇上了周瑜，他又唱：

山头坐着翼德张

披头散发一员将

好似白驹出龙州

尔是周瑜是呀不是

通上名来呀

周瑜唱道：

这一回才服诸葛亮

神机妙算本领强

供案埋伏黄老将

将领埋伏魏文长

张翼德把守芦花荡

子龙埋伏在荆乡

处处埋伏是好将

杀得周瑜无躲藏

可怜我一片好意付东洋

张飞接唱：

甜言蜜语哎对谁讲

气得我怒满胸膛

曹操兵发三江上

吓得尔鬼写表降

不是军师诸葛亮

江南就会一旦亡

一次设下河梁宴
二哥保驾在身旁
二次用下美人计
换得尔鬼招东床
三次你把荆州降
痴心妄想为哪行
冤家相逢哎狭路上
你休想活命转柴桑

周瑜唱：

三千岁不服人太犟
恶言恶语把我伤
老天爷要收周瑜去
舍生忘死战一场

张飞唱：

听你言来怒往上
恶气满胸膛
手执钢鞭往下打
割尔头嘛来祭枪

两人上下翻飞打起来，一边打一边唱，最后周瑜打败了。

局长看罢，问付家班："你们有多少出节目？"付正华答道："我们是忠忠实实的人，不说假，乱说也有二三百出。"局长说："你记得住那么多啊？"付正华说："那是啊！记是记住了，你要叫我演二三百个戏，有些角色就演不出来了。但是要我教，二三百个节目我是可以教出来的，还有一些小本头（小戏），还有好多节目，你们听都没有听说过啊！"

局长回去就想了办法，让石阡民族中学的师生来学木偶戏。从那以后，付正华和饶世光就常常到县里来，在民族中学里教戏了。

付正华是唱历史的人，几千年的历史他都唱过。他看花桥木偶戏的兴衰，就有了感慨和叹息，他说："三十年河东，三十年河西，这木脑壳戏几反几复，现在呢，钱是花了不少钱，效果也差强人意。"

不过，若说他这一生，那是做什么都高兴，唱木偶高兴，做农活也高兴。现在，他们有低保，有老年费，文化局每年还给他们一点传承费，加起来一年有七八千，有了这几项，生活就解决了。他有四个儿子，三个女儿，三代同堂。他和最小的儿子住在一起，有时还出去演木偶戏，徒弟们的操作和唱功还不纯熟，他也不能放手。过去戏班的人多，生旦净末丑各霸一行，现在没有那么多人了，付正华只好什么都唱，花脸要吼，旦角要憋，还要教年轻人，嗓子就越来越糟糕。他说："但是，日子好过了，怎么样我都是开心的。"

饶世光

饶世光不善言辞，逢人就笑，笑意久久不消散。但是到了木脑壳戏场上，他就判若两人了，吹拉弹唱，生旦净末丑，即兴编词，他都轻松裕如，是坪山戏班的灵魂。

他是内心聪慧的人，对事情的看法和说法，总是短短的几句话，伴着他那种温良宽厚的孩子般的笑。如果别人不问他什么，他很少主动开腔。

他是1944年4月13日出生的，生在山间的一个木偶戏家庭，家中七辈人都唱木偶戏。他父亲会的戏，几天几夜也唱不完。饶家世代居住在石阡坪山，这里的森林覆盖面积超过70%，烤烟、畜牧和茶是乡民的主要生活来源，划分民族成分的时候，他们归在了仡佬族。仡佬族是贵州最早的世居民族，年月久远，也早已汉化。

坪山饶家的木偶戏，和花桥的不同，一个来自四川，一个来自湖南，戏文各异，声腔有别，角色也不一样。

饶世光是一位朴素内向的农民，拿起木偶来，却是吹拉弹唱演均能

坪山还有傩戏，从湖南桃源传过来，属于还愿戏。饶世光的村里就有两个戏班，傩戏和木偶戏互不抢生意，傩堂神龛供的是“五岳胜帝”，木偶戏班的神位供奉“岳王戏祖”。木偶是唐朝传下来的，因此神位上写着“唐朝赐封，正己冲天，封火院内，金华小姐，梅花小娘”，都是唐明皇年间的人物。

饶世光小时候，家里就有14个木偶，男脸谱有正生、皇生、小生、花脸、红脸、黑脸，女脸谱有正旦、旁旦、老旦，还有杂角、花脸、黑脸、红脸。这些木偶，是他的老太公（爷爷）自己雕的。老太公把木头戳空，看上去有半人多高，拿起来却是轻飘飘的，不沉手。“文化大革命”的时候破除迷信，木偶被搜去烧了。饶世光记得，他那时候心里非常舍不得，不明白发生了什么。过了很多年，父亲和兄长商量，又去雕了一套，但怎么也没有过去的好了。现在他家的一套木脑壳，直径也就是11厘米或者12厘米了。

饶世光的哥哥叫饶世应，弟弟叫饶世凡，弟兄三人从小跟着父亲唱木偶戏。饶家的木偶戏在坪山很有名，施秉①、羊场、翁头、罗家寨、李家湾，他们都去唱。四乡里农人家许愿还愿的，还有祝寿和婚庆，都会响起饶家的琴锣声。

他们家境并不富裕，但因为唱戏，日子就过得快乐。1949年坪山解放，每一户人家的堂屋里都住过解放军，屋外站着岗，还架着机枪。饶家来了十几个解放军，哪里的人都有，说着不同的口音。饶世光兄弟们年龄小，不懂世事，却是欢天喜地的，围着解放军跑。

新中国成立以后，父亲还是唱戏，弟兄们依然跟着他。哥哥饶世应是文盲，没有读过书，自己的名字也不认识。饶世光在沙坪小学读到了小学4年级，他比哥哥聪明，戏文也背得快。他9岁开始正式学艺，10岁那年的一天，寨中一位俗名叫“有缘菩萨”的唢呐师傅，看见饶世光自己学着吹唢呐，吹

---

① 施秉县：位于贵州省中东部，黔东南苗族侗族自治州西北部，有苗族、侗族、布依族、汉族等13个民族。

得很专心，反应快，乐感好，便把他收为徒弟，悉心传授。在木偶戏班，唢呐称为“上首”，以后的三年里，小小的饶世光担起了戏班里的唢呐手，一道学艺的同辈少年有五人，他的表现最为精进，乐器和角色，他都能很快地掌握。

饶世光木偶戏班的木偶

有一年，戏班在五德区的长新村张战元家里，唱子孙戏还愿，张家来的宾客不少。戏班准备演一出《乌泥河救主》，谁知，有人突然出了岔子，饶世光父亲就临时决定改演独角戏，要饶世光一人扮唱 4 个角色，饶世光临危上阵，演出获得阵阵喝彩。父亲很高兴，让其他弟子都以他为尺，学戏就要学到能够掌坛。

“文化大革命”开始，木偶戏被定为“四旧”，不准演出。那一天，饶家班去刘明义（音）家开戏，他们设了台子，装了头子（装上木偶），准备得好好的，突然就有人来，喝令他们不准唱，还把一伙人弄到派出所去，批判他们。这一出戏，原本是请了花桥付家班来唱的，唱的是姜国公，但是付家班路远，需要车子去接，那时也没有马路，无法接来，所以就近请了饶家班，谁知突然间就不准唱了。

不能唱戏，还要烧木偶和胡琴，饶世光想不通。有一次，他和民兵连连长王振兵（音）扯皮，他分辩说：“木偶是迷信，但是胡琴属于音乐，音乐不应该是迷信。”王振兵自己也弄不清，便说：“你莫谈这些，先烧了再说，过后我买来还你！”后来，王振兵死了，也没有兑现还琴的许诺。

戏班散了，饶家人就回家种地。

那时候，饶世光该娶媳妇了，老人给他包办了一门婚事，姑娘是五德镇下坝的人。结婚前，他们也没有见过面，婚后几十年，感情却很好，生养了三儿一女。后来，饶世光的老伴生了一种病，三伏天也要烤火，脚得搭在炭盆上，人也不能累着，做一点事情就“哈哈”地喘气，送进医院也治不好。她死的时候，还不到 60 岁，饶世光一直想着她，也不愿意再娶了。

饶世光结婚时，正是困难时期，坪山饿死了人，但饶家平安度过了。除了能演木偶戏，饶世光在生活中也是个聪明人，他会安山（打猎），打野兔和野山羊。还懂医术，医术是他的满公公（父亲的姑父）教他的，学儿科和妇科，施的是中草药。他还当过几年的大队赤脚医生，经常到中坝、白沙和石阡去开会和学习，搞计划生育，帮着结扎。后来，他被分配到白沙做农村医疗，也没有医务室，病人都是到屋里来找他。如果出诊，生产队就给他算工分，大队又从他的医疗费里给他提成。

70 年代，玉屏县修铁路，饶世光也被征调去了。他背着药箱，在工地上干了三年。虽然修铁路不准回家，他很想念妻儿，但他是随遇而安的人，总能在身边的人和事中找到快乐。有一次，工地上出现脑膜炎，死了两个工人，饶世光翻山越岭挖来草药，架起大锅熬了药汤，命令工人先喝药再吃饭，止住了疫情。铁路修好了，相聚的人们也就四散，饶世光带着回忆，又回到了他的坪山。

1984 年，坪山木偶戏重新开坛。饶世光的老父亲还健在，他意识到了传戏的问题，一心一意地教儿子和徒弟。饶世光有一个侄儿，名叫饶泽华，是他兄弟的儿子。兄弟与他从小一道唱戏，但是脾气暴躁，爱发火，饶世光一直让着他，两人的感情却很好。饶泽华 9 岁的时候死了妈，他父亲也没有再娶，

唱木偶戏让天真执着的饶世光一生都感到快乐

饶泽华就跟着戏班长大，做了叔父饶世光的传人。

饶世光记了几十部戏。有《穆桂英大战洪州》《御龙封官》《花花戏》《解带封官》《张少子打鱼》《狸猫换太子》。《御龙封官》说的是皇帝微服私访，《解带封官》里有谢文清、杨氏一干人物。唱木偶戏的艺人，男女唱腔都需来得，鼓、锣、琴、唢呐也能上手。他们演得最多的，是祝贺生子和寿诞的戏。生子就供上香蜡纸烛，唱《铁索桥还愿》，一出戏唱一个多时辰。祝寿就唱《三星拜寿》，但这个戏并不轻易唱，因为寿诞老人不一定受得住福禄寿三星拜寿，叫作“祝得拜不得”。

至于《薛仁贵征西》，那最少要唱4个小时，拉长了，可以唱一天一夜。这是武戏，有兵器往来，戏班里年龄大的，体力支持不了，转了几转便头晕眼花。

这坪山木脑壳戏究竟是怎样唱的？有一出《湘子度林英》，歪嘴和尚和林英是这样说唱往来：

歪嘴和尚：贫道下仙台，黄花遍地开，疑是一股香，近是众仙台。我来后花园，林英小姐焚香诺告，在此云丹，耳潮面热，吩咐丫鬟，打开南天门，令我去望一望。像我这种模样，哪里去得？倒不如变上一变。一变二变，元神未现，三变四变，歪嘴和尚出现，变成个和尚去打探。一不化经，二不化缘，三不化钱，四不化米。

林英：和尚和尚，你听我骂来。

歪嘴和尚：你骂来。

林英：背又驼来嘴又歪。

歪嘴和尚：哎，你没说错。丫鬟姐，阿弥陀佛。

林英：你莫丫鬟姐丫鬟姐的，和尚和尚，你是哪里来的？

歪嘴和尚：阿弥陀佛你猜来。

林英：你是天上掉下来的？那天上的事情盘你一盘。

歪嘴和尚：别个和尚不晓得，我这个和尚随你怎么盘。

林英：哪样星君独一个？

哪样星君姊妹多？

哪样星君当中哎坐？

哪样星君排两旁？

歪嘴和尚：启明星君独一个

七姊妹星君姊妹多

紫微星君当中坐

二十八宿排两旁

林英：哪样星君娘家去

哪样星君随后跟

哪样星君河中坐

哪样星君坐半坡

歪嘴和尚：牛郎星君娘家去

织女星君随后跟

紫月星君河中坐

林英：和尚和尚，你不提天河尤自可，提起天河，我也要盘你一盘。

歪嘴和尚：别个和尚不晓得，我这个和尚你随便盘。

林英：天上黄河几个弯

今个呢弯来几个滩

几个滩上生桃李

歪嘴和尚：天上黄河九个弯

九个呢弯来九个滩

九个滩上生桃李……

这样的一问一答，古人的情意心绪，含蓄旷达，就传递给了一代代的坪山乡民。

坪山木偶，因为有了识文断字、颇有才情的饶世光，还能在老戏的根基上发出新芽。只要有小说看，饶世光就能编新戏，他编的《武松打虎》，全剧是七言唱词，他还可以用木偶戏唱劝世文，搞计划生育宣传，比如这样唱：

谁说女子不如男

木兰带兵保边关

唐朝有个樊梨花

三擒三放薛丁山

又比如：

对面有个王大婆

酸甜苦辣尝得多

一天日子没好过

只因小孩生得多

结婚不到十年辰

大小生了七八坨

为了小孩不挨饿

天还未亮就上坡

六月太阳真恼火

背上烫来背油锅

背一个来抱一个
出门好像开长拖
遇到哪家把事办
不多不少圆一桌

2005年，石阡木偶戏进入国家首批非物质文化遗产名录。2012年，付正华和饶世光成为国家级非物质文化遗产项目代表性传承人。这一年，文化馆的张馆长，带着两个木偶老艺人到贵阳去领奖，两人住在了一个房间里。百余年来，他们两家戏班，在花桥和坪山各有各的地盘，却并没有见过面。

饶世光听说过付正华父亲的名声，付正华也对自己的技艺很是自信。晚上，两人在房间里山南海北地聊天，付正华听了饶世光说唱词，就道："像你这样念，我记也记不住，写也写不出。唢呐你会吹，胡琴你会拉，写字你会写，为什么原先你说不会呢？"他发现饶世光表面木讷，实则内秀，对他很是好奇。

第二天开大会，他俩上台去领金牌。没想到金牌做得很大，足足有7斤半，他们高兴得合不拢嘴，觉得就像做梦一样。台上搁了一把二胡，领导让饶世光上去拉，饶世光很会应景，便拉了一曲《我的祖国》，他的二胡一响，全场的人就跟着唱。长长的话筒对着他，音箱很大，他听见二胡的声音回响在人群中。发奖牌的领导说："这个胡琴拉得好！人家都几十岁了，还拉得这么好！"

饶世光拉二胡，付正华却没有可以表演的，这不是他的舞台。他有些不服，问饶世光带了唢呐没有，饶世光说："要是吹唢呐，我跟你吹一天都可以。"他们老哥俩脾性不同，说笑斗嘴倒能凑成一对。后来发了证书，装在丝绒盒子里。付正华拿起来，又要跟饶世光的比。证书是一样的，付正华就问："怎么只有证书，没有两张钱？"张馆长说："你笛子不会吹，唢呐不会吹，胡琴不会拉，给你个国家级就不错了，还想要两百块钱？看看人家老饶，胡琴唢呐多好哦！"付正华又撇嘴，他肚子有的上百出戏，那一次是没有显露的机会。

饶世光侄儿饶泽华（中着白衣者），期望着有谁能帮他在木偶戏上创新

饶世光的饶家班现在去演戏，不用肩挑手扛了，他们是坐着摩托车去的。遇上了大场合，一唱就是两三天。一场演出挣百来块钱，吃住全包，演的看的都高兴。饶世光很为自己七十老翁还能挣钱而自豪，他本是对生活要求不高的人，儿孙满堂，观众遍乡，这样的日子更别无他求。他最大的心愿，就是饶家班能传下去，徒弟们把他的手艺都学到手。

他的侄儿饶泽华 40 岁出头，是饶家班的新生主力。饶泽华年轻见识多，对木偶戏就有很多想法，他说，老一辈的戏，全部是土语方言，他们年轻人要来改造，如果有那么十几个人全部唱普通话，木偶戏就能吸引年轻的观众。木偶也该重新做，形象要漂亮，目前这一套木偶太老旧，不合潮流。再则，服装也应该弄新的，比如皇帝穿的，就必须是龙袍，宰相大臣就该是蟒袍，战将是战袍，十八般兵器也都该有。每一出戏，还应该像电视剧那样，有一首主题歌，好比电视剧《包青天》的主题歌，就很精彩，唱起来很好听。围台呢，也要扩到 5 米宽，还要请人来设计。饶泽华费了心思计划了一遍，可是再一算，那要花 5 万元左右，他没有钱。现在，饶家班培训一个人，还得给人家开工资，因为人家出去打工，至少一天挣 150

元，要人家来学木偶，挣不出这个钱就不愿来。饶家班里，和饶泽华同龄的有三四个人，他们只要出门打工，就不来演出了。就连饶泽华自己，平日也做泥水工，才能应付现在的生活花销。

每当听侄儿叨念这些，饶世光便微笑不语。他的心思不在这里，在他的戏上。

跟他一道唱戏的老伙伴们，一个一个都走了，他想他们，想他们肚子里那些没有传下来的戏。

傀儡登堂

付正华和饶世光坐在香烟的烟雾里，给我说木脑壳戏。

外面有隐隐的市声，也有偶尔的鸟鸣。石阡县城有一条清碧的大江流过，还有闻名已久的温泉，豪华的温泉宾馆建起来，人们沿着高速公路驱车来度假。宾馆的大堂里，挂了国家非遗木偶剧的图片，但是，几乎没有人能够坐下来，听这用方言土语演唱的、从盘古开天地唱到唐兴宋亡的山沟里的木偶戏。

他们的戏，神话的有《封神》；隋唐从杨广演到他的一家，有《夜打登州》《九龙山》《扬州观花》《捶打石明山》《李元宝爬双钉》；唐朝更是一出出大戏，《薛仁贵征东》《薛丁山征西》；到了宋朝，则是《大战洪洲》《杨六郎建兵》《穆桂英挂帅》《错伐东辽》《犀牛取奇》《五虎平南》。一个个朝代演下来，一个乡间艺人的心里，也就把上下五千年细数了很多回。

他们还有一部“观音菩萨”的大戏，是唱它的通本。从观音菩萨下凡，男转女身开始，一直演到登莲台，成佛，封了观音菩萨。要说观音菩萨，有人说他姓观，有人说他姓妙，还有人说他姓姬，封神里周家的800年江山，到观音菩萨这里就结束了。这个戏里面的角色很多，观音菩萨有爹，有妈，有两个姐姐，两个姐夫哥。他做女身时，还许配了人家，因为一心修行，就没有成亲，也不拜堂。还有一出《火焚白雀寺》，说的是观音在庵中吃素，修炼，侍奉其他菩萨。

木偶戏还可以细分，唢呐伴奏的，叫作“高腔戏”，二胡伴奏的，叫作“弹戏”，弹戏唱腔分快二流、慢二流。各个戏有不同的行腔，唱到哪一出，就有哪一出行腔，苦戏和武戏，行腔都不同。比如这一段“苦戏”娃娃戏：

恋母声声呀，难报曲儿养育恩。

婆发雷霆性，铁心将娘赶出门，提起珠泪淋。

可怜我早亦思欠娘亲，晚来思欠娘亲，

孤孤单单、冷冷清清，却有一个谁去问？

转至莲庵看娘亲，哎呀啊唉……

这是《安安送米》里的“三孝堂”。

安安是个孝子，他爹叫姜遂忠（音），母亲庞氏，祖母姓丘。姜遂忠是个大孝子，媳妇也很孝顺。安安 7 岁的时候，寨上有一个寡妇叫丘姨妈，经常搬弄是非，是个油嘴光棍，无事在各家串。因为她也姓丘，和姜遂忠的妈认了姨妈姊妹。有一天丘姨妈没有走处，很是无聊，想起姜母昨天过生日，打算去串门。但她空手难得去，便想起一个主意：她拿了两匹鸡毛在手上，去到姜家，谎说自己本来抱了一只鸡来贺寿，路上鸡跑掉了，只抓到两匹鸡毛。她还拿了一个酒盖盖，装在囊袋里面，说自己本来还抱了酒，酒罐也打破了。这样的人，就会打这样的怪主意。

到了姜家，姜遂忠到学堂教书去了，姜老太太因为许了愿，朝山去了，只剩媳妇庞氏在家。庞氏明白她的为人，没有理睬她。丘寡妇进屋后，说：“你母昨天生日，你看我也没得来。我拿瓶酒来，酒也打破了，只剩个盖盖。我说捉只鸡来，鸡又打脱了，就剩两片鸡毛。实在是对不起。”媳妇说：“姑婆，我有事情，你坐着，我走了。”寡妇见她去了就不回，只好自己走了。走到半路正撞见朝山回来的姜老太太，她搬弄是非道：“姨妈，你还说你这个媳妇孝敬你，她孝敬哪样呢？有一次我看见她杀了一只鸡，是一只肥母鸡，拿到河边

饶家班的全家福

去洗，那个油都漂起来，那鸡你吃了吗？”姜老太太说：“没有。”寡妇又说：“还有一回，我看见她买一件衣服，给你穿了没？”姜老太太回答：“没有。”寡妇道：“我当时问她，她还说是给你买的。”姜老太太说：“我媳妇是很孝敬的。”寡妇道：“姨妈，莫非我还会害你吗？我看你就该把这个媳妇赶出去。”姜老太太听信了寡妇的谗言，说：“我平白无故怎么把她赶出去？”寡妇说：“你就装病，说自己要吃临江河的水才能好。临江河有妖怪，你让她去提水，妖怪把她吃了，你就解脱了嘛。”

下一出戏，就叫《三休》，说姜老太太逼姜遂忠写休书，要把媳妇赶走。姜遂忠无奈，母亲让他写“水泪推沙，永不归家”，姜就写了一个“水泪推舟，永不回头”。姜老太太说：“你那个舟，是随去随来的，是可以回来的嘛。”姜遂忠说：“休字我不会写。”姜老太太说：“你还是做秀才的，人木为休，你都不会写吗？”

庞氏悲愤，去跳了水。有一个莲庵里的姑子救了她。安安听说了，就把自己每天的口粮攒起来，给母亲送去。

这悲情的戏，常引得观众落眼泪。但是《三讨荆州》那样的戏，就有古人好汉的豪情。

比如周瑜的一段唱，属于二胡伴奏的“弹戏”，是这样唱的：

周公瑾坐柴桑牙关咬坏
大耳贼（刘备）出新野惹祸生灾
曹阿蛮（曹操）领人马各分疆界
兵行在三江口扎下营来
荆襄王晏了驾兵权归蔡
杀蔡瑁斩张勇无志奴才
苦肉计亏只亏老将黄盖
蒋子翼（蒋干）领庞统来献连环
我只说数九天东风缺借
诸葛亮他把那东风寄来
只烧得曹贼兵无路取败
只烧得曹贼兵无地葬埋
从早间伍大夫（子胥）过得江外
为什么这等时未回归来
喜滋滋打坐在柴桑关外
等一等伍大夫过江归来

另有一种戏，叫作“瘟疫戏”。花桥有一个地方叫石家场，遭了瘟疫，街上死了不少人。乡人许了愿，请付家班去唱半月一月的戏。他们这一去，就要请神，杀鸡，捉寒林[①]。农村里都有自己的带头人，负责收功德钱，负责安排木偶艺人的生活。他们唱戏时，就在街上搭一个舞台，晚上则住在富裕一些的人家。

“瘟疫戏”就是“封神”上的各类戏。比如《川云关》[②]，说的是姜子牙西进五关的故事。川云关的关长名叫徐芳，这个关口是商纣王的疆界。姜子牙兴

① 因有孤魂野鬼在街面作祟，就把寒林从街市上捉回剧场来，是一种驱邪镇鬼的方法。

② 川云关：地处陕西关中西部漆渭交会处（杨凌示范区胡家底村）。相传川云关是商朝武将黄飞虎背叛朝歌，扶周灭纣，西奔时突破重围的第三关。

周灭纣，过的就是这个关。一个道家先生名叫吕岳，他下凡来摆了一个“瘟癀阵”，协助徐芳。姜子牙兴兵而来，如果困在阵里，岂不糟糕？多亏姜子牙懂得这个阵，他说，阵没有摆齐，让吕岳把阵摆齐了，他再来破。徐芳准备了22把伞，另外一个道家叫陈庚的也来帮阵，弄了两把伞，共24把伞，摆齐了“生八门，死八门”的阵。姜子牙困在阵中120天，人事不知，受苦受难。后来纣王的臣子杨任，遭苏妲己迫害，被挖眼而死，死后被元始天尊救上山去，点化以后回阳转来。他眼睛上长手，手上长眼睛，最后用三昧神火破了瘟癀阵，烧了伞。这些都是封神榜上的人，都是封了神的，瘟神由他们掌管，唱了“瘟疫戏”，也就破了瘟疫。

《川云关》里有唱段，有武打，有场口，演到哪里唱到哪里。因是古时传下的，付正华和饶世光便很自信。他们的剧本虽被烧了，但装在肚子里的，就不会朽烂。

他们的很多戏里，旦角戏也不少。他们把旦角戏叫“淫戏”，花旦一出来，都是谈情说爱的，所以叫“淫”。比如穆桂英喜欢杨宗保，就要说一些情话。又比如薛丁山和樊梨花交战，两人你来我往，打着打着就生了情愫。樊梨花唱的是高腔：

二马连环战山坡
一来一往动杀着
坐立马上目观过
从头一二看的确
估到来的是天兵将
却原来是一个小哥哥
头戴金盔齐眉
身穿战甲透绫罗
端端正正马鞍坐
杀人金枪手里捉

将军打扮亦不错
一口银牙笑呵呵
背地将他比一个
好比云端小韦陀
若得将军一家做
死在阴间心也落
走上前来对你说
将军家住何州并何座
历代宗祖对我说
你把你的名姓通禀我
稍时奴家有话说

薛丁山也是高腔、行腔，他唱道：

二马连环战山坡
一来一往动杀着
坐立马上目观过
从头一二看的确
西辽大将杀完了
疆场来的女娇娥
头戴珠冠齐眉坐
身穿铠甲透绫罗
端端正正
杀人钢刀手里捉
背地将她比一个
好比天宫女嫦娥
嫦娥她在天宫坐
然何疆场动杀着

未曾问她先问我
历代宗祖对你说
家在绛州龙门座
龙门县前安家落
我父薛仁贵功劳颇
我母柳氏保山河
所生我姊妹人两个
贤妹金莲女娇娥
薛丁山名儿就是我
带来人马动杀着
走上前来对你剖
称声丫头你听着
家住何州并何座
历代宗祖对我说
你把名姓通与我
稍时送你见阎罗

樊梨花又唱：

听得将军一言剖
活活爱坏我女娇娥
走上前来对你剖
历代宗祖对你说
我家本在西辽住
西辽国前挨家落
我父樊洪功劳颇
我母陈氏保山河
所生我姊妹人三个

樊龙樊虎是哥哥
樊梨花名儿就是我
带来人马动杀着
走上前来对你剖
称声将军你听着
一爱你父功劳颇
二爱你母保山河
三爱你的姊妹人两个
四爱贤妹女娇娥
五爱六爱爱坏我
活活爱坏我女娇娥
将军不嫌我容貌丑
奴家愿与你结私乐

至于丑角戏，同样也有说有唱。有一处丑角戏叫作《告贫》，不是高腔，也不是弹戏，叫作“豁豁词”。《告贫》说的是，有一人名叫秋旺，识文断字，能吟诗答对，但是他家境贫寒，是个叫花子。他出场是这样唱的：

我本是富豪子弟娃，
父在时，修前厅和后厦，有陈谷烂芝麻，
父死后，母守寡，命我小子来当家，
拆前厅和后厦，又无陈谷烂芝麻，
我走街坊过，列位朋友笑哈哈，
我问朋友笑什么？他说不笑我家笑哪家。
天是我的屋，地是我的铺，垫的青石板，盖的肋巴骨。

生活实在过不下去了，秋旺就想，别人家也是父母生，我也是父母生，为什么别人有吃有穿，我生活无计呢？他想了很久，心生一计，便去告官，告到包公那里。正逢包公去庙里上香，他便跟着同去。

秋旺对包公说，自己是府学生员。包文正问他："你凭什么说自己是府学生员？"秋旺道："我命不如人，但能够逢诗答对。"包公说："那我就说来你答。我进到庙来，庙里的粉墙上画了两个人，一个执刀，一个执抢，你说干戈哪年方太平啊？"秋旺立马说："千岁打马进庙门，粉墙头上一二人，问他何时干戈平，雨洒墙倒定太平。"包公把秋旺带到府里，又考察他一番。包公说："我生得黑，你吟诗一首，但不能有黑字。"秋旺答："千岁半夜子时生，生下地来没点灯，抱着砚台打脑根。"包公又说："我夫人生得白，你吟诗一首，也不能露白字。"秋旺答："夫人寅时生，寅时亮堂堂，生下地来石灰堂。"包拯就信了秋旺，把他留在了府中。

木偶戏里，一个朝代的灰飞烟灭，也许咿呀一声便道尽，一名思妇的百转心曲，也许日出日落也唱不完。这两个衣着寒旧的老头，他们是幸运的，石阡无尽的山间，千年百年，多少人默默地生来死去，心事无处言说，但他们有了木偶戏，就有了自己的托付。

民中弟子

县文广局到花桥和坪山考察后，见到木偶戏后继乏人，决定让石阡民族中学的师生们来学习。

2013年冬天，付正华和饶世光到了县里，文化局安排的拜师仪式，隆重得让他们又喜又怯。他们取出戏班神牌，烧了纸，算是收了新徒弟。付正华喜欢说笑，看着这些高中老师和学生，他高兴地说："我们是挑牛屎粪的人，你们是大知识分子，我们也要向你们学习。"

可是，也有令人沮丧的事情。民中抽派了10个人来学木偶戏，进场两天，就退出了两个，还剩下8个。付正华他们好言相劝，让学员们学下去，说："学木偶戏一是娱乐，二是万一被上级领导叫去了，也有个演的。"

两个戏班头肚子里的两三百部戏，民中学员们一字一字地记下来，记了30部。他们问："你们怎么记得那么多呢？"付正华说："我们学的时候年龄小，记得牢，这是一。二呢，我们是父辈教，要求就严。第三个，就像你们这些娃娃，考上学校会有一个工作，我们当年是要学到本事，才有饭碗，才能维持生活，拿得到钱来供一家人，如果学不好，拿到了也分得不多，人家分10块你才分5块，所以我们当年是像你们学生读书一样，横心地学。"

相处久了，付正华和饶世光就琢磨出了滋味。他们年少时是横心地学，民中师生，却是文广局逼着他们来学的，所以也不怎么用心。比如付正华在民中的大弟子，家就住在县城的桥下，他叹息说："我们学这个，像坐牢一样。"付正华他们在民中，吃住早餐都由学校负责，每天给工资40元。按照学生上课的时间，早上8点上课，中午11点半下课，下午两点开始，5点结束。大弟子是一名音乐老师，进步比别人快一些，过去他一个星期上两节课，一节课45分钟，其他的时间都可以玩，现在呢，跟着学木偶，坐也得坐七八个小时，所以他认为像坐牢。校长是管着他们的，限制着他们不让跑，还让付正华、饶世光也管得严格些。

两个一辈子在农村唱木偶戏的老人，私下里也盘算了一番。他们想：人家是国家干部，我们是农村人，挑牛屎粪的，不敢管人家。你用心不用心，那是你们的事情。我们来教两个月，就挣两个月的工资，回家去还是挑我们的牛屎粪。你们是国家干部，拿国家的薪资，我们不得罪你们，万一我们来县城赶场见到你们，你们还叫我们一声师父。我们要是得罪了你们，你们就不理我们的了。

两人就是这样的想法。当然，他们会用心教，但让他们红脸黑脸地骂人，他们是不会的。他们小时候学戏，父辈望子成龙，有权力打骂他们，他们也不记恨。有的从外面来学戏的，写了"投师弟"，师父是有权打骂的。现在他们教人家，就万万不敢这样了。

他们首先说了8个剧本，民中师生记下了，学着演。付正华说，错了，这个字应该这么讲解，那句话应该那么讲解。学员听了，有些服气了，说："师父，你骗我们哈！"付正华问："怎么骗你们了？"学员说："你骗我们，骗得厉害！"付正华道："我怎么骗你们了？"他们说："你说你不识字，那这些你怎么讲得下来呢？"付正华说："你也别多心，你们是局长撑头让你们学的，我如果没有这点功夫，也不敢答应，因为你们是高中老师。我是不识字的啊，我虽不识字，是个瞎子，但这个字我可以讲解，因为这是我吃饭的东西。"

付正华说，木偶戏里，是有精神的。艺人要做到"三活"，一个是"心"，一个是"口"，一个是"手"，方能活灵活现。哪怕是个小角色，嘴要会唱，手要能演，脚步要会走。演木偶剧，靠的是一个人娴熟地记在心里，手上自然有相应的动作和表情，观众在舞台围布外面也才能心领神会。木偶呆滞不动，外面的观众哪里晓得是悲是喜，这就成了一个泥巴桩子。

民中学木偶的师生都是青年，还不能懂得这个精神。教是一套，学是一套，三年的时间，他们弄了 30 个剧本，学了十几出戏，离付正华、饶世光的几百出戏，只能是学了个皮毛。师父不在场，他们就马马虎虎唱一下，也有七八个节目。师父在一旁，错了就要纠正，他们就会唱不下去。木偶表演有对口词，随着剧情走，这个唱上句，那个唱下句，但是学员们都是拿着剧本演的，手上端着木偶，眼睛还要觑着剧本，这就没了那活灵活现的精神。

这样一教一学，过去了三年。付正华和饶世光也跟着学生放寒暑假，他们确实没有得罪弟子。路上撞见了，弟子会叫一声："师父，你来了？"

背 影

早晨，我们去吃热腾腾的牛肉粉。

米粉端上来，我们吃着，身上有了热气，眼里都是笑意。

然后，我们在街口告别，两位老人要回到他们的花桥、坪山乡下去。我拉着他们的手，他们的手是农民的手，骨节粗大，指甲发黑，我想，这是举了几十年木偶的手。

他们转过身，四下望着，几分蹒跚地向车站方向走了。我在一根房柱后面，一直看着他们，他们渐行渐远，终于消失在街道尽头。

有一篇文章说，石阡木偶在20世纪四五十年代是鼎盛时期，有太平班、兴隆班、天福班、杨本家班、泰洪班。到了付正华和饶世光这一代人，木偶戏犹如荒废的河道，时涨时枯，再不复他们祖辈的当年。一时我想，世事变迁，成住坏空，谁人心底都有对流逝的叹息，但也有各自悲欢离合的一生。两个老人擎着他们的木偶，面对他们的乡亲，也曾激扬过，快乐过，就是一场圆满的宿命。

地扪侗戏吴胜章

地　扪

吴胜章生活了一辈子的地扪[①]村，近年开始被外界瞩目。每一个翻山越岭来到这里的人，站在村中唯一通往外界的盘山路上俯瞰，就见到这个风情浓厚的侗族村庄，在大山的怀抱里铺展开来。一条清澈泛绿的河流穿过了整个村子，河上架着一座座风雨桥。

地扪村在黔东南黎平县茅贡乡[②]北部，横贯村中的河流是清水江的源头之一，地扪二字是侗语音译，便是“泉水源源不断的源头”。贵州人说，高山苗，水侗家，布依住在石旮旯，地扪正是水侗家的典型。这一条贯村而逝的河流，平日里涓涓不涸，到了每年的汛期，则是汹涌滔滔。地扪人把他们的风雨桥架在河流上，桥上有塔有亭，两侧有可凭靠的栏杆、可久坐的长凳。檐角飞翘的瓦顶为他们遮蔽了骄阳和风雨，他们就在脚下不息的水声中，说长短，话桑麻，唱侗歌。

① 地扪侗寨：位于贵州省黎平县茅贡乡北部，是长江水系清水江源头之一。地扪依山傍水，一条清澈的小河横穿村寨，村中建有花桥（风雨桥）3 座，鼓楼 3 座，戏台 2 座，是侗族地区民族风情文化保存较为古老而完整的村寨，仅次于全国最大的侗寨——肇兴。

② 茅贡乡：坐落在黎平县西部，距县城 42 公里。“茅贡”为侗语音译，据传曾为地扪人堆放牛粪积田肥的地方。

一生为侗戏写了千余个剧本的吴胜章

地扪傍山依水，保留了较为完整的侗族风情

约在2005年，地扪人发现村旁依山傍水的地方，修起了一排侗族式样的建筑，这是中国第一座民办的生态博物馆，由香港明德创意集团资助、中国西部文化生态工作室建设和运营。博物馆采用当地木材，外观融入了地扪山水，和村庄浑然一体，而内饰是全然国际化现代化的。地扪人不太明白博物馆是做什么的，他们不知道，那里的人，正在观察和记录他们的生活。原来，他们习以为常的一切，都是外人眼中特异的文化读本。

地扪人就生活在自己的生活里。他们的木屋、花桥、戏台、鼓楼、禾仓、古井，仿佛是和光阴一样古老的存在，他们自己的故事，有侗戏在戏台上一出出地上演，供他们且悲且喜。

他们还有自己的剧作家，名叫吴胜章，他的家就在河边那一排毗连的木楼中，廊前有一条温顺的白狗，楼角养着鸡鸭鹅。他的肤色、衣着都跟他们一样，和他们一同长大，一同老去。

地扪全村有570户2461人，全部都是侗族人。吴胜章的先祖，元末宋初就从江西迁移到这里来定居，过上了宁静自足的生活，那一路的千难万险、叠嶂层峦，只留在了吴胜章的剧本唱词里。

吴家原本是汉族，来到地扪以后改了姓氏，依了习

侗戏戏台有侗族建筑的风格

俗，后来民族识别也划为了侗族。90%的地扪人都姓吴，他们都是到这里后改了姓氏。地扪吴姓有5个大房族，大房族内不准通婚，每个大房族集中居住，并分别有一个自己的寨名，叫作寨母、芒寨、围寨、模寨和寅寨。房族外的吴姓则可以通婚，因为并非同族同宗。地扪吴姓的先祖们定居之后，春耕秋种，衣食丰足，很快就发展到1300户，所以周边的人都把这里叫作“千三地扪”。

地扪人千百年栖息在大山深处，形成了自己的文化和生活方式，来到今天，就处处显出别样的风俗。地扪的习俗，有拦路迎宾，合歌祭祖，踩歌堂①，演侗戏②，吹芦笙，斗牛，鼓楼花桥唱歌，吃“合拢饭”③，男女青年坐月堂④。在黔东南侗族地区，地扪最引人注目的，是它的侗戏。

① 踩歌堂：一种专门性的纪念节庆，是侗族人用民间歌舞来悼念萨岁这位古代女英雄的祭奠方式。侗族的“踩歌堂”（亦称“多耶”），是他们祭祀神灵，祈求人畜兴旺、五谷丰收的盛大节日。

② 侗戏：中国民间戏曲中的一个戏种，是侗族在长期的劳动生活中创造并喜闻乐见的艺术形式，具有独特的民族风格，多流行于贵州省的黎平、从江、榕江，湖南省的通道，广西壮族自治区的三江、龙胜等县的侗族村寨。

③ 合拢饭：侗族饮食文化之一，又称“腊也”，带有浓郁的民族色彩，保留着浓厚的民族传统。

④ 坐月堂：指侗族地区男女青年对歌等活动。

全世界的人都知道莎士比亚，他一生写了 37 部戏剧，包括历史剧、悲剧和喜剧。吴胜章一辈子在地扪为侗戏写剧，他戴着老花镜，在自家木质的小楼上，取下眼镜就是一个典型的山间老农相，粗略地算一下，他写的剧，约有 1000 部了。

侗戏大致在清代的嘉庆、道光年间形成。离地扪不远的腊洞村曾有一位吴文彩①，是侗人公认的侗戏鼻祖，而腊洞村，是地扪人口剧增后分出去的一个村。吴文彩自幼聪明，他青年时期就开始编写侗歌，他编的《开天辟地》《吴家祖宗》《历代皇帝》《酒色财气》《乡老贪官》，至今还在传唱。30 岁时，吴文彩首创了侗戏，他写的《凤姣李旦》《梅良玉》两部戏，里面的歌词有 400 多首，剧本有 10000 多行。从吴文彩的年代开始，侗戏就一直在周遭活跃不衰，吴胜章就生活在侗戏的发源地。

吴胜章出生于 1946 年，他的父母都是地扪农民，家中有 3 个兄妹，他是老大。从小，吴胜章就是一个好读书的孩子。地扪的文化相对发达，很早以前就有私塾，老师就是本地人，国民党时期又有山外的公派教师来上课。吴胜章在地扪读完了小学、初中和高中，转到了黎平县城读书。上高二的时候，"文化大革命"来了，他一度失了学，以后情况好转，他还是选择继续读书，高中毕业后考入了中师。

中师毕业，吴胜章已是侗族地方的小知识分子，他被分配到了茅贡公社。在公社工作的 1 年多里，吴胜章见到很多人被批斗，他寝食难安，心里害怕，觉得自己迟早有一天也会挨斗。他是个以读书为乐的人，应付不了那复杂诡谲的情况，便想回到地扪小学教书，过他熟悉的单纯的生活。但是，公社不肯放他，地扪的村支书去公社百般劝说："地扪需要吴胜章，他也不愿意在机关工作，你们就放了他吧。"支书好说歹说，吴胜章这才留在了家乡。

① 吴文彩：1798—1845 年，清朝贵州黎平人。侗戏祖师。从小入私塾读书，因家境清贫，13 岁随父务农。他秉性开朗，聪明好学，对侗族叙事歌、礼俗歌、情歌、酒歌有浓厚的兴趣，不仅爱唱、弹、跳、舞，而且爱编歌。

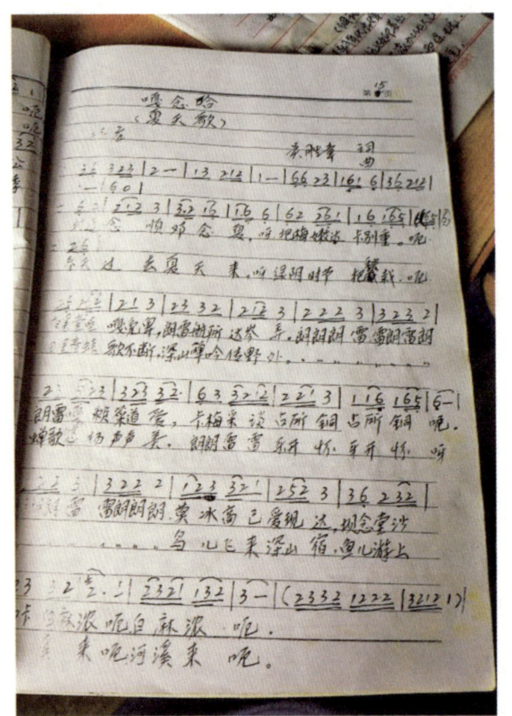

吴胜章一字一句写下的侗歌词谱

1969 年开始，吴胜章在地扪小学做了老师，这是他喜欢的日子，他把侗族文化带进了课堂。以后，有几所学校想聘请他，地扪小学不放他，他一直干到 2008 年 63 岁的时候退休，在地扪培养了一代代的学生，有的学生，现在已当上外婆外公。

在地扪村，侗戏是一代代传承下来的。吴胜章的师父名叫吴照全，但他的天赋绽露，还是自己的堂伯父发现的。吴胜章七八岁的时候，就会拉二胡、弹牛腿琴了，12 岁会弹侗族琵琶。他很喜欢唱歌，唱的都是别人编的歌，他就想，别人会编歌，我行不行呢？刚开始，他编出了一些顺口溜，不是歌也不是戏，就是一些流利的小句子。地扪这地方，是能宽容和鼓励一个少年的艺术梦的，堂伯父听了吴胜章编出的顺口溜，说：“你爱动脑筋，只是编的顺口溜不够押韵。”堂伯父就教吴胜章编歌编侗戏。

堂伯父是个乡间的聪明人，从小就受到侗戏老辈人的熏陶，他虽然没有文化，但是脑筋好用，记性超群，村人都说，他用左脑编戏，右脑存起来，能自编自演。堂伯父也编了几十年的戏，他的戏，都是根据村民的要求编写的，村民想看什么，他就编什么，和地扪的生活很贴近，能走进大家的心里。比如，地扪修公路，大家请他写一出修路的戏，他用两天时间就写出来了。堂伯父编的一些戏，戏文很长，但他自己都能记得，他还很谦虚，总是向别人学习。地扪和吴胜章的堂伯父一道编戏的，还有一个吴正礼，吴正礼只生了一个女儿，没有心思传承，他的侗戏也就没有传下来。

吴胜章一边教书，一边写侗戏，几十年下来，他写的戏多到自己也数不清了。侗族是一个没有文字的民族，剧本都用同音汉字来记录侗语唱词。吴胜章写的剧本也是用同音汉字标注，现在，他又在做一项工作，就是把它们一句一句地翻译成汉语。外界的人想了解和研究侗族文化，州里和县里管文化的领导，就让吴胜章把剧本翻译成汉语。

这桩事情很艰难，吴胜章还要考虑译出的汉语是否押韵，他老了，翻译得很慢。每天，他忙完家务和农活，伏在简易的小桌上翻译侗戏、写新剧，潜心而劳碌。他的右眼从 30 年前起开始模糊，现在已近乎失明。

从他的木窗望出去，地扪的瓦檐此起彼伏，虽然吴胜章想在自己的剧本里表达出地扪生活的变化，但地扪的变化，总是比他的一支笔更快更复杂。

2011 年，地扪发生了一件事情。村里有 30 多户人家强烈要求拆掉侗族的老木房，换上新式的瓷砖贴面的砖房。他们和村委会僵持起来，黎平县派出工作组驻村，做村民的思想工作，这些人家勉强被说服了，但驻村的工作人员依然担忧，不知道他们还能坚持多久。传统文化的保护和现代化的生活之间，总有难以调和的冲突，地扪人看见别的民族村寨因旅游致富，很怀疑地扪保持原生态的传统村落是难见效益的。他们要维护一栋数十年上百年的老房，冒着随时有火灾的危险，而依照地扪多年的村规民约，起火的人家无论何故，都要宴请全村赔礼道歉，甚至还会遭到村人驱逐，3 年内不准回村建房居住。尽管有关部门力图维护地扪清幽的生态和完整的文化，但地扪已经不复平静了。

写 戏

我到吴胜章家的这一天，正是午后，地扪村平静而安详。风雨桥上的老人和孩子们散坐着，闲聊和玩耍，这一份悠闲，吴胜章却是无暇消受了，他放下了手中的笔，到屋前迎我。

他 70 岁出头了，身型清瘦，走路轻快，老花镜后面的眼睛明显斜视。跟他走进两层的木楼里，他的老伴正忙里忙外。她的耳朵几乎聋了，只是不停地笑着，是个操劳了一生的善良的女人。

二楼窗前的小桌上，摊开一叠印有“地扪小学”字样的稿纸，上面的字迹一字一画，这是吴胜章正在写的新戏《吴化卡》。吴化卡是一个漂亮的侗族女人，她的家就在吴胜章家不远处，她的坟也在地扪的坟山上。

吴化卡是明朝洪武年间的地扪人，吴胜章的戏，写的是她转世投胎的故事。吴化卡相貌美丽、心灵手巧、通情达理，她 10 多岁就会唱侗族大歌，知晓地扪的风俗礼节，村人都夸她爱老慈幼，向她学习，还有人拜她为师。但是，吴化卡却是红颜薄命的，20 多岁就死于非命。那一年，地扪的小河突发洪水，洪水忽然从山上倾泻下来，席卷了村庄。吴化卡和她的婆婆正在田里扯秧苗（插秧时妇女扯秧苗，男人栽秧苗），洪水扑过来，吴化卡在上游，她的婆婆在下游，婆婆眼睁睁地看着吴化卡被巨浪卷走了。她的母亲也正在河边，见到一个人被洪水冲来，近了一看，正是她的女儿吴化卡。母亲哭天喊地，扯着嗓子悲丧地喊：“我的女儿被洪水卷下河去了——！”她追也追不上。吴化卡被冲到村庄边的花桥时，被水流吞没了，再也看不见她。母亲跑回村里，对村人们哭诉说：“我的女儿被洪水冲走了，你们还站在这里，你们还不知道啊！怎么办呀！”村人们吃惊道：“那么快？她们婆媳两个不是刚去扯秧吗？才去的呀！”母亲说：“是呀，是我女儿！我亲眼看到的！”村人们跑到田边，见到两个女人还在田里扯秧苗，他们对吴化卡母亲说：“你不要愁了，你女儿还在扯秧，洪水没有卷走她。”吴母说：“如果被冲走的不是我女儿，那就是我女儿的阴魂啊！”那时的人很迷信，认为一个人的阴魂被洪水冲走，这个人肯定也活不久了。村里传得沸沸扬扬，人们都在议论这桩事情。吴化卡整日整夜担惊受怕，最后忧愁成疾，日渐消瘦，就这样病逝了。她去世后，夫家可怜她，给她办了葬礼，把灵柩抬回了她的娘家。葬礼过后，夫家又续娶了媳妇，还生下一个男娃娃。村人们都说，这个男娃娃就是吴化卡转世，他去到吴化卡娘家，见了吴化卡的父母，开口就叫“爸爸”“妈妈”。因此缘故，两家人又像一家人那样亲密，他们都认为吴化卡又回来了。直到现在，地扪的吴化卡娘家和夫家后人，都彼此当作一家人。

这个宿命的故事，是慈爱无隙的，在地扪人眼里，就是他们真实的生活。吴胜章知道，只有写出地扪人自己的生活，他们才愿意演，也喜欢看。

吴胜章的剧本，是一行行的诗体，因为侗戏台词多为唱词。1966 年他 20 岁，写出了自己的第一个侗戏剧本，在黎平县中学演出。他自己坐在台下当观众，心里很激动，老师同学都夸他。那个剧本的主题，是号召大家生活要节约，学习要努力。吴胜章编写的侗戏，是跟着时代的，什么题材都有，历史的、现实的、写实

白狗是吴胜章老两口形影不离的伙伴

的、虚幻的，还有侗族的传说故事。剧目里也是什么人物都有，男女老少、善恶俊丑俱备。

完成一部侗戏很不易。吴胜章写完了，索要剧本的人拿了去，首先就得熟悉剧本，才能唱出来演出来。几十年来，吴胜章总是把剧本手写在稿纸上，现在他年龄大了，不会用电脑，加上眼睛每况愈下，进度就更慢。好在大家都熟悉了他的字，都能看懂，不像过去那样让他要逐句解释了。想要编一出好的侗戏，一定要学习基本的音乐知识，但是，地扪只有吴胜章和吴远龙懂音乐。还有一位吴定国①，已是黔东南知名的词作家，他原来就学过侗戏，后来到州里去工作，离开了地扪。地扪的侗戏，还得靠吴胜章这样土生土长的剧作者。

吴胜章编戏编歌的素材，都来源于地扪的生活。他并不用特地到哪里去观察，只是观察地扪的生活，就有写不完的素材。他的观察跟村边的博物馆，是截然不同的，他们观察了，用地扪人不懂的语言来记录，吴胜章观察了，就上演在地扪自己的戏剧里。吴胜章在地扪出生成长，对自己的村寨了如指掌。偶尔，他也去鼓楼跟人聊天，坐在地扪人中间，都是乡里乡亲，一样的乡村打扮和容颜，一样的话语和笑脸，但他是他们的剧作家，写出他们的生活，又演出给他们观看。每从鼓楼回到家，吴胜章就有了新素材和灵感。当然，除非房族有事在鼓楼商议，其他时间吴胜章并不能多留，他的时间太少，而且鼓楼里人来人往，他是需要孤独和安静的。

我见到吴胜章的时候，他正在编写的新戏就有好几出，除了《吴化卡》，还有《孝顺父母》、《莫灰心》、《关爱女孩》和《读书》。《莫灰心》讲的是怎样积极对待生活，劝大家遇事不要灰心，要保持心情舒畅。比如就在地扪，有的人家生了男孩，有的人家没有男孩，生了男孩的又因孩子调皮捣蛋而烦恼。人们容易因日常生活琐事心生烦恼，吴胜章的戏就是想告诉大家，世间凡事都

---

① 吴定国：男，侗族，现任黎平县侗族文化旅游促进会会长，政协黎平县委员会常委，黎平县申报世界文化遗产办公室副主任。中国民间文艺家协会会员，中国戏剧家协会会员，贵州省民族戏地方戏研究委员会副主任委员。

有一个定数，不要灰心，要保持好心情，才能积极面对生活，好运也才会降临。《关爱女孩》说的是计划生育，让大家优生优育，这是对自己和后代负责。

小戏《读书》，讲的是这样一则故事：地扪村有一个年方懵懂的男孩，每天晚上看见妈妈坐在饭桌旁看书。他心想，妈妈一个人在家读书，没有老师给她上课，她能进步吗？第二天他一早起床，执意拉着妈妈跟他一起去学校念书，还想让母亲上大学。妈妈对他说："我以前喜欢读书，但现在农活忙，不能再读了，你自己去吧！"儿子说："为什么以前能读书，现在就不能读？再说，你读完大学，再来种田也不晚呀。"妈妈说："一家人要吃饭嘛。"儿子说："我一个人去读书，我不干，你去我才去，你不去我也不去！"妈妈无奈说："去，我陪你去。"儿子说："你光陪我也不行，我要和妈妈同桌念书，写字，唱歌。"妈妈说："那好，我们快走！"妈妈送儿子到了学校，请老师对他严格教育。

这小小的趣事，吴胜章的剧本是这样写的：

剧目：《读书》

人物：母、子、老师。

出场：

母（上）：（手拿一本科技书，在饭桌旁边绣花边读）一年之计在于春，一日之计在于晨，一生之计在于勤，科学种田，勤苦耕耘。粮食丰收，农家欢心。

儿（上）：呃！妈读啥书，叽叽咕咕，一大啪啦，听不清楚。

母：读科技书，五谷丰收，养禽养猪，劳动致富，经济发展，走小康路。

儿：啥康？啥路？啥五谷？我问妈妈读啥书？

母：科学种田，谋求发展。

儿：爱看书报，就上学校。上学放学，有老师教。

母：妈忙种田，整日操劳，哪有时间，再上学校？晚上空闲，看书看报。

儿：白天光线好，晚上黑暗罩。电灯下看书，迷蒙眼睛跳。鼻内打呼噜，伏在饭桌靠。为儿心疼娘，明日上学校。

儿：只因儿话多，母亲无奈何。你若感兴趣，听我唱首歌。

唱：明日黎明请娘去，儿上前来母随后。

娘儿同窗齐奋发，读读唱唱俩相陪。

（独白）孩儿话出口，老娘说是否？

母：说傻话，瞎咋猜，不干活，食何来？你自上学校，拉娘理不通。

儿：为何不上学？那里书籍多。品德和史地，自然和几何。娘读完大学，为儿点脑壳①。

母：别再啰唆，明日上学，如果迟到，扭你耳朵。

儿：你走我走，娘坐吾坐。儿要妈妈，同路上学。

母：好吧，好吧，太晚啦，休息呀！（同下）

儿（上）：天刚亮，就起床，敲门板，喊老娘。娘、娘，快起床，洗个脸，上学堂！

母（上）：嗨呀，好早哇。

儿：娘呀，洗个脸，刷刷牙，娘儿俩，上学啦！

母：听我把话说，家中事务多，喂猪又煮饭，还要干农活。哪能陪你走，儿自己上学。

儿：咋啦？昨晚说的话，今朝变卦啦？言语不算数，像个傻妈妈。

母：快去上学校，不然要迟到。

儿：不，不，娘上前，儿随后。你想留，我也留。迟到就迟到，娘走我就走。

母：家中事，怎么办？我走了，谁做饭？

儿：是呀，全家吃白饭，独我去上学，反遭埋怨语，你讲冤不冤？

母：你这小笨蛋，专学坏习惯。

① 意即娘上了大学，就可以教儿子更多的道理。

儿：娘吵我也吵，娘骂我就跑。（溜走，母随追）（同下）

母（上）：小子非常刁，骂他他就跑，追过两条巷，不知哪去了。（儿子在进内台的门帘边，露出半边脸在偷看）

母白：全体观众好，听我表一表。

唱：我儿年幼尚无知，为娘苦恼费心思。

忠言逆耳听不进，愣头愣脑到何时？

唯有多方来教育，能使顽童变孝子。

（独白）嗨，再去找一找，送他上学堂。

儿（跑上）：娘，娘！你想通啦！

母：是，想通啦，上学吧！

儿：好！（拉着母亲的手）（同下）

（娘俩上、老师上）

儿：老师，老师！

娘俩：老师好！老师早！

老师：你俩早！你们好！（老师和家长握手）

母：老师呀！我这孩子不懂事，希望你严格教育。严是爱，松是害，以后望你常来走访，老师和家长相互通气。好吧，我走啦，再见吧！

老师：是，好！请家长慢走！

儿：老师，您听听，我娘来报名。

老师：她是成年人，还报什么名？

儿：报名入学，和我同桌。娘在旁边，岂不欢乐？

老师：你瞎说，娘还入学？

儿：我爱我妈，您不收她？

老师：你听我说，别再啰唆。

儿：听你说，别啰唆。讲不对，喊二哥。

老师：我有一首歌，唱给你听啰。

侗戏观众

唱：自幼专心在学堂，通文通理好儿郎。

从小立下雄心志，长大自然把名扬。

少时学会孝父母，成年方知敬高堂。

倘若存心学捣乱，丑名遗世不可挡。

(独白) 你娘是初高中毕业生，还报名读小学啰，哪有这回事？

儿：那就跟您读大学，合不合？难道不对吗？您也不收她？

老师：你家条件好，莫惹娘烦恼。

娘说快磨石，你是一把刀。

不磨刀生锈，刀锈莫怪鞘。

(指着小子说)

这把小镰刀，也该用磨石磨了。

儿：不，我不磨。

老师：怎么啦？

儿：我怕疼。

老师："磨"字是借代词语，比喻教你识字，教你乖，同意吗？

儿：同意。

老师：好，进教室上课！

儿：是！（同下）……

天光从敞开的木窗透进来，村里远远的人声、水声和鸡叫声也传过来。我读着吴胜章的剧本，心也变得很安静。他的剧本和念白说唱，讲的都是地扪的事情，用的也是地扪的语言，从痴儿念书，到时事大计，侗戏里有地扪人全部的人生和灵魂。

吴胜章最喜欢写短剧和传统剧。农闲的时候，他会读一些书蓄养心智，也会重新翻阅自己写的剧本。他的剧本，装在几个简陋的塑料袋里，拎出来就是洋洋大观，铺满了一张旧沙发，有的纸张已然发黄。吴家曾经有 170 多年前的侗戏剧本《二度梅》和《朱砂印》，《二度梅》就有两本，《朱砂印》不知何时弄丢了。也是因为祖祖辈辈都喜爱侗戏，家里才有这样的宝贝。

吴胜章随便拿起一本，那上面有他写的侗歌，是一首给孩子们写的歌：

小朋友努力吧，勤奋学习当时候，
黄金时代需努力，争分抢秒来奋斗，
珍贵光阴莫虚度，后悔年华付水流，
书山有路勤为径，学海无涯苦坐舟，
从小立下雄心志，科学路上不回头，
现在做个好学生，将来事业有成就。

吴胜章写的剧本太多，侗戏队来要本子，他得先给他们讲解。常常，来找他的戏队多了，催得急，吴胜章就一边干农活一边在心里编剧，这样的日子，他一过就是数十年，他说自己是笔耕不辍。但是，他在小学里当老师的时候，是不会在课堂上编剧的，他说，那是基本的师德。

吴胜章现在基本不写传统戏了，因为地扪的老一辈编剧们早已写好，他也只是节选一部分内容，丰富一下故事情节。比如，他写过传统戏《天仙配》的片段，用了一个暑假的时间，因为他一直是半农半教，要参加劳动，还要教书，只能见缝插针地写。他现在写的，都是贴近现实生活的戏，别人需要什么他就写什么。他写剧本是从来不要酬劳的，写好了，别人拿去就是。人家来取剧本，总得听他讲讲剧本的内容和排演的想法，他就得给人做饭。只是侗戏班演出了，给他一个象征性的红包表示感谢，他才收下。

过去的许多年里，作为一个编剧，吴胜章是有权力定角色的，生旦净末丑，他认为谁合适演，就能指定谁。但是现在，更多的地扪人外出打工去了，吴胜章便有些门庭冷落，有人愿意来学戏就很不错了，他不再能根据角色选择合适的演员，只有教愿意来学的人，让他们去适应角色。而且，他发现人们更喜欢喜剧了，只要被逗笑，大家就开心，所以，他也开始写起了喜剧。

授 徒

吴胜章现在带了三个班，一个是地扪小学的演出班，一个是村小组的演出队，还有一个是寨上的演出队。其他村寨的，甚至外省的，也会请他去帮忙编排侗戏，所以，算起来，他是弟子最多的侗戏传承人。

这并不是说，什么人他都能收来为徒，他有自己的想法，也有自己的经验。首先考察的，是来人是否真心喜爱侗戏，能够用心去学。他还有另一个要求，做他的徒弟，必须会编戏，编侗歌，做导演，还能自己带徒弟，只有这样的人，吴胜章才承认他是弟子。

他 48 岁开始培养徒弟，那时候的人，憨厚淳朴，现在的人更聪明了，接受能力强，不用死记硬背，他们用手机录下来，电脑存起来，演出的戏还会刻成光碟，放到网站上。

令吴胜章满意的弟子，有吴珍方、吴胜华、吴永峰、吴章成、吴培付，他们都有文化，读过高中初中，不过只要师父还在，他们总有些依赖他，得等到师父吩咐催促了，他们才去动笔。侗戏的女演员，婚前婚后都可以演出，但结婚之后有了家累，上台再演的就很少。现在，老演员也越来越少了，有时候老人的戏分都由年轻人来扮演。这些并没有影响吴胜章写戏，他总是不间断地写下去，写好了先存起来，等着村里的大学生和离乡打工的人们回来了，就有足够的戏本提供给他们。

地扪人都热爱侗戏，逢年过节大家就在一起唱戏，每个村民小组至少有一个戏班。出去读书的大学生们回来，也会上门来找吴胜章，请他写各种题材的戏。春节时，天南地北打工的人们回来了，最热衷的就是演戏和看戏。他们是地扪的候鸟，一年回乡一次，逗留的时间很短，所以就要尽早拿到剧本，一个组一个组地分下去，到时候热热闹闹地演出来。

地扪一个村子，就有 3 个固定的大戏台。有时候戏台不够用了，也临时搭台唱戏，人们看完这出看那出，格外热闹和喜悦。地扪曾经发生了两次大火灾，一次是 20 世纪 90 年代，一次是 2000 年以后，即便是受灾的日子，人们也没有停止唱戏，大火后的几天，村里就响起了侗戏的歌声。

吴胜章并不知道，全世界如同地扪这样全村唱戏看戏的村庄，已是十分罕见。他生活在这里，侗戏就是他的生活。除了地扪，附近喜爱侗戏的人都知道他的名字，但这对于吴胜章不是最重要的，他最担心的，是有一天地扪不再有人写戏唱戏了，所以，早在被评为国家级传承人之前，他就用了许多的心思来培养徒弟。他自己的小孙女，11 岁就去北京唱侗族大歌了。

现在，黎平县每年都举行侗戏比赛，由三省七县① 参加，黎平就有 3 个分会场，黎平、肇兴② 和地扪。演戏看戏的人多，写戏的人毕竟少，几十年的生活里，吴胜章最大的懊恼就是时间不够用，但毕竟是乐在其中的事情。他的快乐，那样平凡和谦恭，却也是唯地扪和侗戏独有，唯他独有。

因为写戏演戏，吴胜章去过北京、贵阳、凯里，邻近的县和村寨他也走遍了。50 多岁的时候，他还很喜欢唱歌，说自己是“三天不唱歌，就像口渴了

---

① 三省：指贵州省、湖南省、广西壮族自治区；七县：指黎平、从江、榕江、天柱、通道、三江、龙胜。

② 肇兴镇：位于黔东南州黎平县南部，距县城约 70 公里，是全国最大的侗族村寨，2005 年被评选为“中国最美的乡村古镇”。

侗剧是在侗族民间说唱艺术“嘎锦”（叙事歌）和“嘎琵琶”（琵琶歌）基础上，接受汉族的戏曲影响而形成

没水喝”。现在，他已很少外出，歌声也停了，偶尔从角落里拿出蒙灰的牛腿琴，调好弦，弹上一曲，就算休息了紧绷的脑子。

他的心，总和他的神情一样，是祥和自足的。他相信有侗族人的地方就有侗戏，所以他的心愿，就是培养好徒弟，徒弟再培养出徒弟，一代又一代，让侗戏永远唱下去。

偶尔，他从小桌上抬起头来，视力模糊的眼睛透过木格窗看看外面的村落、河流和花桥，有时雨帘如珠，有时阳光宽敞。地扪这个地方，人们生来又死去，笑着且哭着，给了他无尽的创作源泉，像那条河一样充沛不倦。只是，谁也逃不了时间的催迫，时间改变着世界和地扪，也越来越急遽地改变着一代又一代的人。

他的这一生，跟侗戏紧密地纠缠在一起，那么，侗戏会不会随着他的时间一道远逝呢？他无法左右这一切，趁着还能看得见，把心中涌动的剧本和唱词，一字一字地写下来。

花灯之乡的两个女传人：秦治凤和刘芳

秦治凤

秦治凤走到我面前，我不由眼前一亮，年近六旬的她，是依然可以用美丽来形容的。

1987年，我在乌江边的贫困县沿河[①]支教，耳闻目见了乌江边出美人。那里的美人，精致，含蓄，黛眉入鬓，眼光盈盈，是别一样的美。1961年出生的秦治凤，苗条而挺拔，是经过长期专业训练的，举手投足就有一种常人不具的魅力。我曾在文化厅工作多年，见过许多当年经层层选拔的演员，能抵御岁月流逝而风采依旧的，也只是少数。秦治凤几乎没有离开过思南县[②]，她的风仪，来自这里最有代表性的民间艺术——土家族花灯。

思南花灯，从代代相传的唱词里追溯，大约起于唐宋之间，风行于明清两代。在清末，受到外来文化的影响，花灯发展为灯戏。光绪十八年，一个名叫罗芳林的民间艺人，从云南副将的官位告老还乡，在他的家乡思南罗家坝

① 沿河土家族自治县：位于贵州省东北角，铜仁地区北部，地处黔、渝、湘、鄂四省（直辖市）边区接合部的乌江中下游。

② 思南县：贵州省铜仁市下辖县，位于贵州省东北部。

秦治凤和刘芳（背对者）传授花灯

搭建了一个戏台，把土家族的矮台戏[①]搬上了高台，称之为高台戏，高台戏由此而得名。思南的高山大河间，花灯戏渊源深厚，传播广泛，受到乡民们的追捧，剧目和艺人层出不穷。

秦治凤（左）是思南花灯唱、舞、戏、编、导的一代艺人

秦治凤生在思南县思唐镇河东村，祖辈是邻县松桃人，爷爷小时候跟着父亲讨饭到了思南，奶奶是思南凉水井镇息乐溪村人。她的父亲曾经当过兵，当了铁道兵，铁道兵没有固定的驻地，哪里有工程就到哪里去。

秦治凤有五个兄妹，她排行老二，上面是一个哥哥，下面有两个弟弟一个妹妹。童年时，她们常跟着父亲走。她印象最深的，是去过北京，还去过东北，驻扎在长白山附近。3 岁的时候，她还差一点走丢了，所以仍然有记忆。在父亲的部队，她是人人喜欢的小歌手，她嗓音好，长得俊俏，从家属营区到部队去找爸爸，一路都有关卡，每过一个关卡，哨兵就让她唱歌，唱完了才放她过去。那时候，她能唱的就是样板戏，《红灯记》《智取威虎山》《沙家浜》《李铁梅》《小常宝》……老头唱的，小姑娘唱的，

① 思南土家花灯由最早在室内演出变为院坝搭矮台演出，土家人称之为矮台戏。

她都会。她走到哪里，别人就叫她唱歌，她也很大方，张口就唱。

大约六七岁的时候，父亲带她从北京回思南探亲，她听见了外婆罗树芝和母亲李胜芳唱花灯，一下就喜欢上了花灯婉转自由的曲调。她和表姐堂妹们到山坡上玩耍，还听见割草插秧的山民们唱山歌，听罢也记在了心里。她并不懂得那是山歌，也弄不清那些旋律，只觉得很新鲜，跟样板戏全然不同，唱起来也很上口，容易学，听一遍就能哼唱。样板戏的一招一式、一字一句都要跟着学，出不得半点差错，山歌就可以随心所欲，想拖长就拖长，想转弯就转弯，不受局限。

母亲的山歌，是跟外婆学的。外婆的歌，总是一边砍猪草一边唱，她唱的《苦媳妇》，小小年龄的秦治凤听了，虽然不明所以，也不禁悲从中来。花灯调的山歌《苦媳妇》，唱的是过去的媳妇很可怜，嫁到夫家便不能随便走动，受婆婆的管制，想回家看看父母也不能，须等婆婆同意了才能回娘家。她等啊等啊，等到婆婆终于同意，亲娘却已经死了。这首想娘亲的歌，小媳妇从正月唱到了 12 月：

正月说起去望娘啊
梳妆打扮出绣房
双脚跪在公婆的面哪
公婆说是待客忙
……
腊月说起去望娘啊
梳妆打扮出绣房
双脚跪在公婆的面哪
公婆开口去望娘啊
……
走到堂屋打一望啊
只见灵牌不见娘

双脚跪在灵牌前呀

哭一声爹来喊一声娘

我的娘啊我的娘……

这一首《苦媳妇》，伴随着外婆一生的劳作，也伴随了母亲一生的光阴。秦治凤唱起来，格外的动人好听，她的极有天赋、受过长期训练的嗓音，是百里挑一的，她有超强的艺术感受，轻易就准确地表达了歌中的情绪，能令听者动容。秦治凤记得，有一次，外婆唱着这首歌，也动了感情，外婆是1933年出生的，知道过去媳妇的苦楚，很容易就身临其境。但现在，秦治凤和姐妹们在一起说笑，她们会说，现在的媳妇颠倒过来了，婆婆是要将媳妇供起来的。

思南农村的人祖祖辈辈唱山歌，直到现在，如秦治凤一般年龄的依然会唱。但秦治凤当年刚接触花灯的时候，花灯作为“四旧”是被禁止的，在县城里根本听不到，不允许唱也不允许跳。乡下也很难听到传统的花灯戏，只是在家里哼几曲山歌。一直到20世纪80年代，花灯才恢复了在城镇乡野里的演出。

河东村有一个名叫晏兴魁的男人，是一个花灯迷，也是个行家，他自己就唱得很好，但不能公开唱。在农村，人们偷偷地唱山歌，山歌和花灯、花灯戏是密切关联的。晏兴魁发现了跟着父亲从北京回老家的秦治凤，是一棵天生的文艺苗子，就产生了教她的想法。

那是1970年，农村会唱样板戏的并不多，河东村有一个毛泽东思想宣传队，晏老师就是里面的活跃人物。有一次，宣传队在河东公社演出，公社有一个用泥巴砌的露天台子，开批斗大会、社员大会都用这个台子。秦治凤跟着表姐去看热闹，她的胆子大，不像一般小姑娘那样畏怯。她跟着宣传队的人到山上去练嗓子，他们站在山上唱歌，山上空旷，声音能传很远，能听见回声。秦治凤唱着，晏老师在一旁问她：“你喜欢唱歌？”秦治凤说：“是的！”晏老师说：“我教你唱，你先唱一段李铁梅。”秦治凤唱了，晏老师很满意。在公社演出，他见到台下的秦治凤，就把她抱到台上去站着，让她唱一段《红灯记》。人多，秦治凤不肯，晏老师说：“你唱了，回去我就教你唱山歌。”秦治凤听了，便开口唱起来。台下的人们见公社出了一个小铁梅，都很欢喜。

在那样的年代里，晏老师并没有收秦治凤为徒。他喜欢她的声音，觉得她应该是吃这碗饭的，他教她唱花灯，还教她用扇子跳花灯舞，后来也教她花灯戏，有说有唱有表演。

宣传队去哪里，秦治凤就跟到哪里。那时都是崎岖坎坷的山道，但是大家不以为苦，一走就是十多里路。秦治凤家里一个亲戚的女儿，也在宣传队，后来做了秦治凤的嫂子，她就跟着这姐姐。有一回，宣传队去罗溪乡下演出，没有车，演出结束了，自己走十来里路回家，秦治凤一边走一边睡觉，差点跌到山沟里去。回到家，妈妈问她去哪里了，她不敢说去唱花灯，只说跟着别人去搞宣传。

思南花灯约起源唐宋之间，风行于明清两代，至今广受喜爱

唱花灯，只能是私下里的事情。那时的花灯，无论男角女角，都由男人来演，习俗是不允许女人唱花灯的。更早以前的女人，只能待在绣房里，不能在街上跑，而花灯又是在街头巷尾、场坝田垄演出，便不准未出阁的女儿去看，小媳妇才被允许去看。思南花灯有一句灯词唱："灯从唐朝起，灯从唐朝来。"花灯从唐朝来，风俗也是由来已久。花灯戏最早有两个角色，一是小生唐二，一是旦

角幺妹，干哥幺妹，谈情说爱，打趣嬉戏的内容比较多，而男人扮演的角色比较粗放，偶尔夹杂了粗话，所以就不准女人看。

秦治凤的母亲是不允许女儿们看花灯的，外婆也是这样教育自己女儿的。在思南农村，这是根深蒂固的观念。秦治凤没有料到，这观念也影响了她的一生。

尽管这样，花灯在晏老师这里，是美而深奥的。他教秦治凤唱歌的时候，总是禁不住教她花灯，告诉她旦角应该怎样表演，他手拿帕子，迈动碎步，声腔婉转。秦治凤看着，赏心悦目，比流行的语录歌好听，也比忠字舞好看。晏老师教秦治凤“大鹏展翅”“怀中抱月”“飞蛾抬水”“高花扇”“左右扇”“上下扇”“拉扇”“抛扇”“团扇”“犀牛望月”“苏秦背剑”“羞花扇”，只要学会了这些动作就能跳花灯了。秦治凤很喜欢学习，但晏老师不敢教她更多，虽是这样，秦治凤的心里，还是种下了一粒花灯的种子。

其实，那时候的花灯，就像炭火，表面上是灰烬，只要把灰拨开，火就旺起来了，因为花灯是大家喜欢了几百年的娱乐。后来开放了，花灯上了街，思南人人都会，各种戏班也纷纷冒头。花灯是易学的，看过的听过的都会，它没有程式的拘束，拿起扇子帕子就能跳。

秦治凤在思南城东四小读了小学，高中时到了思南中学，那些年，她没有再接触花灯。在学校里，谁哼唱花灯，会被同学们嘲笑，就是“红莓花儿开”这样的歌曲也不能唱。但儿时的际遇是深刻的，机会来到时，花灯就成为秦治凤的职业和命运，荣辱与兴衰。

1978 年，秦治凤 17 岁，考大学差了 8 分。那时招生是一条龙，母亲让秦治凤去补习，秦治凤不想去。县里还有最后一批上山下乡的名额，秦治凤去报了名，但政策忽然变了，也未去成。她到了父亲的单位县邮电局，在邮电局下属的电杆厂做了一名工人，属于内部职工子弟。每天，她和水泥、钢筋、电焊打交道，当过泥水工、电焊工。这样的工作和艺术不相干，秦治凤也很积极努力，她的胆子大，什么都学，边干活边唱歌，唱“在希望的田野上”，也不怕别人笑她。厂里并没有文艺生活，只是她自己喜欢。

1984 年，思南县文工团恢复了，在全县招考演员。那个时期，能考上文工团是一件十分荣耀的事情，是年轻人心中的梦。思南是贵州开发较早的地区，受汉文化濡染很深，许多家长并不支持儿女去考文工团，觉得是去当戏子，在三教九流里属末端，不高尚。秦治凤的父母倒没有干涉她，她就去报了名，那一年，她 23 岁。

秦治凤认为自己是考不上的，她在杂志上见过那些明星，觉得自己还不够漂亮。那时候她到了谈婚论嫁的年龄，在厂里有一个男朋友，他拿着她的照片替她报了名，她也就去考了。文工团的考试，考舞蹈、普通话、诗歌朗诵、声乐和乐器，一个老师给秦治凤出了一道小品题，她还朗诵了一首诗，唱了一首歌。过了一阵，她收到了文工团录取通知，觉得像做梦一样，不断问自己："是不是真的哦？"

几十年过去，秦治凤叹息自己的一生，她常常想起晏老师，觉得自己至少比晏老师幸运。晏老师一辈子也没有一个花灯的舞台，从未在舞台上跳过花灯，只能悄悄地教她。80 年代可以演花灯了，但晏老师已经老了，而且他仍然怕别人笑，不敢登台。在秦治凤的心里，他是她的启蒙老师，没有他，她就不会和花灯结缘。思南县像晏老师这样的民间艺人还有很多，但他们只是默默地追随了花灯一生。

进了文工团，年轻的演员们成了思南县的一道风景。她们兴奋了一段时间，每天都认真勤苦地训练，可是，再过一阵，就感到了梦想和现实的距离。文工团的人生，是一段曲折辛苦的路程，她们仿佛乘上了一条乌江里的船，在大波大浪里前行，却又下不来。

文工团成立的时候，县里下文说，三个月就给演员们转正，没有料到，"转正"这个词，成为他们数十年心底的痛处，荣耀一时的文工团，有一天也不再辉煌。

文工团的生活，是别一番天地。团里每回下乡演出都很受欢迎，2 角钱一张票，舞台下挤满了黑压压的人。团员们一专多能，什么都演，小品、唱歌、朗诵、器乐，也有花灯。花灯舞和花灯戏都经过了改编，比原生态花灯更加优美，他们的演出内容，常常是围绕县委县政府中心工作做宣传。

秦治凤的功底好，天赋高，在声乐和舞蹈上出类拔萃，是团里的独唱演员，还担任了节目主持人，大家都说她是“台柱子”。像她这样的，团里有好几人，一台节目放到哪个角色上都行。文工团经费困难，服装是租借来的，报酬也很少，只是大家都年轻，喜欢这个职业。秦治凤的父亲在邮电局，局里每年都有内部招工指标，工作的机会多，秦治凤都放弃了，她对文工团有无限的热情。他们像乌兰牧骑文工队，经常下乡演出，翻山越岭，晚上还在牛棚里睡过觉，第二天早上醒来，身下的草垫也是湿的。每逢宣传计划生育的时候，一天演七八场，衣服裤子上汗水斑斑。不管在田间地头院坝，文工团的锣鼓一敲，观众围上来，大家便就地演出，演出完毕背着包又赶路。有一次下雨，他们坐拖拉机，还差一点翻了车。那些日子，回想起来很艰辛，但是大家浑然不觉，都不怕苦和累。团里的年轻人最小才十七岁，人人会唱会跳，心地单纯，极易满足。

秦治凤排演花灯小戏

80 年代，文工团的工资是 32 元。有一次，省文化厅有一个副厅长到思南看演出，在舞台上问他们有什么要求。秦治凤胆子大，把大家的工资情况说了，又讲了团里的困难。副厅长说："大家要有为文艺献身的精神。"秦治凤说："我们温饱都解决不了，谈何献身？"文工团一直向上级打报告，工作也照样干，但是大家的编制还是没有解决，长期属于预算外的临时机构。一直到1997年，他们才转为事业编制，属于工人。照秦治凤的条件，评正高也是绰绰有余的，而她直到退休也只是中级职称。她50岁的时候，经验丰富，编、导、演都能，按照政策却只能退休了。她离不开单位，又回去编导花灯戏、小品，在地区拿了几次一等奖。

那些年中，秦治凤本来有很多机会走出去的。有一次在铜仁地区演出，她任伴唱，演的花灯戏《路碑记》。铜仁有一位姓陈的作曲和声乐教师听到她的嗓音好，把她叫去给她上了一节课。教室外面有一个等陈老师的人问他："陈老师，这个学生跟你学多久了？"陈老师说："这是第一节课。"那个人吃惊道："第一节课就唱那么好啊！"秦治凤其实是懵懂的，不知自己的水平到底如何，过去也没有选秀的机会，她就一直在县文工团做台柱。

铜仁文化局有一位张老师，也非常看好秦治凤。他想借文化扶贫的机会，让秦治凤到地区学习。但是县文化局长不同意，说张老师是个男的，秦治凤是个女的，那时候思想比较封建，认为男女有别。而且，县里也没有经费，文工团每人的51块工资都是预算外的，没有办公经费，没有工资册，如果秦治凤去学习，要产生来往车费和食宿费，县里没有这笔钱。张老师说："秦治凤嗓音条件那么好，我就算文化扶贫，不收她的学费，她一个月来上几次课就行。"又劝秦治凤："我用一年的时间，就能让你在地区打响，两年的时间，就能让你走上贵州的舞台。"但是县里的局长终究没有同意。

在文工团的岁月，秦治凤还承受了另一种精神折磨，那是她的家庭生活，也是她近20年的痛苦记忆。

1984年，文工团选拔一些演员到省花灯剧团学习3个月。省花灯剧团给他们排了几部大戏，有《家庭公案》《浪子七月》。秦治凤的男友中途去贵阳找她。当时，她正在拍电视剧《水妖》，剧组到团里选角色，选中秦治凤演一个年轻媳妇。秦治凤到了剧组，被安排在贵州日报社跟搭档一道熟悉剧本。男友找到她，和她吵起来，不准她去，叱斥她在排练时跟别人调情。秦治凤想，现在还没结婚你就这样骂我，以后怎么行呢？她说和他分手，他不同意，回到思南后，他的神经也出现问题，还住进了医院。医生对秦治凤说，他有可能患神经分裂症。团里的人都说，他们两人在一起不合适，她的工作就是抛头露面，在团里又是挑大梁的，往后是过不到一起的。他很紧张，对秦治凤的父母说，秦治凤要跟他分手，他就和她同归于尽。80 年代的思南，为感情问题自杀的事情偶有所闻，人们的观念很保守，容易在感情上出问题，一个人如果多谈几次恋爱，就被众人指摘，抬不起头来。秦治凤的父母听了他的话，吓着了，对女儿说，找到一个男人，就是一辈子的事情。

秦治凤问他："你要怎么样才放心呢？"他说："把结婚证打了才放心。"但是，团里规定不准演员结婚，秦治凤就说："那你去打吧，你有本事就去打。"她本来是赌气，没想到他真的把结婚证弄来了，是两张红纸。后来他们离了婚，那两张红纸还在。有一天秦治凤收拾东西，发现了那结婚证，上面也没有单位证明，不知他是用什么办法弄来的。两张红纸上没有证明，却有她的情感路途和命运。

那时，秦治凤正演出《家庭公案》，扮演局长的妻子，团里一位姓李的男演员演局长，一男一女搭戏。男友不准秦治凤演别人的妻子，她在哪里排练，他就追到哪里。秦治凤很倔强，不管怎样都要演下去，正式演出那天，他说："你今天晚上敢上台，我就到台上去把你拖下来。"秦治凤发怵了，打电话告诉县文化局长。局长打电话给男友的单位，这是为他所在的系统演出的。他单位的领导做他的工作，他才没有闹上台去，但还是不准秦治凤留在文工团了。

他去找文工团领导，要求同意他们结婚，团里同意了。婚礼过后，丈夫不让秦治凤下乡演出，等她终于赶到文工团在乡下的演出地，团里已经把她的角色全部换了，要求她自动离职。秦治凤很难过，在家里待了一年，生了孩子。

后来，文工团又招了一批人，但演出时用不上，只能再来找秦治凤。秦治凤到县妇联反映了单位对她的处理，妇联也找文工团了解情况。文工团领导说："让她打报告来，她结婚的事情，要杀一儆百。"

虽然重回文工团，但婚后的生活依然不平静。秦治凤到哪里排戏，丈夫就跟着去，她在舞台上演出，他就在剧场外坐着。秦治凤重回文工团后，业务突出，又做节目主持，又做导演，在思南就很惹人注目。丈夫的同事和朋友常对他说："你老婆是个台柱子呢！"有时遇上领导，领导也这么说，他一听这话，心里就不悦。思南的一些单位搞活动，请秦治凤去做主持和唱歌，其实都经过了文工团批准，他也很不高兴。有一次，秦治凤要去参加比赛，前一天晚上被他打成了熊猫眼，她打电话给团里的领导请假，领导不准，她只好带着伤上台，压制着自己的情绪，唱了一首《兵哥哥》。

这样的日子过不下去，秦治凤坚决要离婚。孩子已经读初中了，舆论压力很大。秦治凤对儿子说："我在街上听到你爸爸对别人说我，太难过了。"儿子说："别人也没有那么傻，他说的话，人家也会经过脑子过滤的。"秦治凤听了儿子懂事的话，才感到释怀，只要儿子相信她，她就能顶住压力。

离婚十多年，秦治凤已经能心平气和地对待往事。她想，他其实是老实本分的人，是喜欢她的，只是心胸不开阔，又受到环境的影响。她进入了文工团，就必然是曲折的，在体制和时代里艰难地沉浮，还要受到婚姻感情的压力，她的人生，注定了不平静。

他们那一批招入文工团的人，吃了许多苦，但一说要演出就兴奋，还互相争角色，争上场，为此吵架。这样的性格，倒让他们走得更远，不少人唱、跳、编、导都拿得下。在思南搞基层艺术，离不开花灯、花灯戏、土家山歌，几十年，秦治凤痴迷在艺术里，每当拿到了新剧本，她做梦、逛街都在琢磨。走在路上，也想着人物的表情，手上比画起来，别人叫她，她才反应过来。她的自尊心很强，在团里绝对不能落人后，如果有人比她强，她就会努力追赶。她还养成了观察人物的习惯，看见生活里电视上的人物，时常留心和思考，琢磨别人的编导手法，根据自己的意思来改编剧本。

有一年，团里外出演小品，姜昆带着一个记者找到了他们。他问秦治凤是哪个学校毕业的，是不是专攻过表演？秦治凤说她没有专门学习表演。姜昆说："那你是属于自学了？"秦治凤说："我基本上是自学。"姜昆赞道："那你很厉害的。"得到名人的夸赞，秦治凤觉得自己的辛苦付出是值得的。

评上国家级非物质文化遗产传承人后，传承花灯文化，成为她生活里的一项重要内容。团里进了年轻人，他们大多受过专业训练，在舞蹈上有优势，但花灯是植根乡土的艺术，要做到唱、舞、演都能到位，则有很长的路要走。花灯推动起来也很艰难，一出花灯戏，需要打击乐和民乐，但年轻人不愿意学二胡、边鼓和小鼓，老艺人们走了，就难以为继。最困难的，还是花灯戏的剧本创作，编剧原本就很少，年轻人也跟不上来，没有了剧本创作，花灯就没有了根本。

2005 年，文工团又招了一批人，老艺人们一手一脚地带年轻人，教她们舞蹈、基本功和表演。现在的年轻人很聪明，思路也和老一辈们不同。秦治凤过去跟着老师，是一招一式地学，把老师认作一生的师父。年轻人的想法则不一样，他们有大学文凭，觉得拜一位民间艺人为师不免委屈，但他们上了台，花灯的台风台步基本没有，那是经年濡染又潜心打磨的结果，以他们跳脱的心，也不知何时才能成就。

下了舞台，传承也有难度。县里有花灯传承基地，文工团也有，但是没有经费。团里曾经办过班，一人收 100 元，从身段、压腿这些基本功学起。年轻人来学习，仅仅出于喜欢和爱好，不可能成为一种职业和事业，所以秦治凤他们教授的，常常都是退了休的中老年人，他们自发组织了花灯队。秦治凤还是中学的名誉老师，无偿去给学生们上课，一个动作一个动作地教，仅仅是一种普及。

因了这些，秦治凤心里是有遗憾的，来学花灯的，多是中老年和中学生，他们的内心没有花灯情感，演出的东西就不好看。花灯里的谈情说爱是栩栩

作为国家级传承人，秦治凤在学校里教孩子们花灯舞

如生的，没有那样的生活体验，怎么也表演不出来。晏老师当年告诉秦治凤，演花灯，男角要粗犷，女角要娇羞，即便男人演旦角，也需娇柔好看，观众喜欢的就是那种来自生活的韵味。一个人能跳好花灯，却很难演好花灯戏，大家学的都是皮毛，传承就遇上了瓶颈。

秦治凤很担心思南花灯的失传。思南花灯民间基础深厚，即便有影视和网络的冲击，人们还是喜欢花灯，许多村寨的人坐在一起仍然唱花灯。每逢年节，县城里就会出现来自四乡的花灯队，都在大街上演出，商场门口，街道宽阔处，围着许多的观众，大家追着看。但是，秦治凤曾经拜访过的那些民间老艺人，一个接一个地走了，花灯产生和发生的那种生活，也正在渐渐远离，在她看来，民间花灯是迟早会消失的。虽然依靠教学来传承，学生们手里有了谱子，照谱宣唱，而那歌声中生活和感情，他们却已然陌生，无法表达。比如这一段：

女：上山砍柴遇见哥

正逢天上大雨落

两人躲在岩腔角

雨过才悔话没说

男：隔河看见红花开

小郎手短摘不来
哪年哪月野春水发
风吹红花过河来哟喂

这样曲折含蓄的情感，藏在逝去了的乡土人生里，现代人终究难以体会。何况正在学习花灯的孩子们，参加了高考就到思南外面读书，再难回到这片花灯的土地。

秦治凤年轻的时候，思南的大山大江间有不少的花灯老艺人，现在，她也老了。她有一对双胞胎的外孙女，她就每天教她们。小孙女才 1 岁多，听到音乐就会自己表演，还会比动作，扭屁股。秦治凤每天哄她们睡觉，都给她们唱花灯，唱山歌，希望她们将来长大了，能做一个花灯人。她相信，她们的将来，不会像她这样的艰难。

思南县城的人都认识秦治凤，她从街上走过，一路的人和她打招呼，夸她：“秦孃孃唱歌唱得好。”他们看见了她依然挺拔的风度，但未必知晓她和花灯几十年温暖而悲伤的缘契。

刘 芳

过去的艺术团体招人，无文凭可据，只认“苗子”。刘芳和秦治凤一道，都是 1984 年报考思南文工团的几百考生里，脱颖而出的艺术尖子。

那个理想主义的年月里，她们年轻又漂亮，兴奋而骄傲，文工团仿佛一叶方舟，将载着她们驶过琐碎沉闷的现实，去到玄幻的艺术天地。她们却不知道，往后的几十年等待她们的，是难言的辛苦和心酸。

她们两人的出身也很相似。刘芳的父亲是铜仁人，从部队转业到了思南，在航道处工作。她的妈妈是思南人，做家庭主妇，喜欢唱歌跳舞，便影响了女儿。思南在乌江的中下游沿岸，除了汉族，还有土家、苗、仡佬等 17 个民族，

刘芳在思南塘头镇参加“观灯赏花”活动

土家花灯是当地民间文化的主流。刘芳的家，就住在思南文化街上，这是思南的一条老街，街坊们都喜爱花灯。妈妈有八九个姊妹，所以外婆的一生很辛劳，而外婆也喜欢花灯。刘芳刚懂事的时候，总见到外婆不管白天多累，晚上也去听人家唱花灯，用思南话说，叫作“围堆堆”。

刘芳是家里最大的孩子，下面还有一个弟弟，三个妹妹。在她的记忆里，童年是最幸福的。父亲比母亲大了10岁，30岁才生了她，对她很是宠爱。刘芳喜欢唱歌跳舞，母亲也不拦她。过去的老花灯，凡有调情的戏分，父母就不准女儿去看了，到了刘芳成长的年代，花灯已全然没有了谈情说爱的内容，人们更多是唱样板戏，拿着语录跳忠字舞，只有逢年过节才有花灯。

刘芳还记得最早见到花灯的情景。那跳花灯的人，头上扎得花花绿绿，男人围一条裙子，戴一条毛巾，装扮成女人，做出各种妩媚的动作，逗人笑，逗人爱，逗人学，和忠字舞差别很大。满街的黑色灰色中，花灯花俏的扮相，就让她这个小姑娘很向往。那时没有电视和网络，生活是单调的，人们一看见花灯，就很是倾心，还很崇仰。母亲说，刘芳才两三岁，在街上看了人家跳花灯，回家就自己拿根绳子捆在腰上，把妈妈的衣服穿起来，在屋子里比画。只要哪里有花灯的锣鼓响起来，她就跟着跑，饭也顾不上吃。春节时街上跳灯，她可以看上一天，也看不伤。

父亲是从部队转业的，不像别人那样守旧，也支持女儿唱歌跳舞。“文化大革命”时，外婆挨整，母亲也没有工作，偶尔出去做点小工，一家人全靠父亲的一点工资。他们没有房子，住在外婆家里，大舅小姨多，人多嘴杂，但这样的童年，对于刘芳是幸福的，特别是因为花灯。

她6岁读书，进了学校，一直是文艺骨干。在小学里，她主要打腰鼓，凡是跟艺术沾边的她都迷恋，对学习就比较分心。街道上搞文艺，春节时跳花灯，游街，去各家拜年，需要小演员举灯，人们就把她叫去。她很喜欢，每有人来叫她，她会高兴得几天几夜睡不着，比过年穿新衣还高兴。她去花灯班里举灯，别人排练耍扇子，她就拿起扇子玩，别人唱段子，她就在一旁“打帮帮腔”。

到了初中、高中，学校里有宣传队了，她自然就成了主角，班上的节目都由她来排演。那时的学生并不热衷学习，经常去勤工俭学，到农场劳动，在那里就能看到民间跳花灯，她也发自内心地喜欢。有一年，文化馆的刘朝生老师来学校选演员，刘芳的花灯扇子玩得好，他们看中了她，让她参加地区两年一次的民族民间调演，全校就选了她一人。她才 14 岁，父母很为她骄傲，街坊四邻也都知道了她。

从那时起，刘芳就开始了她的花灯之路。

1979 年，刘芳高中毕业参加高考，当年的大学分数线是 108 分，她考了 106 分。她很痛苦，还去补习了一年，就在那一年，又逢两年一次的地区调演，刘朝生再来找到了她，她的心思更加转向了花灯。他们参加调演的节目，主要是花灯戏，因为那时的花灯舞还不丰富，有待以后在她们这一代人身上发展起来，又融入了现代的形体和基本功，之前，主要就是花灯说唱和花灯小戏。

没有考上大学，刘芳待业在家，父亲所在的航道处每年招工，父亲让她顶替，她不想去，报上了名，就让弟弟去了。1983 年，县里成立民族文工团，刘芳很向往，父亲也支持她去考。文工团在几百人里千挑万选，刘芳早已是小有名气的文艺骨干，自然就考上了。

文工团最早的团长姓文，是乡剧团转来的。后来，团里又来了一个领导，名叫秦理波，是部队转业下来的，原来在文家店镇当宣传部长，再到文工团当团长。他对团里的业务不太熟悉，但是对团员的影响却很深。他对大家实行封闭式的军事化训练，不让团员和外界接触，每天把铁门关起来。那时不准谈恋爱，晚上也不准回家，有人来探望，只能在铁门外面说话。团里把县人民会场的后台封起来，中间隔开，男生睡一通，女生睡一通。每天早上六点钟，哨子吹响，大家就起床练功，秦团长首先带着大家跑步，然后练嗓、练功，还请了铜仁京剧团的两个老师来帮助训练基本功。团员们基本功便也扎实，台上的翻滚、空翻、翻叉都没有问题。

这些团员过去也唱歌跳舞，但是并没有基本功，现在二十几岁来练功，就格外不易。他们站在凳子上，将腰担在老师的腿上，老师一手撑着他们的脚，一手按着他们的肚子往下压，他们痛得汗水直淌，牙关也咬紧了。虽然又累又苦，大家也没有抱怨，他们天真单纯，年轻有精神，流了一天的汗也不知道累。晚上如果不开会不演出，还在寝室里说笑打闹，装扮这样，装扮那样，疯闹成一团。

表演得好了，受到夸奖，他们总是由衷地高兴。文工团的日子有自己的乐趣，也有自己的烦恼，女演员们也会互相嫉妒，其实，角色都是领导安排的，安排了谁，其他人就在背后议论，见了面还不理睬，主动叫她，她装作听不见，这些都是难免的。这些小小的矛盾，刘芳都不太计较，也能理解，她是生性大度的人。那时候演小戏，女主角一般都是刘芳，有一出叫响的《龙凤花烛》，由文化馆李老师作曲，没有伴唱伴舞，全靠两个人的戏，像二人转，刘芳和团里的杨老师搭档表演。他们没有编导，刘芳就自编自演，演出后受到了鼓励，她渐渐对编导有了浓厚的兴趣。团里从外面请来了老师，她就陪着全程排演，看人家怎么编导，怎么阐述，怎么理解剧本。编导全靠自己钻研，喜欢才会努力去学，这以后，刘芳在团里既做了编导，也担任主演。

刘朝生依然是刘芳的老师，对她的影响很大。刘朝生就是思南人，和他爱人都是搞花灯的。刘芳初见他的时候，他 40 多岁，到处跋山涉水去挖掘花灯音乐，他记下的东西，拿出来总是厚厚的一本。刘朝生早先也是一个民间艺人，以后进入了思南乡剧团，乡剧团是思南建于 20 世纪 50 年代的老剧团，专门面向农村，也不是正式编制，是一个大集体，刘朝生在团里搞花灯，还有民间艺术。乡剧团垮了，他被分配到文化馆，还是专业做花灯。他走乡串寨，孤独而艰辛，一辈子跟花灯打交道，对花灯的音乐、唱词很精通，是刘芳的引路人。

文工团给演员们编排了两台戏，一个是《怪孝记》，一个是《家庭公案》。

《怪孝记》说的是大怪二怪不孝敬父母，母亲离世了，他们不孝敬父亲，本来每家接一个月，他们就你推过来我推过去。这个戏虽然没有扇子舞，但是打击乐、花灯调都有。剧团到周边的沿河县、印江县去巡回演出，挣一点钱补助工资和服装。这种演出，是打着背包去的，找到一个空屋，中间用一道帘子一拉，那边睡男的，这边睡女的。演员在团里，吹拉弹唱打击乐都要会，没有节目的时候，就在下面奏打击乐，大家都是多面手。而现在专业都分得很细了，舞蹈是舞蹈，乐器是乐器，表演是表演，音乐是音乐，创作是创作，也不知是进步还是倒退了。

那些年，思南的很多地方不通道路，团里也没有车。他们下乡演出，都靠两条腿走，或者就坐农公车、赶班车。团里的经费困难，演出服装也只有一两套，背在身上就走了，更没有舞美和灯光，灯光也就是两只大灯泡。他们到了农村，就在人家堂屋前跳花灯，晚上住在牛圈里，第二天又赶去另一个村寨。走夜路的时候，经常遇见手电筒没电了，天黑得连路也看不见，大家就等着天上“扯火闪”（闪电），一个火闪亮了，赶紧跑上几步。刘芳回忆说，有一次，火闪一亮，我们跑了几步，再一亮，发现已经跑到悬崖边了。走夜路容易饿，他们就去路边人家要吃的，一个姑娘大着胆子求人家说：“我们给你跳个舞，你给我们几个煮红苕行不？”主人家答应了，大家把红苕拿在手里，互相偷着笑。过后回想，才觉得真是不易。

年轻人在一起，演出结束了，就想办法一起玩，打发时间。刘芳就趁这样的时候去拜访民间艺人，问他们这个动作怎么比画，那个动作叫什么。思南民间花灯千年沉积，在民间已发展出繁复的套路。花灯表演讲究“手、眼、身、法、步”，就舞步而言，丑角以矮桩为主，有丁字步、马步、碎步、弓步，旦角以“之”字步为主，有大开门、小开门、凤点头、丁字步、碎步、云步。身段方面，丑角有金鸡独立、黄莺展翅、犀牛望月、童子拜观音、鹞子翻身、鲤鱼打挺、苏秦背剑、白鹤亮翅、蛤蟆晒肚，旦角有荷花出水、怀中抱月、孔雀开屏、观音坐莲、风摆柳、犀牛望月、黄莺展翅。手式上，丑角有云手、垛掌、十字手，旦角有半边月、门斗转、撮箕口、耙子路。老艺人们很多都七八十岁了，刘芳从他们那里学到了很多东西，回来在剧团里排戏，她心里就有底，也能用得上。

刘芳这一代花灯艺人丰富和拓展了思南花灯的灯舞艺术

她发现，民间花灯在舞蹈上比较薄弱，她就在身型和动作上有了创作和改进。民间艺人刚开始看他们表演的花灯，也有不接受的，说他们不对，但刘芳想，花灯也是要进步的。后来，他们拿了很多奖，把花灯的名声传播到思南以外，民间才逐渐接受了他们的花灯。

刘芳这一代人，将思南花灯做了很大的推进。在思南搞花灯艺术，注定置身在一种特殊的处境里。一方面，思南的花灯植根民间，根深底厚，是人们普遍喜欢的事物；另一方面，花灯是民间底层普通老百姓的文化，舞台就是赶场天的场坝，围一个圈子就唱啊跳啊，在许多人眼里是不上大雅之堂的。

刘芳进团的时候，已经谈恋爱了。当时还有秦治凤也有男友，团里特批了她们两人，其他人则严禁恋爱。那时风气守旧，读书时，男生先进教室，女生就不敢进，女生先进教室，男生也不敢进，等所有人都到了才一并进去。

刘芳的男友和她是同学，是个老实的男生，有一天，两人碰巧在教室里，同学们就在一旁起哄，这样一来，两人倒慢慢开始接触了。刘芳进了文工团，是团员中出众的角色，但她也遇上了来自男友的阻力。

男友家是一个大家庭，没人爱好文艺，他是家里的独子，上面三个姐姐，下面三个妹妹。刘芳跳花灯，作为爱好他不反对，但是作为一个职业，他就想不通了。刚进到文工团，团里经常在赶场天跳花灯，一群人围着看，被人歧视，有了各种各样的议论，传到他耳朵里，他心里就不舒服。他到文工团来，对刘芳发火，同事们也以为是刘芳出了问题，她就只能忍着。

那些年的刘芳是真的苦，待遇很低，还经常下乡，丈夫又不支持。她怀孕三个月了，还在台上跳，女儿生下来，本来婆婆想帮着带，但是丈夫想让刘芳自己带，就能捆住她不去跳花灯了。刘芳干脆把女儿带在身边，她排练，同事们就帮她抱娃娃，团里所有人都帮她抱过女儿，女儿就是这样长大的，所以她从小也喜欢花灯。

这种日子过了很多年。县文工团招来的第一批学员，走得只剩下几个了，她还是长期忙得顾不上家，在外面抛头露面，丈夫很有情绪。他不理解刘芳，刘芳也不敢对自己的父母说，因为父母是支持她的，听见她的处境会去找女婿说理，这样矛盾就更激化。在思南，刘芳经常被各个单位请去教花灯，大家都认识她，如果她的家庭散了，人们的议论一定会让她不堪忍受。

撑过了许多年，终于，政府越来越重视花灯了，刘芳编排的节目也在外面拿了奖，丈夫就慢慢地转变了。他爱她和女儿，后来放宽政策可以生二胎了，他也不要，他说从小兄妹多，饭一上桌就抢光了，他想让女儿过得幸福。从女儿读初中开始，一直都是丈夫照顾，直到女儿读大学，读硕士。至今刘芳回想起来，对家庭也有一份愧疚。

毕竟是苦尽甘来，刘芳就总想着人生里好的一面，有人来采访她，她也不倒苦水。一个搞花灯的人，一辈子都是坎坷的，有一度，刘芳很不愿意提及，说起来心里很酸，要流泪。现在她不流泪了，但还是心酸。比起那么多民间

扎实的基本功使刘芳退休后仍然活跃在思南民间艺术中

艺人，她们是幸运的一代人。她从童年开始接触花灯，外婆和妈妈都支持她，几十年，她坚持了理想，花灯成为她的事业。

现在，刘芳和丈夫常去郑州给女儿带孩子。女婿是个博士生，是开明的一代人，他很支持刘芳，说为了让她好好教花灯，想举家调到重庆去，这样离思南近一些。即使在郑州的居民小区里，刘芳也教大家跳花灯，这来自千里外的民间艺术，郑州人很有兴趣，她们还自己去买了扇子，跟着刘芳跳，她们很喜欢她。

铜仁地区的一些县曾经都有文工团，比如沿河县、印江县，但是成立了两三年就垮掉了，完整保留下来的只有思南文工团。县文工团是一个特殊的存在，它的历程，浓缩了文艺体制改革和时代变化。思南文工团 1984 年成立，2006 年合并到县文化馆，属于文化馆下属的演出团体，这个曲折的过程有 32 年。刘芳和秦治凤是文工团招收的第一批演员，他们有退休的，有分流到其他单位的，合并后就留下了刘芳一人。

其间，团里又招了两批人，但是待遇不好，没有编制，县里拨很少的一笔钱维持着，普遍的工资涨到一千多了，他们也才拿一两百。许多人受不了文工团的艰苦，想成个家也困难，尤其是男演员，自己都养活不了，更不能养家，所以他们大多出走了。后来在铜仁出名的流行歌手野马，就是从团里出去的，他叫刘芳“师姐”。野马现在很有名，他早先只是思南许家坝的文艺青年，来报考文工团的时候，把评委们笑破肚皮。他唱“天上一个月亮，地上一个月亮的”，用手比画，比天上又比地下。这个毛头小子，什么都不知道，是文工团锻炼了他，以后他就出去闯荡了。

2012 年年底，刘芳退休了，她的花灯之路又似乎才开始。2008 年，她被评上国家级非物质文化遗产传承人，更加感到使命所在，要将花灯传下去。她连续办了 7 次花灯舞蹈培训班，还和县里的春江花灯队、安华社区联合办了一个花灯培训基地，又在学校里做花灯培训，编花灯课本和教材，教幼儿园、小学和中学。为了花灯进校园，思南从各个乡镇调集人员来培训，有 108 人之多，都由刘芳培训，也可见县里的重视。

思南人对花灯有特殊的感情，年轻人喜欢花灯的也不少。刘芳有一个小徒弟，要去考省花灯剧团，本来他父母都反对，刘芳说通了他们。刘芳对徒弟说：“这就是你人生的一个转折呢，你要想通啊。”徒弟说：“师父，我就像你一样，爱花灯爱到骨子里去了，我已经喜欢得要不得了。”

这个徒弟是真喜欢。他是刘芳的徒弟中年龄最小的一个，3 岁就跟刘芳学习，4 岁跟她一道去中央电视台录制《民歌中国》。师徒的相遇，像冥冥中的天意。有一天，刘芳带着人在球场跳花灯，排练花灯艺术节的节目，小徒弟也就一两岁，她们在那里跳，他就在一旁学，对音乐调子竟背得很熟。其他的人，第二天来就忘记了，他却记得，动作曲调都没忘。他非常聪明，大家都喜欢他，只要他一跳舞，立即有好多人围着看，刘芳就收下他当了徒弟。

徒弟只有 13 岁，跟刘芳学了 10 年。每年思南有大型的花灯演出，他都参加。刘芳知道，人才是学不来、招不来的，自己的喜欢和天赋最重要。她这几十年的传帮带，体会到艺术要从小培养，长大了再去教，就很难热爱和努力，不能从内心去塑造角色。有一年艺术节，刘芳和徒弟参加了一个节目的演出，专家和记者们特别喜欢小徒弟，纷纷找他谈话，采访他，倒把刘芳晾在一边，刘芳只感到高兴和欣慰。其实，他的节目只有一分钟，刘芳说："徒弟啊，你别看这一分钟，你要跳好，把这个角色融到自己的灵魂里去，比别人跳五分钟都管用。"遇上一个有天赋的爱花灯的徒弟，刘芳感到自己很幸运。

原生态花灯和花灯艺术的舞台化，是刘芳一辈子探索的问题

刘芳徒弟众多，他们也在自己的单位里传授花灯，经常找刘芳探讨编导的问题。思南的花灯根基深厚，虽然民间艺人一代代地走了，但总有新的人才出现。现在的原生态花灯也有了改变，说唱、台词和舞蹈，都更让年轻人喜欢。申遗成功后，政府很重视，刘芳对花灯的前程也有了信心。

她 50 岁的那一年，思南举办原生态民族民间花灯比赛，节目由各个乡镇送来，原生态还保留得非常好。刘芳希望每隔几年都有这样的比赛，让民间艺人有向往，有舞台。民间花灯的传承更为不易，因为农村变化很大，要维持队伍是很难的。民间花灯由师父祖辈相传，这样学一点那样学一点，又来教授徒弟，他们是地地道道的农民，上坡劳作回来，哪里请了就去跳，过年过节时自娱自乐，没有任何收入，除非红白喜事有个红包。只有那些对花灯爱得入骨的人，才能把这个种子传下来。

现在，刘芳感到最困难的，是花灯的创作。过去，文工团有写剧本和音乐的好手，但他们都去世了，后人要超过他们很难。刘芳现在跳花灯，教花灯，还在用他们留下的东西，加上自己的一点变化。她有一个深切的心愿，期望有一天，就像小徒弟的出现那样，思南能走出一个花灯创作的人才。

枫香蜡染杨光成

雅水

雅水镇[①]的名字，古风清雅，杨光成的枫香蜡染，也有一种区别于周边民族的汉文化气质。

雅水所在的惠水县[②]，是贵州著名的稻粟之地、橘果之乡。惠水自五代起设南宁州，宋代置“八番”，明代建程番府、定番府，已有一千多年的历史。过了一片片平坦的田畴，进入丛林茂密的丘陵，再走两公里的泥路，雅水播潭村的小岩脚[③]，就深藏在山道和丛林间。

杨光成的家，是几片青瓦木板的旧房，房后的空地是泥土，雨天泥泞。村里的人家大多建了新房，杨光成本来想把木房拆了，文广局说，你这个老房不能拆，要保护起来。杨光成说，不拆，房子就要倒了。文广局说，你干脆把它校正了，我们拿出一点资金来给你维修。杨光成听了，准备把房子修成吊脚楼，他听说有一个文化产业专项基金，就花了很多精力，跑了文广局、财政局，准备申请60万元做一个枫香染基地。

① 雅水镇：隶属贵州省黔南布依族苗族自治州惠水县，位于贵州省黔南布依族苗族自治州惠水县中部。

② 惠水县：隶属贵州省黔南布依族苗族自治州，少数民族人口占58%。

③ 小岩脚：位于雅水镇东南部，距镇政府所在地4公里，是播潭村6个自然村寨之一。

枫香染区别于贵州其他蜡染之处，
首先在于以笔代刀，画功为先

报告打上去，一直没有音讯。上面来搞调研，杨光成反映说，要把这个枫香染基地搞大，必须得有作坊，纺织工艺流程一体化，需要房子，需要工具，他自己是没有这个资金的。他还要教徒弟，一个徒弟每月发一千五、两千，徒弟还不乐意。带两个徒弟，每月自己拿出四千来，杨光成自己也挣不了这么多。徒弟们宁愿在外面打工，每月至少挣三千元，还能长见识。杨光成兄长家的二儿子，就不愿意待在家里，他在浙江做家电维修，每天能挣250元，他说，等他五六十岁了，跑不动了，再回来做枫香蜡染。他也只是这么说说罢了。

雅水村的人，在这里已经生活了四百多年，做枫香蜡染的，只有杨光成一家。

杨光成当了枫香蜡染的传承人，他想在岩脚培训大家做蜡染，但寨里一些人对这个没兴趣。杨光成反复说，这个手工艺已经面临失传了，如果你们再不重视，就对不起国家，国家出了那么多钱来维护这个遗产，我们应该很好地把它保存下来，还要发扬光大。他在寨里办了两三期培训班，总算有了一些起色。

从1979年开始，杨光成在岩脚当了30多年的小组长。这几年，他年龄大了，辞退了，大家都很惋惜。他喜欢为大家做公益，处理大小事情也公平。他带着小组架高压线，通自来水，出外拉关系，修道路，挖了一百多个积水塘。1984年，岩脚还搞了一个文化站，是惠水县的一个招牌，中央文化部还表彰了他们，叫去北京开会，可惜他病了，没能去成。

岩脚的日子好起来，杨光成记得是改革开放的时候，粮食翻了一番，大家都很高兴，说："要吃粮，找紫阳，要吃米，找万里。"后来大家又说："邓小平，领路人。"从那时候，生活就不一样了。1984年以前，别说修砖房，木板房也是破破烂烂的，村人看见人家戴手表都非常羡慕。等有了手表，又羡慕别人的手机。现在，每家每户都有电冰箱、电视机、洗衣机、摩托车、热水器、消毒器，也不烧柴火了。杨光成想，过去总是说，大家要达到小康水平，到底怎样是小康水平呢？现在他们已经体会到了，吃的、用的、穿的都有了。岩脚村人过去幻想世上富裕幸福的生活，说，有衣无人穿，有路无人走，就是最好的生活。杨光成觉得，这样的生活已经实现了，他到贵阳的市西路去，那

“雅水”系布依语译音，意为祖母居住地的河

里摆满了琳琅满目的衣服，马路上也都是车，他想起村人的说法，觉得他们真是有先见之明。

村人经常看电视，看到中国经济总量已经跃到世界第二名，觉得十分了不得。有一晚，大家坐在一起议论日本和中国争钓鱼岛，有人气愤地说：“我们中国核武器那么多，为什么日本惹是生非，我们不打呢？”杨光成说：“你们错了，不是说我们打不赢日本，现在祖国要考虑自己的建设，如果一打仗，我们的生活水平还会提高吗？我们的村镇建设还会快吗？我们的那些路还修得好吗？所以我们不愿意打仗，就是为这个。”他还说：“劝你们看电视要多看新闻，不要看什么电视剧啰！”杨光成平常就看新闻，《新闻联播》和中央4台，还有7频道的《聚焦三农》。除了新闻，其他的他都没兴趣，也没有时间。

岩脚的枫香蜡染和一般蜡染不同。蜡染是用蜡和蜡刀，而枫香染则使用枫香油和毛笔。枫香油取自百年以上的老枫香树树脂，掺和了牛油，用文火煎熬过滤而成。枫香蜡染的制作方法，是用毛笔蘸了枫香油，在白布上描绘出花、鸟、鱼、虫等图案，再浸入靛缸中染靛，取出后经水煮脱脂，即呈现出白色的花纹，再用清水漂洗、晾干而成。

随着枫香蜡染的名声远扬，四川电视台、峨眉山电视台、三亚电视台、凤凰电视台、辽宁电视台、贵州电视台、北京旅游频道、中央7台，都到岩脚来采访。如果没有枫香蜡染，岩脚村只是惠水连绵的山梁间一个不知名的村寨，有了枫香蜡染，杨光成的人生和视野，也彻底改变了。

杨光成枫香蜡染作品之一

父 亲

杨家的家谱遗落了，1972年被一场火烧掉，只遗下老人说过的零星的故事。

若从老祖宗算起，杨家是明朝朱洪武调北征南时来到贵州的，他们的祖籍是江西红龙。杨家的祖坟，在几百公里外的平塘县鼠场乡仓边村①，有一个名叫杨庭华的祖先埋在那里。杨庭华随父带兵从江西进入云南，又到广西，然后到了仓边。

杨家是地主成分。虽说是地主，其实田土并不多，也

① 仓边村：隶属平塘县，位于西南部。水美，友好好客，物产丰富。

就有百余亩。杨光成的父亲杨通清，是岩脚的一个读书人，他 17 岁就开始教私塾，家里请了短工。杨通清虽有地产，但在新中国成立前日子也不好过，东躲西藏。那时候，地方上有一个人名叫杨东杰，有钱有势，后来被定性为恶霸地主。杨东杰看不惯杨通清，有一次杨通清外出，杨东杰还准备用枪打死他。杨通清自己也有枪，惠水匪患严重①，他只是为了保护自己，并不杀人。由于他为人好，有人给他通风报信，他躲过了一劫。

杨东杰在新中国成立前就被人暗杀了。他是个德行极差之人，和自己的父亲争一匹马，两人都抢着骑。按道理，他应该让老人，但他横蛮不讲理，父亲一骑上马，他就挥起刺刀将马杀死，父子俩就结下了仇。杨东杰四处放话，要杀了自己的老子，他父亲害怕死在儿子手上，便出高价雇人把他杀死了。杨光成见过杨东杰的相貌，是一张老照片，一张大耙子脸，戴着帽子，打着绑腿，一副官家模样，做人却是心黑手辣。

那个世道不太平，人命如草芥，就连岩脚这样偏远的村寨也有几十条枪，人们一言不合就结了仇，互相打杀。那时候，杨家晚上是不敢点灯的，把外墙砌得很厚，将房子围起来，墙上留一个窗口，可以观察和射击。那一次，杨东杰带着枪和手榴弹，前来杀杨通清一家，杨通清的一个同门弟兄住在上坎，杨东杰先去劝诱他，让他帮助自己杀杨通清。同门弟兄心想，你让我帮你杀了我哥，往后你不是就来杀我？杨东杰让他伺机发出信号，他们就来杀人，到了约定的时间，这个弟兄家一点动静也没有，杨东杰害怕杨家两兄弟内外夹攻，准备把手榴弹从杨家窗户扔进去，但杨通清用一个窗栓扣住里面，手榴弹扔不进来，听到动静，他举枪出来，杨东杰一伙人才跑了。杨光成小时候，听父亲说这一段事情，汗毛也立了起来。

寨子的老人说，杨通清的枪法很准，晚上伸手不见五指，他点上香，在

① 新中国成立前，惠水边远地区匪患不断，并有国民党政军警及特务暗中纠结，1951 年肃清。

50 米开外也可以打断香头。杨通清在岩脚教私塾，有四五十个学生。他一边教私塾，一边画花，画作卖到了平塘县、长顺县[①]。他还能写一笔漂亮的小楷，杨光成的哥哥杨光汉，留下了父亲写的一本诗集，那是别人抄录下来的，原作也已散佚。

杨通清曾经做过一件事情，为自己减轻了一些罪罚。新中国成立初期，惠水的匪祸依然炽盛，1949 年，解放军的村粮工作队到了惠水，1950 年大部队才过来，到 1951 年县域全部解放。杨通清救下了征粮队的商言春（音），他是南下的大学生，下乡开展征粮工作时遭土匪攻击，征粮队死了十多人，就剩下他一个。他跑到岩脚来，撞入杨通清家，把自己的情况说了，杨通清就把他藏起来，后来，通过关系把他送到摆金[②]，又托了熟人从摆金送到贵阳。商言春到贵阳后遇到同学，就写信给杨通清，让他放心，还寄了一本小书给他，那本书是关于划分农村阶级成分的。商言春让杨通清对照这本书看看自己的成分，说他很可能被划成富农，结果杨通清被划成了地主。商言春的信中还附上一张纸条，让杨通清平常不要拿出来，如果遇见麻烦了，再取出示人。这张纸条很重要，本来有人怀疑杨通清打解放军，他逼不得已拿出纸条来，土地改革和新中国成立初期，他才没有被抓起来。

商言春回到原来的部队，升了职，他是个念旧情的人，又写信给杨通清，局势纷乱，问他还在不在。岩脚的贫协主席拿到了信，他不识字，又自作主张，以为信上的内容是告发杨通清的，就私下把信烧了。商言春接连写了几封信，有人才告诉杨通清，部队上有人写信给他，但是都被烧了。

“文化大革命”来了，杨通清救过解放军一事本可改变他的处境，但他拿不出证据，有口难辩，就遭了殃。他被打成十八种人，因为他娶了雅水一个叫秦九峰（音）的国民党团长的姨妈当二老婆。杨通清是个文人，但惠水当时

---

① 长顺县：位于贵州省中南部，隶属贵州省黔南布依族苗族自治州，县政府驻长寨镇。

② 摆金镇：位于惠水县东南部，是一个以苗族、布依族为主体的乡镇。

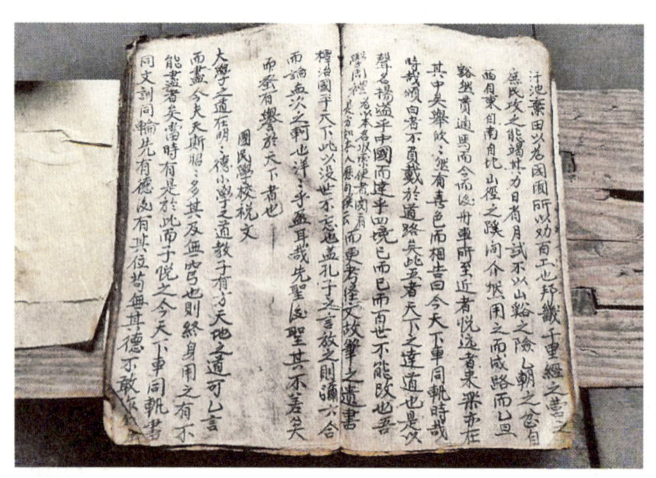

杨光成父亲杨通清留下的白绵纸手本

混乱，谁家有钱财都难免被抢，杨通清为了保存性命财产，逼不得已，娶了秦九峰的姨妈以图自保，这样，他就做了国民党团长的亲戚。这个秦九峰原先是国民党团长，解放时投降了解放军，解放军委任他当了西南剿匪大队长，他回家探亲搞地下武装，土匪来拉他下水，他又反水成了土匪头子。

杨通清从来不干农活，新中国成立后他被划为“四类分子”，强令他干农活。家里人看他干活的样子很可怜，想帮也帮不上。那时是人民公社，公社一开会，“四类分子”就要给大家砍柴烧火，把柴火抬到公社去。杨通清从来没有做过这样的事，杨光成只有 10 多岁，就替父亲扛柴去公社。一个“四类分子”规定送两百斤柴，杨通清和两个老婆都是“四类分子”，就要送 600 斤柴。杨光成和哥哥两人，整整扛上两天，才能把柴送到。其他的农活，对于父亲也是大姑娘上花轿头一回，公社修一个水库，父亲去拉板车，手和脚都起了血泡，还被人批斗、坐飞机。杨光成两兄弟在一边看着，两眼流泪，不敢哭出声来。有几个人挨批斗多了，受不住，回家上了吊，他们怕父亲有求死的心，每天都守着他。杨通清就说：“你们不要焦心，我不会寻短见的，我没有杀人，也没有剥削过哪一个，将来历史会澄清的。”两个儿子才放心了。

1958年开始搞大食堂，岩脚人走到哪里都可以吃饭，举碗就舀，也没人管。到了下半年，事情就严峻了，没有粮食了，一顿饭只有二两米，所有的劳力都去搞深耕，只有老弱病残在家。杨通清和老婆节衣缩食，把粮食留给儿女吃，他们去山上找刺梨、蜂糖罐（一种药用野果），所有能吃的东西都弄回来，草根树皮也不放过。杨光成记得，父亲领来了粮食，仔细地数好，等儿子吃饱了自己再吃。哥哥杨光汉去水库干活，他是有知识的人，去当了会计，和领导的关系也好，给家里弄来一点粮食，一家人才勉勉强强过下来。

随着思想解放和拨乱反正的展开，杨通清摘掉了帽子，领导也经常来岩脚登门拜访。杨通清在六七十年代身体不好，三天两头吊盐水，几乎一个礼拜吊两三天，谁知改革开放一摘帽子，领导、记者来探访，人一乐观，他的精神又好了起来，多活了几十年，一直画到83岁才搁笔。他80岁的时候，政府给了他百岁老人的待遇，每年过年发给他一笔钱。

杨通清活到了88岁，他自己说，这是恶有恶报，善有善报。他是一个旧式乡绅，有文字的才能，过去常帮助穷人写状纸，不收人家的钱，还因此得罪权势。岩脚有一个老人叫蛮老，两年前已经去世了，每当遇到杨光成兄弟，他就对他们说：我经常要儿子不忘你父亲，那时候，他救了我们一家人。蛮老家过去很穷，牛也被人家偷去了，偷牛贼被岩脚的人拦住，那些人心也不善，明明知道是蛮老的牛，还把牛杀来吃了。他们担心不分给杨通清，他会去报信，就分了一份给杨家。杨通清接了牛肉，但把牛肉还给了蛮老，还给了他一些钱去买牛，蛮老就感激了一辈子。杨通清对儿子说：“那种情况，你不要也不行，如果你不要，他们就怀疑你去告密。牛肉要了来，悄悄还给蛮老，再帮助他一下，这样更好。”杨通清是明白世故的，乡里乡亲的大事小事，他都能有礼有节地解决。

杨光成记得，他小的时候，父亲不敢公开地画蜡染，因为他戴着反革命的帽子，低人一等，怕人批斗，经常要写守法保证书，出门要请假，有客要报告，不准乱说乱动。只有等到晚上，家人都睡了，他才坐下来慢慢地画。20 世纪 80 年代，杨通清的几幅作品由惠水县送到了台湾和香港，《澳门日报》刊登了他的画和照片。

杨光成收藏了两幅父亲的画，每一次到外面去展示，他都带着一幅。这两幅画，是他费了很大精力才搜集到的，他到处问，到处寻，许多人家都嫌老旧，烧掉了。按照当地习惯，一个老人去世，他用过的东西就会随葬俗烧掉。杨光成求告他们："你们不要烧，这是我家祖先的东西，我给你一点钱，你就卖给我吧。"有一幅是他在很远的羡塘镇[①]找到的，那是过去太阳乡[②]的一个老人出嫁时带过去的，这老人与杨光成的外公是亲戚。原来，杨光成手上有不少父亲的画，后来记者来采访的多了，有的说拿去赠送，有的买下来，就没有了。其中有一幅，上面要求带到人民大会堂去，给了杨家一千多块钱。为了这幅画，惠水文广局局长亲自来杨家给杨光成做思想工作，杨光成说："局长啊，这是我父亲的作品，我给了，传家宝就没有了。"局长

杨光成设在家中2楼上的画案

① 羡塘镇：位于贵州省南部，惠水县城东南部，北接雅水镇。

② 太阳乡：在惠水县中部偏东南，布依、苗等民族占 71.4%。乡境拉瓦寨旁水井，每当日落，夕阳照耀水面，光灿夺目，故名太阳乡。

说："人家黔东南的州长亲自来要，他是要拿到人民大会堂去的嘛。"

杨通清一生坎坷，屈抑了几十年，写文作画，是他偏远岩脚的人生一抹内心光亮。他继承了先辈的技艺，又以自己的才情不断发展和完善，还根据周边不同民族的要求，创新了许多图案，比如苗族喜爱的牵牛花、大瓶花、大钵花、大盘花，布依族喜爱的"双凤朝阳"、"鲤鱼窜珠"、歪桃、石榴、月亮花。一笔一画间，他的多灾多难的日子也有了一种慰藉。

蜡 染

2006年，杨光兴的枫香蜡染在惠水县得了二等奖，他感动得流眼泪。

他们的手工艺已经丢了20多年，几近失传。哥哥杨光汉对枫香蜡染早已没有兴趣，忘得一干二净。杨光成自己认为，他画的一朵菊花，是一点也不像样的，但是来了一个贵阳专家，专家说："你们必须把这个老杨公杨通清的传承人送到贵阳去，保证他到贵阳和我见面，去参加总决赛，要是看不到他，我要问你们的。在省里，我会专门来看你们惠水的枫香蜡染。"于是，县里给了杨光成二等奖。杨光成上台去发言的时候，他自己觉得心中很羞愧。

回到岩脚，他给哥哥杨光汉说起这个事情，两兄弟都流泪了。杨光成说，自己拿这个二等奖，真是太惭愧了。杨光汉安慰他说："不怕，反正枫香蜡染在我们心头，在我们手上，我们是可以练出来的。"结果，他们整整练了一个星期，终于练出来了。

下一个月，杨光成又到黔南去参加选拔赛，还是拿了一个二等奖，再到贵阳，得到三等奖。杨光汉回家给哥哥说，明年你去参加吧。2007年，杨光汉在惠水得了一个特等奖，参加省里的总决赛，又拿了三等奖。

两兄弟受到鼓励，懊悔当初没有跟父亲好好地学。从那时开始，他们又捡起了手艺，但是，父亲的许多图案都已失传，他们尽力去找那些老衣老裙，发

枫香染采用老枫香树脂加入牛油，以枫香油作封蜡，用毛笔蘸油在自织的白布上描绘图案，再用蓝靛浸染，用沸水脱去油脂，再用清水漂洗、晾干、碾平即成

掘图案。杨光成最遗憾的是，自己只有小学文化，他的徒弟都用电脑了，他也不会使用。

随着年龄日长，哥哥杨光汉的精力转到了修订家谱上。他有前列腺炎，还有膀胱结石，严重时排小便都用引流管。2010年，惠水医院对他下了病危通知书，说他是膀胱癌晚期，已经无法医治。家人赶到医院，杨光汉已不省人事，还在输血，他们把他拉回家里，开始准备后事，但过了正月十五，他还没死，家人又把他拉到贵阳医学院去。那里的医生说，他患的不是癌，是前列腺炎，也不用动手术，吊一点盐水就回家了。杨光汉过去读过私塾，文学底子好，一般高中生写的文章也比不上，他感到自己已是暮年，就开始整理家谱，经常坐在廊檐下看父亲杨通清的诗集。

传承枫香蜡染的事情，落在了杨光成肩上。

杨家的枫香蜡染手艺，过去是家传，也不能传女。到了杨通清这里已经打破了规矩，他传给女婿，也传给杨家族人。杨光成有一个堂哥，住在雅水的洛平村[1]，离岩脚5

① 洛平村：隶属雅水镇，距离雅水镇中心区域8公里，主要聚居布依族、汉族、苗族等，布依族约占全村总人口的80%。

公里，他的手艺就是杨通清传下来的，但他已经离世。太阳乡也有杨通清的两个徒弟，他们不太上心，后来就不画了。现在掌握技术的，除了杨光成，还有他 70 多岁的姐夫，所以，他也招了一些年轻的徒弟，有二三十人。

枫香蜡染的关键技术，除了绘画，最难的是染缸和备料。蓝靛是捣碎靛叶后沤出来的，先用水泡，将叶子泡蓝，再用石灰打，让它沉底。独山县① 的蓝靛好，杨光兴去进了几次货，还去他们的基地看过。杨家也在房前屋后种一点靛叶，如果有记者来就给他们看。几年前，杨光成买了一些蓝靛，就上了当，那商家很狡猾，在蓝靛里掺磷肥，一斤底肥才 1 块多钱，他卖给杨光成 8 块，他们买了八千多块钱的。后来杨光成打官司，要商家赔偿，他们去找工商局，工商局存了案。他们又去找商家，告诉他染料染不出东西，损失大，问他私了还是官了。商家只好说："你们再拉一批去吧，原来的我也不要了。"

因为枫香蜡染，杨光成开始接触市场。

他记得 20 世纪 70 年代以前，岩脚周边的村落和民族很喜欢买枫香蜡染，用来做衣裙、背扇、被面、床单、帐檐。"文化大革命"期间，枫香蜡染也没有停下来，由一个集体小组在做，杨光汉也参加了这个集体组。后来，雅水公社成立了一个五小厂，包括小五金，杨光汉在厂里专门负责染布、做指导，因为其他人都没有这个技术。那还是生产队给工分，一个月有 12 块钱，再后来，分田到户，小五厂也就不存在了，杨光汉便回家种地。在家里，他们仍然做蜡染，只是规模小了，以后干脆停了 20 多年。随着生活中的轻工业产品日渐丰富，对枫香蜡染的冲击很大，没有人再要他们的东西。

枫香蜡染在市场上没有价值，杨通清就把画蜡染当成了消遣，画下来留给子孙们。子孙们不懂得它的价值，缺钱了就往外出售。有一次，重庆医科大学的一个老师在五一黄金周到了岩脚，他在网上见到了枫香蜡染，专程来找到杨

① 独山县：隶属贵州省黔南布依族苗族自治州，地处贵州最南端，与广西南丹县接壤，是贵州省进入两广出海口的必经之地。

家，准备出两千块买走杨通清的画。杨光成说，这是老人 83 岁画给孙儿做纪念的，一万块也不卖。但这件事，让他们意识到了自己手中蜡染的价值。

2014 年，杨光成的一幅作品在深圳参加了文博会，由省委和县委宣传部带去的，杨光成自己在家赶作品，实在没时间，便没去成。他的这幅两米长的床单，文博会标价 6500 元，一位姓肖的收藏家打电话到岩脚，问杨光成卖不卖，杨光成说不卖，那是他参加多彩贵州总决赛获奖的作品。收藏家说，他是为了收藏，其他的作品他都不要，专要杨光成的。杨光成说："既然你要，你给多少呢？"收藏家说："六千五。"杨光成说："六千五是他们标的价，他们不懂得价值，你真的想要，我一万也不卖的。"收藏家说："一万就一万，你卖给我。"杨光成考虑再三，觉得自己还能画，就卖给了他。外界已经有人看中枫香蜡染了，这让杨光成对枫香蜡染也有了新的期待。

他首先想在设计上突破，做一些床罩、沙发套、窗帘之类过去没有的东西，但枫香蜡染必须用纯棉布才能染色，纤维是染不上去的，这就制约了枫香蜡染的运用空间。最主要的还是设计，怎么做成旅游产品和服饰，这是他们缺乏的经验和技术。杨光兴明白，包装也很重要，县政府跟他谈了几次，让他无论如何也要把枫香蜡染做大。杨光成说，做大可以，但是他的资金有限，他是单打独斗，需要跟人家合作，如果有企业老板来支持，那他就可以做大了。他开始等待这样的机会，让枫香蜡染走向市场化。

有一年，杨光成参加了在花溪的培训，一位贵州大学的教授在课堂上给他们唱歌。教授说，自己是上海交大毕业的，他一个堂堂皇皇的名校毕业生，比不上一个初中生，因为他有一个同学是初中生，在上海、南京、广州都有分公司，身家几个亿。教授说，本来他同学让他去一个分公司做总经理，月薪三万块，但是他不想干，因为他热爱他的教育事业，虽然钱少一些，但是他喜欢，至少可以桃李满天下。教授还说，钱是身外之物，生不带来死不带去。他从事自己喜欢的事情，虽然不赚钱也开心，这教授的话，打动了杨光成，他记得很深刻，联想到自己，觉得自己能做枫香蜡染，也是很幸运的事情。

杨光成和哥哥杨光汉共用的画室

繁忙的生计中，为了挤出时间画蜡染，杨光成只看《新闻联播》

不管怎样，自从成为国家级非物质文化遗产传承人，枫香蜡染也有了许多的发展机会。杨光汉的大儿子跟着杨光成学习，已经做了省级传承人。杨光成堂哥的儿子，本来是做文化工作的，也在惠水县城开了一家专卖枫香蜡染的铺面。杨光成还有一个最得意的徒弟，是他大舅的女儿，画得最好。杨光成对她说："我拿你当亲生女儿，你也是我的继承人。"现在，他们的活做不完，杨光汉的儿子白天教书，晚上画蜡染，杨光成则是每天都画，画上两三个小时才起来走动一下。

杨光成的女儿杨艳娥，在贵州民族大学读书，她选择的就是民族工艺设计专业。杨光成说，人家是重男轻女，他是重女轻男。杨艳娥是他唯一的女儿，他从来没有吼过她，没有打过她，两个儿子却是经常被他打的。这个女儿，杨光成当宝贝，她也很懂事，在学校里经常打电话来，说："爸爸，你在家和妈妈少做点活，少受点苦啊。"杨光成嘴上答应她，心里想，我们不苦，哪里来的钱给你们读书呢？

杨艳娥对枫香蜡染最有兴趣，她对杨光成说："无论如何，我也要把你这个手艺传下去！"杨光成在贵阳开发区参加展览，杨艳娥就从学校赶来帮他，忙到晚上 10 点也没吃饭。杨光成心疼了，说："你这样搞，身体会垮的。"女儿就是杨光成的希望，他盼着有一天，枫香蜡染能放心地交到她的手里。

杨光成每天在岩脚画画，世事和家事环绕着他，他会禁不住地述往思来。他想，自己活了一辈子，也见了很多好人，他只是一个小小的山里的农民，能见到像朱镕基那样的大人物，是国家给他名誉。枫香蜡染，是父亲创下来的，他期望自己能对得起父亲。他最该做的，是把工艺传承下去，还要发扬光大，不能原地踏步，那样就对不起国家了。

杨艳娥对他说："爸爸，要是我想读研究生，你给不给我读？"杨光成说："我是希望你往上读的。"女儿有上进心，他特别高兴，这让他感到杨家和枫香蜡染会有更好的将来。

侗歌四人：潘萨银花、胡官美、吴玉竹和吴家兴

黔东南的山，层层叠叠，早晨绕着白雾，夜晚顶着星云，这里是世界乡土文化保护基金会授予的全球 18 个生态文化保护圈之一。

这里的侗族是一个古老的民族，他们来自古代的百越[①]民族。秦汉时，百越逐渐瓦解和迁移，其中叫骆越的一支，溯都柳江而上，到了黔东南的清水江流域繁衍生息。

他们的居住地傍山近水，溪河潺潺，远远可见鼓楼和风雨桥。他们崇拜“萨岁”[②]，每个村寨都建有“萨堂”或“萨屋”，是一代代供奉和祭祀萨岁的地方。他们以宗族聚居，以“款”[③]为社会组织。他们的服饰，也是文化的重要载体，有南侗北侗之分，侗布和侗绣是侗族女人对世界服饰文化的一种贡献。

黔东南侗族频繁地进入现代人的视野，是因为侗族大歌。侗族人人尽知的谚语“饭养身，歌养心”，也随着他们的歌声飞越了千山万水。对黔东南侗族

① “百越”的称谓源于古代中原人对南方沿海一带古越部族的泛称，因这些古越部族众多纷杂，且中原人对其不甚了解，故谓之为“百越”。越地上的族群又称古越族、古越人，或越族、越人。

② 侗族多崇拜女性神，其中最受尊崇的是“萨神”或“萨岁”，意为大祖母、始祖母。

③ 款：侗族以地域为纽带的村寨内部或村寨之间的地方联盟组织。

独守旧屋的潘萨银花老人，以歌为伴

来说，宇宙奥秘，历史传说，世间万物，律法典策，人心曲直，爱恋别离，家长里短，都是用歌声来表达的。歌唱得好不好，影响了他们每一个人的人生幸福。

潘萨银花、胡官美、吴玉竹和吴家兴，只是黔东南侗族成百上千的歌手中的几人。他们的村庄隔着山和水，但他们都和侗歌自幼为伴，生死不离。

小黄村潘萨银花

潘萨银花本名叫潘玉清，因为年老了，大家都叫她萨银花，是侗语银花奶奶的意思，她孙女的名字就叫银花。

银花奶奶住的小黄村①，在云雾深处的半山上。这个村子声名赫赫，因为村人能聚集在鼓楼下，唱千人大歌。老人，孩子，男人，女人，一排排，一丛丛，歌声如钟鸣，如瀑流，撞击大山的沉默。

萨银花这一天感冒了。她去北京演出侗族音乐剧“嘎老”，才回村，疲累又受了寒。我爬上她吱呀作响的木楼，见她绾着白发，穿一条黑亮的百褶裙，打了绑腿，赤着脚。11 月深秋的山里的天气，我问她怎么还赤脚，她说因为要上坡种地，坡上有田，田里面有水，可以捞虾，捞虾是一件快活的事情。

我们坐在经年的木条凳上，靠着被柴火熏黑的墙板，看屋檐道道的小黄村，看远山。她用骨节突起的手抚摸我，我也不住去偎靠她。人和人，隔得远时像隔了世纪，能靠近，也只在霎时间。

她弄不清自己到底是哪一年生的，大概有七十一二岁，她说，我不会算那个。比起城里的七旬老人，她看上去更老，也更稚气，她的慈祥似乎不是岁

① 位于贵州从江县高增乡，离县城 25 公里。全村由小黄、高黄、新黔、归修、高额、占千、刷亚 7 个自然寨组成，一共有 20 个村民小组，全部是侗族。小黄村是侗族大歌的发源地，被公认为“大歌之乡”，是极负盛名的“侗歌窝”。

小黄的粮食作物除了水稻以外，还有小麦、玉米、小米、饭豆、洋芋、红薯、辣椒等，经济作物有油菜、棉花、蓝靛、柑橘等

月的磨砺，而只是天然。这春耕秋种的日子，以冬夏为轮回，人的出生和老去，像一棵枫香树的枯荣，是自然的一部分，不去计算也罢。反正上了台，她就说自己80岁了。

小黄这样的侗族村庄，人是学走路就学唱歌的，他们天生就知道衣食之上还有心灵，歌声就是心灵的流淌。这个村，1993年，被贵州省文化厅命名为“侗歌之乡”，1996年，被国家文化部命名为首批“中国民间艺术之乡”。其实，早在1956年12月，贵州山路难行、人们极难外出的时候，小黄村的吴大安、吴世雄男声大歌队，就被邀请赴广西南宁的“全国首届音乐年会”演唱侗族大歌，半个多世纪前专家们就说，那是“独秀江南”的歌声。

萨银花的奶奶、婆婆、妈妈、伯妈都会唱歌，她就在歌声里长大，会走路会讲话就会唱了。除了唱侗族大歌，她们还唱小歌、牛腿琴歌、琵琶歌。萨银花的记性好，嗓音好，低音高音都行，别人还没学会，她就是清音朗朗了。她用生涩的普通话对我说：“随便哪样声部啊，高音啊，很多很多的高音，我现在都会唱。”她的这些术语是外来的，侗族没有这些，就连歌词也很难译为汉语。他们只是一代代唱下去，唱天地万物，唱一生悲喜，20世纪

80 年代，他们偶然唱到了法国去，被外媒叹为“清泉般闪光的音乐，掠过古梦边缘的旋律”。

唱到 18 岁，萨银花嫁人了，嫁给一个叫潘显文的小黄书生。其实他只读到小学 5 年级，但他在小黄就算是文人，而且是唯一的文人。他爱看书，他是她的骄傲，虽然他读书并不多，但在萨银花眼里，他什么都懂，什么都会。他看到别人的文章写得好，就去找来看了，记在心里。

他们从小就认识，长大了自由恋爱，在村人眼里是郎才女貌的一对，萨银花也很满足。

他以种地为生，也在小学校里教了两三年的书，还当过卫生员。萨银花只有一张跟他的合影，过去照相是奢侈的事情。不过，她还有一张公公和两个儿子的照片，照片已经很老了，黑黄一片。那时公公还是壮年，有一天，他决定带两个儿子到从江县城去照相，他们兴奋了很久，也准备了很久，带着糯米饭和斗笠上路，整整走了 3 天。

萨银花和她丈夫生了 3 个孩子，全是她自己生的。那时还是生产队，每天都上坡劳动，白天她挺着大肚子，牵着儿子去干活，晚上回家就生下女儿。待女儿满月，萨银花又背着她，带着儿子上坡了。侗族女人的生活就是这样，有时把孩子生在坡上了，自己弄断脐带，用衣服包着孩子回家。

但是，丈夫的命不长，给她留下了沉重的命运。他的肺部有病，支撑了一些年，终于走了。他走得太早，早到她已经忘记了是哪一年，他比她大 6 岁，他死的那一年，她 40 岁。

她记得那是最苦的日子，她一人拖着 3 个幼小的孩子，耕田、犁田、收割都是重活，她也咬牙干下来。别人家的田里都是男人，只有她一个女人像牛一样干活。后来也有人喜欢她，但是她想清楚了，决定不再嫁。她的儿子一天比一天长大了，可以来接她的农活，如果她嫁人，只能把儿子丢下。她对自己说，就是要坚强，别的守寡的女人再嫁出去，也难见到有个好日子，原来的家庭要负担，后来的家庭也要负担，不如自己一人扛下来。她坚持着，带大了儿

萨银花守寨几十年，带大了自己的孩子们

女，他们一个个成家了，有了孙子孙女，日子一晃，30多年就过去了。

幸好有歌声陪伴她。她有一肚子的歌，几天几夜唱不完，白天上山干活，夜晚就去鼓楼唱歌教歌。这是她在小黄村流水般的日子，也未曾想到，有一天就当上了国家级非物质文化遗产传承人。她当了48年的歌师，能熟唱侗歌300多首，获得了各种荣誉数百项。

小黄村跟萨银花同龄的老人，大多不会说汉话，但是萨银花会，那是她跟着电视和广播自学的。因为这一点，1990年的时候，贵州大学艺术学院办了一个侗歌班，到小黄来请民间教师，萨银花会说汉话，也能唱多声部，她就被请到贵阳教了一个学期的侗歌。在那里，她很高兴，老师学生都尊重她，还给她发钱，回到村里别人也很羡慕。

其实，萨银花在小黄，几乎每天都教别人唱歌，跟她唱出来的侗歌手，已经数以千计。2010年3月，小黄村“侗族大歌传习所”正式挂牌成立，地点就在她家的木楼里。她义务教村民们唱歌，一年年地，木楼的楼板几乎被踏破。除了教侗歌，她还带着村里的歌师们新编侗歌，侗歌也需跟着生活的流水一道向前的。

萨银花的公公和丈夫，最远就去过从江县城，而她因为唱歌，去过了数也数不清的地方。我去她家前，她刚从北京回来，这一趟，她去爬了长城，长城太高，她累坏了。他们在国家大剧院演出，接受了中央电视台等4个电视台的采访，回到贵阳，又赴广西和广州演出，过几天还去凯里演。

回家休整的间隙，萨银花就生了病。她的身体并不好，头发白了，牙齿掉了，经常输液，不时头痛，要刮痧。已是初冬，她不穿袜子，受了寒。她不爱穿袜子，因为还要上坡种地。

她的孩子们都在外面打工和读书，过年时才回来，平常就她一人独自在家。过去，她白天上坡干活，晚上唱歌，现在做不动农活了，她就在楼后刨出了一块菜地，种菜给自己吃。她没有养猪，因为一个人吃不了多少肉，想吃肉就去村街上买，14块一斤，她觉得很贵，但她也就只吃一点，加上自己养的鸡和鸭，也就足够了。冬天很快来了，她要烧木炭取暖，家里囤了一些，不够就向别人买。

小黄老年大歌队的奶奶

这天早上，村里的几个孩子来找萨银花教歌，她累了，教不动，让他们改天再来。她坐在自家木楼的台子上，靠着板壁歇息，头上冒着虚汗，脸上笑盈盈的。

萨银花的眼前，

是层叠的远山，然后是屋瓦连绵的小黄，这是她生活了70多年的地方。在她心里，小黄是个好地方。村里有很多口井，井水很好喝。河流是没有名字的，但一直又清又缓地流淌。寨子里看不见田土，而出了寨子去到山上，就有很多的田土，能养活一村的人。村里每天歌声不绝，老人、青年、孩子都有自己的歌队，外面来人了，他们召集起来，就能唱千人大歌，歌声响亮，飞鸟也被惊起来。萨银花总是对外面的人说："我们小黄，就是好山好水好地方。"

萨银花说，她的肚子里的300多首侗歌，可惜没人能全部学会，学到一半的，就是很好了。小黄的年轻人都在外面打工，过年回来十几天，又劳燕远飞。村里的小学生们跟她学一点，等他们读到初中，到外面去读高中或去打工，就没人再来跟她学侗歌。萨银花年轻的时候，村里没有电视，没有电脑，没有手机，没有麻将，大家白天劳动，晚上唱歌，可现在的人都很忙，不爱唱歌，也没有时间学歌了。

潘萨银花老年大歌队的歌手

前一阵，村里老年大歌队的一个老奶奶，她的儿子在旅游局工作，他说，大家以后都不唱侗歌了，失传了很可惜。他用3天的时间，给萨银花和自己的母亲录了两张碟片，还没有录

完，因为她们的歌很多。萨银花偶尔也想，如果有人有时间，把她们的歌写到本子上去，那就好了。但村里的干部都很忙，他们也想不到这件事情。侗歌的内容那么多，萨银花一时也说不清，那是一代代小黄侗族人流逝了的生活，也许有一天，有心的后人就只能从碟片上，听一听那曾经是他们的重要语言的歌声了。

我和萨银花靠在板壁上说话，寨里建新房的敲打声不绝，砰砰的，闷响传到那头的远山去。萨银花说："他们有本事都起新房子了，我没有本事，就住老房子。"

萨银花的房子，是她嫁到夫家来，丈夫死后留给她的，已经很破旧了，木板都坑凹发黑。她说，这里敞敞亮亮的，住着很舒服。过去她在二楼木台上一站，整个村寨都看在眼里，现在新房子一栋栋立起来，挡住了她的视线。她没有钱，建不起新房，她的儿子在外面打工，看到别人都在村里建房，就不好意思了，想挣钱建个新房子。原来政府想给他们修，儿子还不同意，说他想自己挣钱来修。

萨银花又笑了，她说："如果我现在是二三十岁，那就好了，就能把侗族大歌唱到更多的地方去了。"听她说着，我安静的心里，不知怎样一来，记起了一位女诗人翻译的侗族情歌：在痴痴迷迷的夜晚，我用枝枝蔓蔓的身缠着你，我用藤藤网网的心缠着你，爱上你这远方的少年，让我终日守望高远的云朵。

假如，我们都像枫香树那样生死，萨银花是一棵风雨阳光中都在唱歌的树，历经了一切艰辛以后，她是美的。

宰荡村胡官美

几天里，我沿着曲折的山道寻找胡官美、吴玉竹和吴家兴。正是秋后的雨季，这里就是一幅幅天地混沌的水墨画卷。

在这间旧屋的火塘边，胡官美教出了宰荡的一辈辈歌手

只要进入黔东南，视野里就会出现身着各类民族服装的老人、媳妇和孩子，这里仅仅苗族服装就有不下 200 种，如同进入了一个高山大河间的服饰博物馆。在这个世纪，我们已经习惯了一样的机场，一样的城市，一样的人群，而在黔东南，每一个进入眼帘的苗人侗人，都令人倏然间心生敬意：他们身着祖祖辈辈传下来的服饰，那是他们的文化和族群的标志，也是他们内心的一种敬仰和执守。

只是，通向各村的道路正在扩建修筑，每天的车程都坑坑洼洼，颠簸难行，令人晕眩。我发现，只要找到了他们，和他们坐在一起说上一阵话，身心的疲累很快就消散了，再走出门来，看满目青绿，天光宁静，你也好像在这村寨里生活了许多年。

自从当上了非物质文化遗产传承人，胡官美的位于山坡上的宰荡村[①]，也变得热闹了。道路依然险阻，村庄依然古旧，但还是有一茬茬的人跋山涉水来到这里。

给一屋子人做饭，是胡官美的生活内容之一

胡官美已经习惯了接待各类来访的人，她在厨房和堂屋

① 宰荡村：位于黔东南榕江、黎平、从江的交界处，离榕江县城 26 公里。宰荡村有两个自然寨，即上寨加所和下寨宰荡，全村有 5 个村民组 343 户 1534 人。

间穿来穿去，一边干活一边回答各种问题。她家的厨房被柴油熏黑，小木窗透进的光，罩着一口黑色的大铁锅，柴火在炉膛里燃烧。胡官美用这口铁锅做十几人的一日三餐，她做侗族的腌鱼①，这是一种养在田里的鱼。米和菜都是自己种的，猪是自己养的。

这两天，她正接待一个来自上海某文化公司的摄制组。年轻的女导演从英国留学回来，摄影是个韩国人，他们在她家出出进进，不时地在堂屋的炉火边开会。导演要求大家黎明前就起床，到村外的梯田边录制鸟叫牛哞，她说，那是这里的原生生活。胡官美分不清他们的单位，几十年来，她经常这样给许多人做饭，原先是来她家学歌唱歌的人，后来是来采访调查的人。

她家的房子有 100 多年了，木头都变得油黑而圆润，却还结实。这个房子盖得好，不漏雨，不失火，还可以住上很多年。他们夫妻勤劳一世，还在坡下盖了一栋新房，开了一间小卖部，进货就到榕江县城去。

胡官美是从江县往洞乡吾架村② 人，2015 年，她 60 岁。她是 19 岁嫁到宰荡来的，已有 40 多年。

她从小就是一个歌坯子。父母爱唱歌，她学讲话也就学唱歌了，在歌声中长大。她的嗓子和记性都好，特别是记性好，这里的人都知道，她能不重复地唱上几天几夜。她唱的歌，以侗族大歌为主，也唱琵琶歌。琵琶歌用琵琶伴奏，基本是一个调，大歌则是无伴奏、无指挥，高音低音都有，有几个调。

因为唱歌，胡官美认识了自己的丈夫。丈夫读过书，读到小学 6 年级，遇上“文化大革命”，大人们都去大串联，小孩子就不去上课了，帮家里做农活，养牛、耙田。两人是唱歌的时候认识的，一唱钟情，他回来告诉父母，父母就到胡官美的寨子去提亲。

胡官美说着，两手在围腰上擦一擦，看了看门外村道上正在拍摄婚礼的情

① 腌鱼：是一款侗家美食，用禾花鱼为原料。一般在农历八九月份白露以后，选出的田鲤腌成咸鱼，色泽光亮，质量好。

② 位于黔东南州从江县往洞镇西北部 15 公里，地处山谷溪边，侗语称“架”，汉语称“吾架”。

景。穿着侗装的年轻男女，挑着猪肉、米、酒、糖，表演送亲的场面。胡官美笑眯眯地说，那时候，她也穿这样的衣服，现在老了，不好看了。

她嫁到宰荡来的时候，这里还没有路。从她娘家到宰荡有 20 里，要走上两个小时，都是一上一下的山道。娘家的寨子比这里大，有 300 多户人家，全是侗族，全都姓杨。侗族在那里已经生活了 300 多年，老人们说他们是从江西来。丈夫也姓杨，家里有 6 个兄弟姐妹，就数他的歌唱得最好。胡官美唱鼓楼大歌，也唱对歌和情歌。她嫁来时，宰荡上寨有自己的歌师，但她一开唱，大家都公认她唱得最好，于是就来跟着她学。

几十年了，胡官美和丈夫的感情很好，她说，这是因为唱歌。唱歌的人心情都好，能忘记苦和累，忘记烦恼。侗族人祖祖辈辈白天干活，晚上唱歌，胡官美夫妇和儿女都喜欢唱歌。晚上，寨上的人就到她家来，挤在她的小屋里，一直唱到深夜。这样的日子，过了 40 多年。

胡官美的一双儿女，是自己在家里生的。这里没有医院，没有路，女人们都是自己生孩子。胡官美懂得生孩子，是她的妈妈教给她的，一代传一代。没有母亲教导的女人，就从别的女人那里学习。在胡官美看来，生孩子不是最难的事情，

晚寨妇女自织的布匹需经过敲打，才会形成亮色

最难的是种稻谷和收苞谷，因为他们家的田地离寨子有 5 里路，大家结伴去干农活，农忙时每天都去，早出晚归，荷锄担谷，走痛了两脚。他们在家里做好了饭背着去，夜晚才回到家。宰荡的农活重，除了种粮食还要种菜，丈夫是个做农活的好手，但宰荡偏远，田地也远，一年到头辛苦下来，也只够一家吃喝。

一样是辛劳的人生，但是，宰荡人一辈子有歌声相伴。侗族没有文字，侗歌是口传身授，谁的记性好谁会的歌就多。侗歌也没有歌谱，几百首歌全凭记忆唱出。白天的劳作结束了，夜晚他们都在歌声中度过，要么在家里跟老人一块唱，要么就去听年轻人行歌坐月① 唱情歌。

漫长的日子里，他们没有电视，也没有电灯，唱歌就是他们的光亮和心灯。胡官美在煤油灯下教歌几十年，他们去砍来山上的枞树，加上松油来照亮。直到 1995 年，邻近的麻江县修了一个水电站，宰荡才有了电灯。

宰荡从孩子到老人都爱唱侗歌。20 世纪 70 年代到 80 年代，他们不能外出打工，唱侗歌就是最重要的事情。他们在寨子里唱侗歌、演侗戏、闹元宵，一场热闹接一场的热闹。唱得意犹未尽了，他们就走村串寨去唱，大家邀约着，沿着山路走到别的村寨里，在那里住上三五天，一道在鼓楼里唱歌和对歌，我村的女人和你寨的男人对歌，你寨的女人和我村的男人对歌。大家认真又上进，唯恐唱输了被人笑话，走在路上心里也念诵着歌词。那样的情景，是每个人心里深刻的记忆，现在他们回忆起来，依然津津乐道：一个不大的村庄，因为唱歌能住上几百人，每家都住上了客人，有说有笑格外亲热。最多的一次，小小的宰荡来了 300 多人，整整唱了 5 天，每天晚上鼓楼里都像办晚会。客人走的时候，整个村寨唱歌相送，一直送到坡下。

他们以为，这样游走唱歌的日子会年年月月过下去的，但后来，生活改变

① 行歌坐月：是指侗族青年男女交际和恋爱活动方式，又称行歌坐夜和坐妹，侗语称“鸟翁”，在不同地区又分别称为玩山或走寨。

了，年轻人开始出去打工，那样四处唱歌的神仙日子也一去不回。侗族人毕竟是在歌声里长大的，出去打工的人，见了格外的世面，心里装着的侗歌还是没有忘记，他们只要回到家来，仍然会在一起唱歌。

胡官美第一次出远门去唱歌，是 1998 年的事情。那时候，凯里举办西瓜节，供电局修好了一栋大楼，邀请胡官美带一个宰荡的歌队去庆祝。宰荡到凯里还没有通路，要走很长的山路，到了有红灯的地方，才能搭上车。宰荡人听说要去州府唱歌，争先恐后很兴奋，他们去了 50 多个人，女的有 30 多个，全是胡官美在她的小屋里教出来的。他们走了很长的路，但并不觉得累，到了榕江县，县里安排他们住招待所，他们就在那里唱了五天五夜。听歌的人都说，没想到山里出来的人唱得这样好。

胡官美的公公婆婆一直跟着他们，婆婆先去世，十几年后公公也走了。公公和婆婆也唱了一辈子歌，唱着唱着就老了，走了。胡官美说，老人们走了，现在轮到他们老了，只要不生病，也没有什么难不难的，这就是侗族人的日子。

榕江县出了一本书，叫作《榕江侗族人物录》，上面把胡官美叫作“奶珍珠”，就是珍珠的奶奶的意思。胡官美的女儿绣珠和绣美，在父母的歌声里长大，出落成两个漂亮的姑娘。2006 年，她们去北京参加比赛，获得了银奖。现在，她们一个是学校老师，一个在县里上班，外面有客人来，常请她们回宰荡唱歌。绣美经常去北京演出，她和母亲一起参加了侗族原生态音乐剧《嘎老》① 的演出。《嘎老》是贵州的一台原生态音乐剧，大歌是里面最重要的部分，胡官美在剧里唱一首“青蛙歌”，还扮演一个歌师，她的两个孙子也参加了演出。

胡官美的两个媳妇，一个是本寨的，姓杨，就住在她家对面，和胡官美的

① 侗族多声歌：侗语称“嘎老”（allaox）或“嘎玛”（almags），“嘎”是歌，“老”和“玛”都是“火”的含义，音乐界把“嘎老”汉译成“侗族大歌”。这里的《嘎老》是指一出侗族原生态音乐剧。

宰荡的村道上，更多是老人、妇女和孩子

儿子一道长大，她从小跟胡官美学侗歌。另一个媳妇是从江的，也跟着婆婆唱侗歌。媳妇们经常出门唱歌，还去过上海世博会。她们记得那个宝钢大舞台，站在那舞台上，她们都穿晚寨的盛装。晚寨的服装是亮黑的颜色，亮色是用木槌敲打出来的。天气好的时候，一条小溪的两岸都垂挂着亮布，飘飘摇摇，很是漂亮。

侗族大歌最早在法国一唱成名，是另外一批人去的。胡官美的女儿也去西班牙、法国、韩国唱侗歌，但那是后来的事情了。在洞乡，唱侗歌的人成千上万，遍布在一道道的山水间，胡官美和宰荡被外界发现，是因为县里的人到宰荡来组织村民种魔芋，听到了她们唱歌，就让宣传部的人也来听。宣传部的人听了，说她们唱得特别好，才把她们带出了山外。胡官美出去唱歌和比赛，她最喜欢唱“都柳江水浪滔滔”和“蝉之歌”[①]。作为一个歌师，她带出了家人，也带出了一个寨子。

胡官美当了传承人，也还是像原来一样教歌，至今，小小的宰荡总有50多个人在她家学歌。家里坐不下，胡官美就把他们分作两批，先教孩子，再教大人。有人当

① 蝉之歌：是侗族大歌的代表作，歌声模仿蝉声，寓意丰收。

场学会了，回家又忘记，便返回来重新学。小小的堂屋里，每晚人来人往，歌声不断，几十年来，胡官美的夜晚都是这样度过的。宰荡的乡亲，有的叫她老师，有的叫奶奶、叔奶或伯娘、姐，胡官美随便他们叫。她嫁到宰荡来不到 20 岁，唱着唱着，她就教了宰荡几代人。

胡官美和儿媳整理亮布

过去唱歌，为了艰苦日子里的快乐，只想着大家都学会了，出去赛歌赢了别的村寨。现在，胡官美又增添了一个愿望，她想把宰荡的大歌唱到全世界去，越远越好，走到哪里别人都能喜欢，竖起大拇指夸赞大歌。

尚重吴玉竹

吴玉竹生于 1967 年，她是一个漂亮的女歌师，温婉大气，眉目如画。我在黎平县尚重镇① 找到她的时候，她刚出了车祸，躺在娘家的小床上养伤，胳膊上打了石膏。她害羞不善言辞，但声音圆润动听，像一个经过长期训练的歌者，她的嗓音是天生的。

① 尚重镇：地处黎平县西北部，距县城 98 公里。

吴玉竹在唱歌路上车祸受伤，回到尚重娘家休养

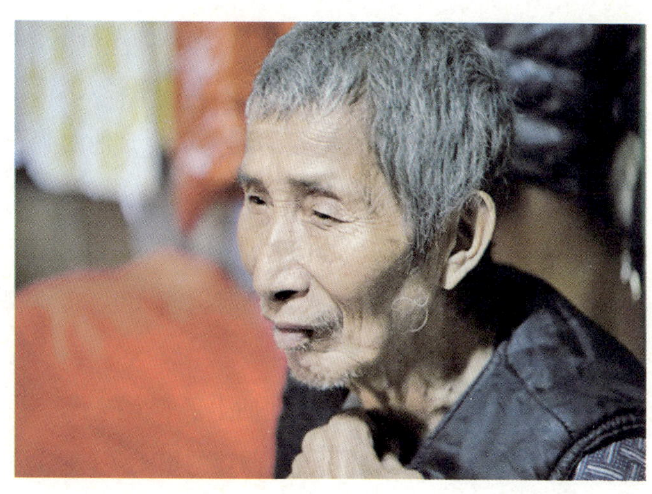

吴玉竹父亲

吴玉竹本是尚重镇西迷村[①]人，嫁到了镇上的务弄村。见到她之前的一个星期，务弄有人娶了一个尚重街上的媳妇。新媳妇家人对她说："你嫁去务弄村了，回门的时候一定要唱拦路歌。"新媳妇娘家唱拦路歌，务弄的夫家就要唱开路歌，这里的风俗说，不唱歌，鬼神就会来为难你。吴玉竹受了邀请，自己骑摩托去给新郎家唱开路歌，正是晚上，山道不平，她从车上摔了下来。还好遇上一个开面包车的乡亲，把她拉回了家。她的骨头摔断了，留在娘家养伤，她的弟弟会用中草药，还会打针。

尚重是一个侗族聚居的大镇，这里山峦叠嶂，坡陡谷深，沟壑纵横，是"九山半水半分田"的山地。吴玉竹的娘家，在离镇政府 7 里地的西迷村，那里是一个侗歌窝子。

尚重的侗族过节，过的是 7 年一次的牯藏节，他们叫作"七牯"，从光绪元年（1875 年）延续到现在，已经有了 140 多年的历史。这个节日非常盛大，人们要唱"年歌"。除了年歌，西迷的歌声一年四季都不停，人们随心

① 西迷村：位于尚重镇驻地南 6 公里，辖西迷、井们、洋建三个自然寨，有 7 个村民组 199 户 951 人。

所欲地唱，有男女对唱，有拦路歌、情歌、架桥歌、建房歌、新婚歌、生儿育女歌，即兴地现编现唱。老歌师们编歌，年轻人唱歌。嗓子不好的人，人少的时候他拘束，放不开声，但是遇到大场合，他的胆子也大了，杂在人群里大声唱。

侗族人开心时唱歌，悲伤时也唱歌，有外地人来了，也情不自禁跟着唱。西迷有一句话说，“苗人生来会跳舞，侗人生来会唱歌”，不唱歌，就不是侗族的人。

吴玉竹的父母都会唱歌，他们生了 6 个孩子，5 个是姑娘，吴玉竹排行第二，父母生到第 6 个才是儿子。西迷的田土多，吃饭基本上没有问题。但吴玉竹小时候，家里的生活仍然很苦，姊妹多，吃饭的嘴也多，孩子们刚懂事就要干很多农活。

在西迷度日，唱侗歌是大家很重要的生活内容。西迷有侗歌师父专门编歌，但他们大多去世了。有一位名叫赵学开的还在编歌，他也是年逾七十，是州级传承人，还经常去坡上干农活。吴玉竹的亲叔叔也编歌，叔叔是 1950 年的人，60 多岁，过去在尚重镇人大工作，48 岁就退休了。他最初是唱歌，后来就编歌，白天去上班，晚上自己写歌，每逢年节，他就去跟寨里的老先生们学习。

西迷是侗族琵琶歌的发源地，就是因为这里的歌师会编歌。算起来，西迷的琵琶歌歌师已经有了 7 代人，最早的名叫吴帅勇，后来是吴世奇、吴继发、吴增显、吴故享、吴仕恒①，到了吴玉竹，就是第 7 代了。

吴玉竹的老师吴仕恒，是侗族著名的歌师。他生于 1919 年，11 岁跟父亲学习“四书”“五经”，15 岁开始用汉字记侗音，自编侗歌。早期他写的多半是情歌（当地侗语称“嘎样”），也编写一些针砭时弊和劝诫的侗歌。比

① 吴仕恒：男，侗族，生于 1916 年，贵州省黔东南州黎平县尚重镇西迷村人，当代著名侗歌歌师。2009 年获得第三批国家级非物质文化遗产项目“侗族大歌代表性传承人”称号，不久去世。

侗族聚居的尚重镇，是典型的“九山半水半分田”的山区乡镇

如1939年，他写了《吃了洋烟害处多》，1940年，他又写了《抓兵派款比那豺狼更可恶》。新中国成立后，吴仕恒是西迷村第一任村长、村农协会主席。1958年，他参加了“黎从榕侗族合唱团”，后来就在合唱团里专写侗歌，做侗戏改编的工作，他还是贵州省作家协会、中国民间文艺研究会贵州分会的会员。吴仕恒被评上国家级非物质文化遗产传承人不久便去世了，享年93岁，但他的歌声传给了吴玉竹。

吴仕恒和他的父亲都是西迷侗寨的秀才。吴玉竹的父亲跟着吴仕恒的父亲学歌，吴玉竹12岁就跟着吴仕恒学歌。她读书读到小学4年级就不去学校了，白天帮着家里干农活，晚上就到吴仕恒家去学歌。她的姐妹们也唱侗歌，但不像她这样着迷。吴仕恒家里总有不少学歌的人，和吴玉竹一道学习的有8人，现在，她们都嫁了人，再也听不到她们的歌声，只有吴玉竹一直唱了下来。

吴仕恒会写歌，但上天没有给他一副好嗓子，他的学生吴玉竹却有一副动听的歌喉，这让他很是欣慰。吴玉竹的叔叔见侄女天赋好，也悉心地培养她。唱歌这桩事情，是要专心投入的，吴玉竹受了鼓励，加上自己喜爱，便时时心里都想着侗歌，就是去茅厕也在想。成为一个真正的歌师，需要长期的磨炼，除了记住歌词，还须能临时编

吴玉竹年迈的母亲

唱，能心系一念。

吴玉竹17岁那年，到邻村去参加侗歌比赛，她开口一唱，就唱出了名。那时候，她是去参加踩歌堂，踩歌堂在邻村的鼓楼里面，西迷没有鼓楼，人家就来邀请她去唱。那样人头攒动的热闹场面，吴玉竹胸有成竹，一点也不紧张。她有7个歌本，那都是叔叔和她自己写的歌，是用汉字记下的侗音，有了这个底子，她心里就很踏实。

她第一次走出西迷去唱歌，是去平寨[①]。平寨离西迷有30里路，她的名声传到了那里。人家邀请了她和赵学开，就是那位会编歌的州级传承人，他们带上琵琶，坐着乡间的农公车就去了。他们的琵琶歌，男的唱一首，女的唱一首，互相应和，有来有还。去给人家唱歌，还能挣到钱，唱一次，主家付给10元、20元。即使没有钱，吴玉竹也去，她就是喜欢，只要一唱歌，她的心就是欢喜的。

出门唱歌，给了吴玉竹许多快乐的体验。但是好景不长，父母说，姑娘长大了，不能在家久留，他们给她寻了一个人家，在20里路外的务弄村。

① 平寨村：黔东南榕江县平永镇的一个侗族村落，位于都柳江畔上游，依山傍水而居，全村有300多户人家1600余人。

吴玉竹后来常说，她是被“拐”去的。“拐”是侗族娶媳妇的一种方式，先把女子带到自己家中，再到女方家去说亲。父母先去了解男方家，觉得他的家境还殷实，就执意要吴玉竹嫁过去。那时候的吴玉竹，一门心思地想唱歌，不愿意嫁人，但是父母硬把她嫁了过去。

她的婚姻，最初令她很痛苦，回到娘家来躲着。父母骂她了，用棍棒打她了，她才回到夫家去。

务弄是一个侗寨，吴玉竹的丈夫名叫吴海波，他是个农民，不会唱侗歌。吴玉竹的心一直别扭着，过了好一阵苦闷的日子。渐渐地，她发现务弄也有很多会唱歌的人。在村里，她的歌唱得最好，也喜欢唱，别人就愿意来跟她学，好在她的公公和婆婆也会唱侗歌，都支持儿媳妇。侗族女人嫁了人，如果夫家不支持，是无法再唱下去的。白天，他们一家人共同劳动，晚上公公把孩子接过去，吴玉竹就把琵琶抱在手中，边弹边唱。假如她被邀请到外村唱歌，婆婆就说：“我来抱孙崽，你去唱歌去，唱好了我还高兴呢！”吴玉竹这才感到，自己其实是幸运的。她快乐了起来，家庭也和睦了，她的婆家，被评为“五好文明家庭”“遵纪守法模范户”。

只要能唱歌，吴玉竹就有信心去生活。她回娘家去，开始跟着叔叔学习写歌，这让她比许多女歌手更具优势。多年下来，她写过“情歌”“赞歌”“敬老歌”“孝顺歌”“建桥歌”“建校歌”“起房造屋歌”“婚姻嫁娶歌”，竟有500多首。能写善唱，令她声名远播，成为大家敬重的歌手，起新房、结婚、打三招[①]都请她去唱歌。吴玉竹的日子开始忙碌了起来，冬天农闲时就更忙。她有老天赏的本钱，从来没有倒过嗓子，唱得越久，她的嗓音越清亮，连唱数日也不会喑哑。

过去她作为歌师被人家请去，唱一天给10元钱酬劳。2003年，她第一次去到北京，参加申报世界非物质文化遗产会演，1天有100元的劳务费，她又

① 打三招：指喝满月酒。

吴玉竹的叔叔曾在镇政府工作，也会编写侗歌

惊诧又高兴。后来，县里带了4位歌手到北京参加青歌赛，他们坐了几天火车，上了中央电视台。2008年，她又到北京参加奥运会演出，在那里和榕江县的吴家兴唱侗族洪州琵琶歌。吴家兴用假嗓，两人的歌路不一样，但他们的演出依然令人印象深刻。随着声名日隆，也因为大家的生活一天天好起来，现在吴玉竹出门唱歌，1天有800—1000元的收入了。道路修通了，整个黔东南作为非物质文化遗产大州都在搞旅游开发，吴玉竹出去表演的机会就更多。

从1989年开始，吴玉竹就在家里教自己的孩子弹唱琵琶歌，先学弹琵琶，再来背歌词，记音调，注意高音低音，将曲调唱得优美婉转。那一年冬季，吴玉竹还被聘到务弄小学艺术班做老师，她培养的徒弟，有吴兰、吴清苟、吴海林、吴春桃、吴仙叶、吴春丹、吴莉珠、吴兴芝、吴海桃、吴平志、胡爱书。平日里，寨上的妇女外出务工回来，也到她家跟她学唱，她们围坐在炉火旁，一边弹琵琶一边唱歌。

吴玉竹的徒弟已经有了州级和县级的传承人，但是只有一个能够靠唱歌挣钱。徒弟们学歌，已经用上了手机和录音机，她们想学哪一首，就打电话给吴玉竹，吴玉竹录下了，用手机发过去。这样便捷的方法，让吴玉竹常想起自己学歌时的辛苦，那时候学歌靠死记硬背，白天干完农活，晚上又去学歌，师父教着她们，她们还常常睡着了。有一次，师父打趣吴玉竹说："教吴玉竹唱琵琶歌，就像在教板壁，硬头硬脑的，还睡得香甜得很！"大家哄堂大笑，吴玉竹满脸臊愧。

现在，吴玉竹每周到盖宝中心小学、务弄中心小学和尚重民族中学教6节侗歌课。学生有八九岁的，也是十一二岁的，他们都知道侗歌是文化遗产，也很喜欢学。学校的老师用车来接吴玉竹，但是没有课酬，因为她是非物质文化遗产传承人，有传承的义务。

吴玉竹还有一个打算，就是把自己的儿子吴平志培养出来。他从小跟着母亲唱歌，长大了就出门去闯，还跑到广东办了一个侗戏班。后来他回到家乡，进了州歌舞团，在团里唱侗歌，也唱流行歌。吴玉竹知道，出一名真正的歌师是极不容易的，她的一路有自己的坚持，也有机遇的促成。她希望有一天，儿子也成为一名出类拔萃的侗族歌师。

生活在歌窝子里的吴玉竹，自己唱成了一只飞得高远的金凤凰。上了歌场，她沉稳裕如，一回到她侗乡的日子里，她又总是朴素到时常羞怯的。经历了世事，她依然像一个紧紧抓住歌声的衣角的女孩，只要不放手，这歌声便会带着她遨游，无论稠人广众，也无论雪月风花。

晚寨吴家兴

2006年，吴家兴的寨蒿镇晚寨[①] 发生了火灾。侗寨基本是木结构，最怕失火，一场火便会将百年老寨化为灰烬。那是早春，春风正荡，一个寨子全部烧

① 晚寨：位于贵州榕江县寨蒿镇的大坡上，距县城53公里，全村共218户1300余人，皆为侗族人。

吴家兴放牛，种地，带孙子。当他抱起侗琵琶，心就是宁静满足的

光了。之后，政府给每家补助 10000 元，统一安排，让村民把房子重修了起来。

新房不能挨挤在一处，吴家兴的新屋就修在了半坡上，面对两山之间的一个垭口。平日出村，他得先顺着陡峭狭窄的泥路爬上坡去。

吴家兴是 1942 年的人，属马。他出生的时候，晚寨的上寨就有 280 多户 1300 多口人。黔东南民族是小聚居、大杂居，晚寨附近没有苗族，走出 15 公里才见苗寨。这里的侗族，有的说是来自江西檐口，有的说是湖南来的，还有从福建来的。这个寨子，80%的人都姓吴。

晚寨人过去的生活很苦，田地少，粮食也少，不够温饱。道路险峻，他们和山外的往来几乎隔绝，粮种是老品种，产量很低。许多人家只能向地主借粮，秋收后再偿还。寨子里有 3 户小地主，新中国成立时都被批斗了，但是没有枪毙他们，因为他们也干农活，虽然田地多一些，有剥削的行为，但他们受过教育，并不是恶霸。附近有一个名叫刘识明（音）的大地主，他还是土匪，有权有势，便被枪毙了。

一场大火后，晚寨人修建了自己的新寨

没有田土的人，是贫雇农，吴家兴家只有 10 多担田，就是贫农。家里人口多，他的父母就格外辛劳，常年起早贪黑。吴家兴有 5 个兄弟姊妹，他是老大。

他读书读到 6 年级，去寨蒿镇上学，要走 1 个小时的路程，下一座山，下到溪边，再上一个坡。

无论怎样的艰苦困顿，侗族的生活都是与歌声相伴的。吴家兴的母亲喜欢唱歌，是寨里的歌师，大家公认她唱得最好。她的 5 个儿女都跟她学歌，其他村民也来请她教唱。母亲不识字，没有文化，所有的歌都是上一辈传下来的，用脑子记下来，所以会唱的歌并不多。吴家兴的大伯也是歌师，名叫吴发奖，他的侗族琵琶演奏精湛，四乡闻名。吴家兴 15 岁开始跟他学，学了一年多，就上了踩歌堂。吴家兴那时就知道，唱歌是他最爱的事情，别的一切都无法代替。

新中国成立后，晚寨人因为唱侗歌，有了一次前所未有的经历。1958 年，政府来组织晚寨的歌师去北京，这个消息让全寨的人辗转难眠。本来通知 8 个姑娘去北京唱侗歌，出行前，换上了两个贵阳的姑娘。她们在省城贵阳接受了训练，然后到了北京，到了中南海，受到毛泽东主席和周恩来的接见。这桩事情，成为晚寨人最为骄傲的记忆。

去北京的 6 个晚寨姑娘，其中一位后来做了吴家兴的妻子。她叫吴东严（音），比吴家兴大 5 岁，是侗族四十八寨有名的歌手。她去北京的时候，吴家兴只有 15 岁，回到寨子里，他们常在一起唱歌、说话，后来就结了婚。但是，她很早就病逝了。39 岁那年，吴家兴又娶了第二个妻子。

改革开放以后，侗乡的人们来到一个热衷唱歌的黄金时期，吴家兴就是那时候渐渐出名的。逢年过节，大家走村串寨去唱歌，吴家兴经常和宰荡的胡官美遭逢，两人你一首我一首地竞逐。胡官美唱的是大歌，吴家兴唱的是琵琶歌，歌声出自不同的传统。榕江的琵琶歌，只在侗族七十二寨和四十八寨[①]演唱，尤其在踩歌堂的时候；侗族大歌则多在鼓楼和舞台上演唱。

学习琵琶歌，最难的是琵琶弹奏。自制的琵琶，需配合歌声弹出声音和曲

① 指黔东南榕江县寨蒿晚寨（四十八侗寨）、乐里七十二侗寨。

调。后来，吴家兴去县里文化馆开会见到胡官美，跟她开玩笑说："你们那个大歌，我用三天保证学会，我们这个琵琶歌，你要学两年。"胡官美很和气，连忙道"是的是的"，可见琵琶不易掌握。

吴家兴还记得，他第一次走出晚寨去唱歌，带的是自己的学生吴掌姣，师徒走了 25 公里，去尚重镇盖宝村唱歌。那时候，吴家兴已经 30 多岁了，有了丰富的经验，他们从尚重唱到寨蒿，人们都说他唱歌第一。在尚重，他认识了吴玉竹，她是尚重人喜欢和推崇的歌手。还有侗歌大家吴仕恒，吴老师收他为徒，附近村寨的歌手都是吴仕恒教出来的。

2008 年，吴家兴获得了国家级传承人称号。2009 年 5 月，他和吴玉竹跟着黔东南少数民族团队去北京演出。晚寨就去了吴家兴一人，他特别自豪。在北京，文化部部长接见了他们，吴家兴家里现在还有接见时的照片。在中央电视台，他和吴玉竹唱了一首侗族情歌《日夜想你》，歌词的意思是：

日夜想你，如果能和你相亲相爱，在平常的日子中，有你来管理家中的事情，我的心情就平静。我们是要专心一致的，想起以前我们行歌坐月的时候、谈情说爱的时候说的那些道

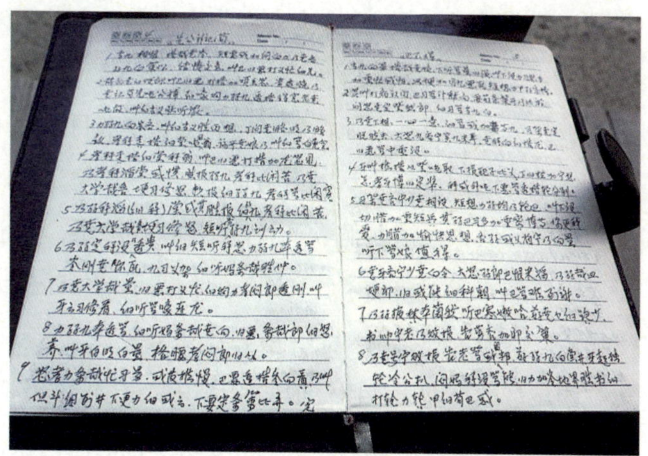

吴家兴用汉语标注的琵琶歌唱词

理，我的心情就平静。如果你的心和我的心是一样的，才算我们同样的爱。我爱你，这就是我们在阳间美好的一生。

这是吴家兴翻译的。侗歌翻译成汉语，对他是一件伤脑子的事情。

吴玉竹唱的侗族大歌也和晚寨的琵琶歌不一样，大歌需要几十人唱，琵琶歌在形式上则灵巧些，可以独唱，且有两个调子，一是琵琶歌，一是山歌，琵琶歌用琵琶伴奏，山歌则不用。琵琶歌里除了劝世歌、情爱歌，还有夸赞歌，比如有人家起了新房，这是人生的大事，被请去的歌手就要祝福人家吉星高照，而劝世歌唱起来，有人会听得泪下。虽然回到家乡，两人的歌声里有不少只有他们才深知的差别，但是到了北京，吴家兴和吴玉竹仍然配合得很好。

那是吴家兴第一次去北京，他记得全程都是兴奋的。表演完了，文化厅带他们去天安门参观，他在天安门前和人民英雄纪念碑照了相。回来的时候，文化厅打电话到州文化局，要了一辆小车到火车站接他们，把他们送回了家。这件事，两个村的人都知道了，村人看他们的眼神充满了羡慕。以后吴家兴回想起来，有了一点遗憾，那就是没能坐飞机。他这一辈子没有坐过飞机，毕竟是遗憾的。

在北京的 7 天，似乎是吴家兴人生最辉煌的时刻。回到寨子里，他的日子依然是劳动、唱歌和教歌。寨里的人，尊称他的家庭叫“上家”，因为他的大伯和母亲是老一辈歌师，他和前妻是有名的歌师，他们生下的 3 个女儿，也被吴家兴培养成了歌师。3 个女儿因为唱侗歌，去过德国和意大利。大女儿嫁到王荔乡，二女儿嫁到黎平县，三女儿在凯里。小女读书时就因唱侗歌受到重视，被县里安排当了老师，学生们演出侗族节目，都由她来辅导。

侗歌渗透到侗族生活的各方面。吴家兴的家门口，挂了一块特殊的牌子，上写“榕江县人民法院侗歌调解庭”。这块牌子，是世上独一无二的，因为这是以唱歌的方式来调解矛盾和纠纷。侗寨里的纠纷，大多是山林田土纠纷和夫妻矛盾。两夫妻吵架闹离婚，就来找到吴家兴，吴家兴弹起琵琶，给他们唱起款款的琵琶歌，歌声从回忆他们刚认识的甜蜜唱起，唱着人生的漫长，婚姻的不易，一句句地开解他们。有的夫妻听了他的琵琶歌，当下就回心转意了。

吴家兴过去的那一把琵琶，失火时被烧了。现在的琵琶是他买来的，花了300块钱，褐红的颜色，用土漆画了花纹，细而长的琴桥。本来，吴家兴年龄大了，很少上台，但总是不断地有人来采访他，他就需要一把新琵琶。他算了一下，自己肚子里的歌，包括琵琶歌、大歌和侗戏，至少有1000首，都是靠心记的，也有自己编的，他还要靠一把琵琶将它们传下去。

晚寨的老一辈歌师们，一个个地去世了。当年吴家兴带到尚重去唱歌的徒弟吴掌姣，是他的第一批学生，现在也是60岁的祖母，她是省级传承人。吴家兴教出了50多个侗歌徒弟，他们都能上踩歌堂。

现在是经济社会，徒弟们大多外出打工，回到家来，有的歌词已经忘记了，他们就来找吴家兴重新学习。这些徒弟，男的女的都有，原本侗歌是男的唱一句，女的唱一句，现在已不分男女，只要喜欢都能学习。过去的女歌手嫁了人，家庭负担重，夫家往往也不支持，她们就从此不再唱，现在大家的思想都开放了，结了婚的女子仍然可以唱歌。

晚寨的年轻人在网上建了山歌群，去群里唱歌。唱到穷尽了，仍然来找吴家兴学歌。在外读书的学生们，每逢周末也来找他，多的时候有十几人，挤在吴家兴的堂屋里。他们比上一代人有文化，知道侗歌是民族的文化遗产，唱歌不是为了娱乐，而是一种责任。

吴家兴教学生，无论本寨的还是外村的，他都不收他们一分钱。他总是想，自己年龄大了，赶紧把歌教下去，不然自己升天了就殊为可惜。他有一个男徒弟，28岁，没有出去打工，经常跟着师父，吴家兴认为他最有前途，就把自己的歌全都教给他，徒弟也会唱1000多首歌。这个徒弟是初中生，10多岁就跟着吴家兴学歌，他会唱流行歌，也会上网，但最喜欢的还是侗歌。吴家兴还打算教出两个传承人，一个叫吴家海，一个叫吴家文。吴家文在中心学校代课，每个星期他都给学生上几节侗歌课，把他学会的又教给学生。

吴家兴最高兴的事情，是去参加踩歌堂，跟别人对唱情歌。现在参加踩歌堂，他还会带上后娶的妻子，妻子和别人的丈夫对唱，他也没有意见。晚寨

吴家兴和吴玉竹在北京表演侗族琵琶歌

的踩歌堂，建在山洼里，虽然比不上失火前的鼓楼，但总是一个聚会唱歌的地方。

在吴家兴这里，不管生活是苦是甜，只要有歌唱就是高兴的。许多年，每当他干农活的时候，心里想着侗族的情歌，就不觉得苦和累了，身上都是自在的，他很感谢他的晚寨是一个有侗歌的村庄。

虽是这样，他毕竟年逾七十，仍然常常觉得疲累。他要种 20 担田，还要养牛，每天清早就去割牛草。他的两个儿子，一个在浙江温州打工，一个在广东海南打工，两个孙子孙女跟着他们老两口。他的大孙子已经大学毕业，在凯里做民族文化工作。

白天，吴家兴是没有时间闲坐的，只有在晚上，他才能唱歌教歌。村人们说：“你都 70 多岁了，一点也看不出来，你这是思想乐观。”吴家兴说，这是一辈子唱歌的好处。他 15 岁开始学歌，17 岁就能进踩歌堂，27 岁教歌做歌师，生活是越来越好了。他到县里去开会，会上的传承人他都认识，一起说话聊天，那是最开心的时光。

吴家兴说话，总觉得不如唱歌过瘾，他禁不住拿出琵琶来，调好弦。乐声一响，歌声就从心间口里流淌出来，里面有过去的岁月和心底的悲欢。他毕竟 70 多岁了，歌声里就有一种从容不迫，娓娓道来。

责任编辑：张　燕
封面设计：王欢欢
责任校对：马志云

图书在版编目（CIP）数据

大歌：贵州非物质文化遗产传承人的文学人类学 / 李钢音著 . — 北京：
人民出版社，2022.2
ISBN 978 - 7 - 01 - 023966 - 8

I. ①大…　II. ①李…　III. ①非物质文化遗产 - 民间艺人 - 介绍 - 贵州
IV. ① K825.7–64

中国版本图书馆 CIP 数据核字（2021）第 231355 号

大　歌

DA GE

——贵州非物质文化遗产传承人的文学人类学

李钢音　著

人民出版社 出版发行
（100706　北京市东城区隆福寺街 99 号）

北京汇林印务有限公司印刷　新华书店经销

2022 年 2 月第 1 版　2022 年 2 月北京第 1 次印刷
开本：710 毫米 ×1000 毫米 1/16　印张：23.25
字数：330 千字

ISBN 978 - 7 - 01 - 023966 - 8　定价：88.00 元

邮购地址 100706　北京市东城区隆福寺街 99 号
人民东方图书销售中心　电话（010）65250042　65289539